ANTES TARDE DO QUE NUNCA

O poder da paciência em um mundo obcecado pelo sucesso precoce

RICH KARLGAARD

ANTES TARDE DO QUE NUNCA

O poder da paciência em um mundo obcecado pelo sucesso precoce

Tradução de Márcia Men

nVersos

Copyright© 2019 by Rich Karlgaard Licença exclusiva para publicação em português brasileiro cedida à nVersos Editora. Todos os direitos reservados. Publicado originalmente na língua inglesa sob o título: *Late Bloomers: the power of patience in a world obsessed with early achievement* e publicado pela Editora *Crown Publishing Group*, divisão da Penguin Random House LLC, New York.

Diretor Editorial e de Arte:
Julio César Batista

Produção Editorial:
Carlos Renato
Monika Uccella

Preparação:
Mariana Silvestre de Souza

Revisão:
Maria Dolores Delfina Sierra Mara
Estúdio Lizu

Editoração Eletrônica:
Hégon Henrique de Moura
Matheus Pfeifer

Dados Internacionais de Catalogação na Publicação (CIP)
(Câmara Brasileira do Livro, SP, Brasil)

Karlgaard, Rich
　Antes tarde do que nunca : o poder da paciência em um mundo obcecado pelo sucesso precoce / Rich Karlgaard ; [tradução Marcia Maria Men]. -- 1. ed. -- São Paulo : nVersos Editora, 2020.

　Título original: Late Bloomers
　ISBN 978-65-87638-02-7

　1. Amadurecimento 2. Autoajuda 3. Autoconhecimento 4. Carreira profissional 5. Desenvolvimento pessoal 6. Desenvolvimento profissional 7. Empreendedorismo 8. Profissões - Desenvolvimento I. Título.

20-37553　　　　　　　　　　　　　　　　CDD-658.421

Índices para catálogo sistemático:

1. Empreendedorismo : Desenvolvimento pessoal e profissional : Administração　658.421

Maria Alice Ferreira - Bibliotecária - CRB-8/7964

1ª edição – 2020
Esta obra contempla o Acordo Ortográfico da Língua Portuguesa
Impresso no Brasil - *Printed in Brazil*
nVersos Editora: Rua Cabo Eduardo Alegre, 36 - CEP: 01257060 - São Paulo – SP
Tel.: 11 3382-3000
www.nversos.com.br
nversos@nversos.com.br

Para quem floresceu mais tarde, em qualquer idade,
o destino chamou nosso nome.

Sumário

Introdução 9

Capítulo 1 – Nossa obsessão com o sucesso precoce 25

Capítulo 2 – A cruel falácia da mensuração humana 53

Capítulo 3 – Um cronograma mais gentil para o desenvolvimento humano 83

Capítulo 4 – Valeu a espera: as seis vantagens de quem desabrocha mais tarde 107

Capítulo 5 – Crie sua própria cultura saudável 133

Capítulo 6 – Desista! Conselhos subversivos para quem desabrocha mais tarde 153

Capítulo 7 – O superpoder chamado insegurança 169

Capítulo 8 – Crescendo devagar? Replante-se em um jardim melhor 193

Capítulo 9 – Desabrochar tardio: o longo prazo 207

Epílogo 227

Notas 231

Agradecimentos 273

Índice Remissivo 277

Introdução

Não é culpa nossa.

Não é culpa nossa não termos tirado só notas A, não termos feito a pontuação perfeita no vestibular e nem entrado na faculdade que queríamos, ou termos nos distraído com a vida aos 21 anos e perdido nossa primeira saída para uma carreira encantada que combinava perfeitamente com nossos talentos e paixões. Não é culpa nossa termos fracassado em ganhar milhões de dólares aos 22 anos e bilhões aos 30 anos – o que nos colocaria na capa da *Forbes* –, ou em acabar com a malária, resolver as tensões no Oriente Médio, aconselhar um presidente ou ganhar o nosso terceiro Oscar aos 35 anos.

Não é culpa nossa, e não somos um fracasso em nenhum sentido, só porque nossa estrela não brilhou incandescente desde o começo. Ainda assim, a sociedade do início do século XXI conspirou para nos fazer sentir vergonha exatamente por isso, por não emergir da linha de partida em uma explosão como um corredor olímpico – por não florescer precocemente. Ao usar a palavra *conspirar* aqui, não estou sugerindo uma conspiração de personagens suspeitos que decidiram, em uma sala secreta, manipular a economia e suas recompensas financeiras e sociais para aqueles que alcançassem o sucesso precocemente. A conspiração de que falo é real, mas não é maliciosa. Ela é composta por nós. O que estou sugerindo é que pais, escolas, empresas, a mídia e aqueles que consomem a mídia estão agora exagerando na celebração louca do sucesso precoce como o melhor tipo de sucesso, ou até mesmo como o único tipo de sucesso. Fazemos isso ao custo de envergonhar aqueles que florescem mais tarde e, assim, prejudicamos as pessoas e a sociedade.

Não foi sempre assim.

Joanne[1], 53 anos, floresceu tarde. Sua adolescência foi instável e infeliz. Sua mãe sofria de esclerose múltipla. Seu pai ganhava dinheiro suficiente para sustentar a família, mas, emocionalmente, era congelado demais para lidar com a doença da esposa. Joanne e seu pai mal conversavam um com o outro.

Na escola, Joanne se misturava ao pano de fundo. Recebia notas acima da média, mas não boas o bastante para conquistar muitas honras e distinções. Uma professora se lembra dela como inteligente, porém nada excepcional. Introvertida, ela passou pelo ensino médio deixando lembranças em poucas pessoas. Foi rejeitada pela faculdade dos seus sonhos. E na faculdade que era sua segunda opção, manteve sua prática dentro da mediocridade aceitável. Era boa o suficiente para passar, mas só um pouquinho. Segundo um professor, ela demonstrava uma paixão não pelo trabalho acadêmico, mas pelo rock alternativo, ao qual ouvia, sonhadora, por horas, todo dia.

Como é típico para muitos universitários inteligentes, mas sem foco, Joanne cogitava fazer um mestrado e talvez ensinar inglês. Porém, sua primeira tentativa de emprego em tempo integral foi mais humilde: um emprego administrativo em nível iniciante. Por algum tempo, foi secretária no escritório local da Câmara de Comércio.

Entediada, Joanne se casou por impulso com um homem de outro país, a quem conheceu por diversão. Tiveram uma filha. No entanto o casamento deles era feito de opostos – ela era sonhadora e passiva; ele, volátil, com uma implícita tendência à violência. O casamento não chegou a completar dois anos, apesar da criança. Eles se divorciaram em meio à insinuações de violência doméstica.

Com quase 30 anos, Joanne se viu em um beco sem saída, desempregada e com uma criança dependendo dela. Talvez sem surpresa alguma, entrou numa espiral descendente. Foi diagnosticada com depressão clínica e às vezes pensava em suicídio. Sua depressão a impedia de trabalhar muito e ganhar dinheiro. Ela chegou ao fundo do poço economicamente: "Eu era tão pobre quanto é possível ser sem chegar a ficar sem-teto", diz ela. Para piorar, seu ex-marido começou a seguir ambas, ela e a filha, forçando-a a solicitar uma ordem de restrição judicial.

Todavia Joanne tinha algo a seu favor, um talento único que ninguém sabia que ela tinha. Sua educação formal não o descobriu. Nenhum professor o enxergou. Seus colegas de classe não faziam nem ideia. Mas, estava lá o tempo todo, sua própria *extraordinariedade*, esperando para ser descoberta. Nos meses seguintes à chegada de Joanne ao fundo do poço, ela procurou ajuda do Estado para dar de comer à filha e deixou sua imaginação vagar para suas fantasias de infância. Foi um ato de escapismo que a sociedade dizia ser irresponsável. Porém, por mais estranho que pareça, isso a aproximou de seu talento. Apenas quando ela se soltou e deixou sua imaginação correr livremente, foi que seu talento emergiu de maneira espetacular.

Ken, 68 anos, é outro que desabrochou tarde. Caçula de três filhos, seu apelido de família, Poco, é a palavra em espanhol para "pequeno, pouco". O irmão mais velho de Ken – um astro do esporte, queridinho dos professores, popular, bonito e articulado – ganhou uma bolsa de estudos do Instituto Rockefeller e entrou em Stanford. Ken, contudo, não fez sucesso precocemente e seus anos escolares passaram por ele. E começou a acreditar que Poco queria dizer "de pouca importância".

Após se formar no ensino médio na Califórnia, Ken foi para a faculdade comunitária e prontamente foi reprovado. "Eu não tinha direção específica"[2], dizia ele, dando de ombros. Em seguida se esforçou, refez as matérias em que tinha sido reprovado, se formou e foi transferido para a Humboldt State, onde fez mestrado em silvicultura. Mas, os empregos reais em silvicultura, ele descobrira posteriormente, eram mais voltados para a burocracia do que para caminhadas aventureiras na floresta. Ele ficou desiludido.

Então, Ken foi trabalhar com seu pai, um consultor financeiro de fama nacional. Mas os dois não se deram bem. "Meu pai", diz ele, "sofria de uma condição que, atualmente, seria reconhecida como síndrome de Asperger", uma forma mais leve de autismo. "Ele era fisicamente inquieto, caminhava de um lado para o outro, não conseguia evitar ficar batucando com as mãos. Ele não tinha habilidade nenhuma para avaliar o que os outros estavam sentindo. Podia dizer as coisas mais cruéis, mas não era cruel."

Depois de nove meses, Ken deixou a empresa do pai e abriu seu próprio escritório como consultor financeiro. Porém, com poucos clientes, a maioria dos quais perderia depois de poucos anos, passava longas horas sem ter o que fazer. Para ganhar dinheiro, começou a aceitar empregos em construção. Chegou até a tocar guitarra em um bar. Contudo o que ele mais fez foi ler. "Livros sobre administração e negócios – e talvez 30 revistas de mercado financeiro por mês, durante vários anos. Ao longo dessa década, eu desenvolvi uma teoria sobre a valorização de empresas que é um tanto não convencional."

Com um pai autista, Ken não tinha nenhum modelo de liderança a seguir. Sua primeira secretária em meio período foi embora depois de nove meses, afirmando que Ken era um chefe ruim e autoritário. "Eu provavelmente era mesmo", hoje ele admite.

Dos 20 aos 30 anos, o serviço de consultoria financeira de Ken passou por dificuldades. Entretanto, suas teorias lhe renderam alguns negócios menores com capital de risco. Um deles o levou a servir temporariamente como CEO. Ele sentiu sua ambição se agitar e trabalhou duro.

Havia cerca de 30 funcionários. Eu nunca tinha gerenciado ninguém. Agora precisava gerenciar. E eu me saí até bem – muito, muito melhor do que o esperado. Sabe o que eu aprendi? Aprendi que a parte mais importante de liderar é estar presente. Jamais teria imaginado. Isso não estava nos livros que eu tinha lido. E com certeza, não aprendi isso com meu pai. No final, o entusiasmo é contagiante. Transferi o escritório do CEO para uma sala de conferência com paredes de vidro, onde todos podiam ver seu interior e a mim. Fazia questão de ser o primeiro a chegar, todo dia, e o último a sair. Levava funcionários para almoçar comigo todo dia, e para jantar, toda noite – em restaurantes baratos, e lhes oferecia meu tempo e meu interesse. Eu andava por ali falando com eles sem parar, me concentrando em cada um deles e no que eles pensavam.

O efeito me surpreendeu. E a eles também. O fato de eu me importar fez com que eles se importassem. De repente, senti como era liderar.

Ken tinha mais de 30 anos quando alcançou seu potencial.

Você identificou esses indivíduos que demoraram a desabrochar? Aqui vai uma pista: Joanne e Ken são dois bilionários que aparecem com regularidade na lista da *Forbes* das pessoas mais ricas do mundo. Joanne Kathleen (J. K.) Rowling é a autora da série *Harry Potter*. Ken Fisher é o fundador da Fisher Investments, que administra US$ 100 bilhões em ações e fundos para mais de 50.000 clientes do mundo todo.

"Para onde você foi, Joe DiMaggio?", perguntavam Simon e Garfunkel em *Mrs. Robinson*, uma música pop dos anos 1960. O letrista Paul Simon sabia que a turbulenta década de 1960 tinha substituído o herói discreto e humilde dos anos 40 e 50 como ícone cultural. O novo herói era jovem, descolado e atrevido.

Em nossa própria época econômica disruptiva e turbulenta, nós poderíamos perguntar:

Para onde você foi, desabrochar tardio?

Faço essa pergunta porque gente que desabrochou mais tarde e se tornou bem-sucedida, como Rowling e Fisher, com sua juventude acanhada, começo lento e jornada sem pressa, tem histórias atraentes. Mas as histórias deles também estão curiosamente em descompasso com a cultura moderna das mídias sociais. Rowling está na casa dos 50 anos e Fisher, nos 60. O que pode nos levar a questionar: *por onde andam indivíduos inspiradores assim hoje em dia?* Será que sociedades ricas como os Estados Unidos, Grã-Bretanha, Europa Ocidental e a Ásia em ascensão não estão criando tantas histórias de sucesso de gente que desabrocha mais tarde como faziam antes? Ou existe alguma outra razão? Será que a caminhada mais lenta de descobrimento que esses indivíduos fazem está em descompasso com as pressões da hipercompetição, análise de dados e em tudo que acontece em tempo real do mundo atual?

A crença de que os que desabrocham tardiamente não recebem o devido reconhecimento, e que tanto as pessoas quanto a sociedade saem perdendo, tal afirmação me levou a investigar o assunto e escrever este livro. Acredito que a história daqueles que desabrocham mais tarde na vida é mais necessária e urgente do que nunca.

***

No outro extremo do espectro do sucesso está o gênio precoce, aqueles que começam cedo. Riley Weston era espetacular: aos 19 anos, 1 metro e 55 centímetros de altura, ela conseguiu um contrato de US$ 300.000 com a Touchstone, uma divisão da Walt Disney, para escrever roteiros para a série televisiva *Felicity* – a história de vida de uma caloura na UCLA. Seu início rápido nas ligas mais importantes da televisão lhe renderam a entrada na lista de pessoas mais criativas de Hollywood da *Entertainment Weekly*.

Só havia um probleminha. Riley Weston não tinha 19 anos. Tinha 32 e sua identidade verdadeira, até essa manobra altamente rentável, era Kimberly Kramer, de Poughkeepsie, Nova York. "As pessoas não me aceitariam se soubessem que eu tinha 32 anos"[3], disse ela, em sua defesa. E provavelmente estava certa.

Parece que nunca antes a precocidade foi uma vantagem tão grande quanto agora. Em 2014, Malala Yousafzai, então com 17 anos, se tornou a pessoa mais jovem a ganhar o Prêmio Nobel da Paz, que combina perfeitamente com seus prêmios Sakharov e Simone de Beauvoir. Na tecnologia, o "menino mago" Palmer Luckey, o fundador da óculos VR com 20 anos (a empresa foi adquirida pelo Facebook por US$ 2 bilhões), tornou-se a cara da realidade virtual, enquanto Robert Nay, de 14 anos, ganhou mais de US$ 2 milhões em apenas duas semanas com seu jogo Bubble Ball para celulares. Aos 26 anos, Evan Spiegel já tinha um patrimônio de US$ 5,4 bilhões, quando sua empresa, Snapchat, começou a oferecer suas ações no mercado em 2017. Spiegel, todavia, ainda tem que suar muito para alcançar Mark Zuckerberg, fundador do Facebook. Mark já é um estadista ancião aos 34 anos e, com patrimônio cotado em US$ 60 bilhões, é um dos cinco indivíduos mais ricos no mundo todo.

Mesmo no mundo maçante do xadrez, o norueguês Magnus Carlsen já era tricampeão mundial aos 25 anos. Isso depois de conquistar o título de grande mestre aos 13 anos; aos 21 anos, ele se tornou a pessoa mais jovem a ser ranqueada como número um; aos 23 anos, foi nomeado uma das "100 Pessoas Mais Influentes do Mundo" pela revista *Time*.

A celebração atual daqueles que alcançam o sucesso cedo é um item básico das listas em revistas. Todo ano a *Forbes*[4] comemora os jovens bem-sucedidos em um número especial chamado "30 Under 30" [30 abaixo dos 30], apresentando os jovens promissores de hoje e os astros mais brilhantes de amanhã. E a *Forbes* não é a única publicação a celebrar os mais precoces entre nós. *The New Yorker* tem a "20 Under 40", a *Fortune* tem a "40 Under 40" e a *Inc.'s* tem a "35 Under 35", além da homônima "30 Under 30" da revista *Time*. Todas favorecem aqueles que atingem um sucesso espetacular com pouca idade.

Por favor, não me interprete mal. Não há nada de errado em aplaudir ou encorajar o sucesso precoce. Todo tipo de realização merece reconhecimento e admiração. Mas o poderoso *zeitgeist* de hoje vai muito além do simples reconhecimento. Promover em excesso a competência de realizações precoces facilmente mensuráveis – notas, resultados de provas, emprego glamuroso, dinheiro e celebridade – esconde um outro lado mais sombrio: se nós ou nossos filhos não obtivermos uma nota altíssima no vestibular, não entraremos em uma das universidades mais disputadas, não reinventaremos uma indústria ou conseguiremos o primeiro emprego em uma empresa bacana que esteja mudando o mundo; então fracassamos e estamos predestinados a ser insignificantes para o resto de nossas vidas.

Eu acredito que essa mensagem cria um efeito acumulativo no delírio da sociedade pela realização precoce. Isso tem levado a grandes equívocos por parte dos educadores e pais a respeito de como avaliamos nossas crianças, infligindo pressão sobre elas, e depositando uma carga emocional e psicológica sem sentido sobre as famílias.

Considere que, em cidades de alta pressão, algumas *pré-escolas* de elite se aproveitam dos medos dos pais ricos de crianças de 3 e 4 anos. A Atlanta International School, em Atlanta, oferece um "programa de imersão completa para aprendizagem de segunda língua"[5] ... para crianças de 3 anos. É só pagar US$ 20.000 por ano. Mas isso ainda é uma pechincha se comparado aos custos da Columbia Grammar School, em Nova York, que cobra dos pais US$ 37.000 por ano. As crianças de 3 e 4 anos receberão um "rigoroso currículo acadêmico" servido em três bibliotecas, seis salas de música e sete ateliês de arte. A revista *Parenting* escreveu que o "programa da Columbia Grammar School é todo voltado para preparar as crianças para o futuro delas, que é: frequentar faculdades de prestígio".

Ah, e a verdade surge. O que mais motivaria os pais a gastar US$ 40.000 para dar um início promissor a seu filho de 3 anos? De acordo com essas pré-escolas de luxo, existe uma meta que justifica o custo: colocar sua criança de colo em uma faculdade de prestígio 15 anos depois. A mensagem não poderia ser mais direta, nem mais ameaçadora. Se o seu filho não entrar em uma faculdade de renome no final, a vida dele ou dela será desnecessariamente difícil.

A pressão não termina com a matrícula na pré-escola mais adequada. "Muitos pais entram em contato comigo enlouquecidos porque seu filho ou sua filha de 14 anos não está passando o verão de um jeito produtivo"[6], disse Irena Smith, uma ex-funcionária da área de admissões da universidade de Stanford. Smith agora administra uma empresa de consultoria para admissão em faculdades de Palo Alto, na Califórnia, onde clientes tipicamente gastam mais US$ 10.000.

O prêmio em si – a admissão em uma universidade de elite – vem com um preço alto. O custo de um curso universitário de quatro anos em qualquer uma das 20 melhores faculdades privadas dos Estados Unidos, agora passa de um quarto de milhão de dólares, incluindo alojamento, refeições, livros e outras taxas. As 20 melhores faculdades públicas custam menos, mas mesmo elas saem por um valor entre US$ 100.000 e US$ 200.000 por um curso de quatro anos, incluindo alojamento, refeições, livros e taxas, dependendo do *status* do aluno (se é residente daquele estado, por exemplo).

O desejo da sociedade pela validação dos que alcançam o sucesso precocemente levou – sejamos honestos – a um aumento predatório dos preços daquelas instituições que marcam os pontos oficiais do sucesso precoce, ou seja, as faculdades e universidades. O resto de nós se atola em contas altas e dívidas massivas. Desde 1970, os custos das mensalidades universitárias subiram três vezes mais do que a taxa da inflação[7]. A dívida com os estudos nos Estados Unidos chega agora a US$ 1,3 trilhões, com uma taxa de inadimplência de 11,5%. Segundo todos os parâmetros, a corrida pelo sucesso precoce ajudou a criar um potencial fiasco econômico, pior do que a bolha imobiliária de 2008.

Vale a pena? Vamos fazer uma pausa e pensar a respeito. Vamos questionar a premissa básica de que o sucesso precoce é necessário para a realização pessoal duradoura. Francamente, não vejo nenhuma prova. Na verdade, vejo muitas provas no sentido contrário.

Uma recente história esportiva confirma isso. No Super Bowl de 2018[8], nem a equipe dos Philadelphia Eagles, nem a dos New England Patriots tinham muitos recrutas cinco estrelas em seus times iniciais. Tradução: apenas 6 dos 44 jogadores a iniciarem a partida eram as promessas mais valiosas saídas do ensino médio.

Agora vejamos os armadores. Tom Brady, do New England, não mereceu sequer o *ranking* de número um ou dois no ensino médio. Seu *ranking* era NR: *no ranking* [sem ranqueamento]. O armador do time vencedor, Nick Foles, dos Eagles, vencedor também do prêmio de jogador mais importante em campo no Super Bowl de 2018, estava em terceiro lugar no *ranking* do ensino médio. Contudo, durante a maior parte da temporada, Foles foi reserva na equipe dos Eagles. Ele entrou em campo só depois que o armador titular, Carson Wentz, machucou o joelho perto do fim da temporada. Wentz, como Brady, no ensino médio tinha o *ranking* NR. Sem surpresa alguma: no segundo ano do ensino médio, Wentz não era primariamente um armador. Seu programa de futebol americano o listava como *wide receiver*, ou ponta.

Com esse mísero NR vindo do ensino médio, nenhuma equipe grande de futebol universitário recrutou Wentz. Ele foi para a North Dakota State, uma faculdade pequena, mas potente. Enquanto esteve lá, entretanto, ele cresceu até alcançar 1 metro e 96 centímetros e 105 quilos. Wentz literalmente desabrochou na faculdade, o que é tardio pelos padrões do futebol americano. Agora, vamos nos perguntar: quantos de nós são como um Carson Wentz em potencial, ao nosso próprio modo? Quantos de nós recebemos uma etiqueta de "não ranqueado" no ensino médio, ou somos ignorados no começo de nossas carreiras, ou ignorados mesmo agora? Que talentos e paixões podemos ter que ainda não foram descobertos mas que poderiam nos dar asas para voar?

A Google já acreditou na supremacia do sucesso precoce, e é fácil ver o porquê. A empresa foi fundada por dois estudantes de Stanford que tinham notas impecáveis em matemática. Durante os primeiros anos, a Google contratou jovens cientistas da computação e magos da matemática à imagem e semelhança de seus brilhantes fundadores. E então, a empresa descobriu que sua força de trabalho era desequilibrada, tinha muito QI analítico e sentiam falta de sensibilidade artística e bom senso. Essa disparidade levou a erros custosos no *design* da página inicial do Google. Mas, recentemente, a Google descobriu que ter altas notas e um diploma de uma universidade de elite não eram suficientes para alcançar o sucesso na carreira e na empresa.

Os gênios precoces são a moda agora, mas o pessoal que amadurece mais devagar também tem seu valor. A escritora *best-seller* Janet Evanovich, nascida em 1943, cresceu em uma família operária de New Jersey. Como dona de casa, ela só descobriu sua paixão e seu dom para a escrita quando já estava em seus 30 e poucos anos. E então, por mais 10 anos, ela só teve falsas esperanças e rejeições. "Eu enviava minhas histórias esquisitas para editores e agentes e colecionava cartas de rejeição em uma caixa enorme de papelão. Quando a caixa se encheu, eu queimei tudo, me enfiei numa meia-calça e fui trabalhar numa agência de serviços temporários."[9]

Evanovich só foi aprender a escrever livros policiais quando já estava na faixa dos 40 anos. "Eu passei dois anos [...] tomando cervejas com gente da polícia, aprendendo a atirar e ensaiando xingamentos. Depois disso, criei Stephanie Plum."

A bilionária Diane Hendricks[10], filha de produtores de laticínios, vendeu casas em Wisconsin, se casou, se divorciou, e após 10 anos depois conheceu seu segundo marido, Ken, um reparador de telhados. Os dois estouraram o limite de seus cartões de crédito para fundar a ABC Supply, uma fonte de materiais para consertos de janelas, telhados e calhas. Hoje, Hendricks preside uma empresa que vale US$ 5 bilhões. Ela também produz filmes de Hollywood. Falando em filmes, o ator Tom Hanks, filho de uma funcionária de hospital e de um cozinheiro de meio período, foi alguém que começou devagar, sem nenhuma perspectiva óbvia de sucesso, frequentando sua faculdade comunitária local. O astronauta Scott Kelly, que quebrou vários recordes e passou mais de quinhentos dias no espaço – o período mais longo do que qualquer outro norte-americano foi capaz de fazer, disse que ficava tão entediado no ensino médio que "parou na metade do curso, o que tornou possível a existência da melhor metade"[11]. A CEO da General Motors, Mary

Barra[12], tinha um emprego no qual inspecionava para-choques e capôs em uma fábrica da GM para poder pagar a faculdade. A ex-CEO da Xerox, Ursula Burns[13], cresceu em habitações financiadas pelo governo e trabalhou como assistente administrativa no começo da carreira. Jeannie Courtney[14] tinha 50 anos quando começou um internato terapêutico para adolescentes problemáticas, hoje mundialmente respeitado. Ela não tinha nenhum treinamento formal na área, mas um histórico bastante típico e variado que soa, de certa forma, como algo bem mediano. Ela tinha dado aulas para a oitava série, gerenciado uma locadora de vídeo e vendido imóveis.

"Não existem segundos atos nas vidas americanas", observou erroneamente o autor de *O Grande Gatsby*, F. Scott Fitzgerald. Mas Fitzgerald era ele mesmo um gênio precoce e esnobe: frequentou Princeton e já era um sucesso literário famoso mais ou menos aos 25 anos. Todavia este foi o seu auge. Aos 30 anos, Fitzgerald iniciou sua espiral descendente. Ele deve ter encontrado todo tipo de gente desabrochando mais tarde e tendo seus segundos atos que estavam subindo, enquanto ele descia. Morreu como um homem amargo aos 44 anos; a mesma idade com que Raymond Chandler começou a escrever histórias de detetives. Chandler tinha 51 anos em 1939, o ano em que seu primeiro livro, *O Grande Sono*, foi publicado.

***

Será que as coisas estão diferentes agora? Os gênios precoces estão nas manchetes, mas estarão eles se dando tão bem quanto a mídia nos leva a crer? Na verdade, muitos gênios precoces estão sofrendo terrivelmente. A pressão para atingir o sucesso cedo levou a três suicídios de estudantes[15] entre 2014 e 2015 na Gunn High School, uma escola pública em Palo Alto, Califórnia, a cerca de 5 quilômetros do *campus* de Stanford, uma das melhores universidades do país. Todos eram bons alunos, lutando pelo sucesso precoce. Até março do mesmo ano letivo, 42 alunos da Gunn tinham sido hospitalizados, ou tratados por terem ideação suicida. A história deles dificilmente pode ser considerada um caso isolado. As taxas de depressão e ansiedade entre os jovens nos Estados Unidos vêm aumentando há 50 anos. Hoje, há entre cinco e oito vezes mais alunos do ensino médio e universitários que se encaixam nos critérios para diagnóstico de depressão clínica e/ou distúrbio de ansiedade do que havia nos anos 1960. Os Centros para Controle de Doenças recentemente descobriram que, entre alunos do ensino médio dos

Estados Unidos, "16% relataram já ter considerado seriamente o suicídio, 13% relataram ter criado um plano para o suicídio e 8% relataram ter tentado tirar a própria vida nos 12 meses anteriores à pesquisa"[16].

Esses são números sombrios. Assim como ocorre com tantas modas culturais nos Estados Unidos, parece que também exportamos a nossa ansiedade. Uma pesquisa de 2014 publicada pela Organização Mundial da Saúde (OMS), descobriu que a depressão é a causa número um[17] de doenças e deficiência em adolescentes no mundo inteiro.

E se você acha que entrar na faculdade "certa" reduz essa ansiedade, se enganou. Nos últimos 15 anos a depressão dobrou[18] e as taxas de suicídio triplicaram entre universitários norte-americanos. Um estudo realizado pela Universidade da Califórnia descobriu que os calouros apresentaram a menor taxa de saúde emocional[19], autorrelatada e vista nas cinco décadas de acompanhamento. Na verdade, quase todos os diretores de saúde mental dos campi[20] pesquisados em 2013 pela American College Counseling Association [*Associação Americana de Aconselhamento Universitário*] relataram que o número de alunos com problemas psicológicos graves estava subindo em suas faculdades.

Os próprios alunos relataram altas taxas de perturbação emocional – e essas taxas apresentam crescimento considerável. Uma pesquisa de 2014, executada pela ACHA, descobriu que 54% dos universitários disseram ter "sentido ansiedade esmagadora"[21] nos 12 meses anteriores.

Essa taxa crescente de doenças mentais em jovens é deveras alarmante. Alguma parte do aumento provavelmente se deve à melhora do diagnóstico, mais acesso aos cuidados e maior disposição para procurar ajuda. Mas, a maioria dos especialistas concordam que uma porção considerável dessa onda se deve às mudanças nas expectativas culturais. E essas expectativas – baseadas em mensuração e avaliação intensificadas – parecem ter deixado até os alunos mais bem-sucedidos, mais frágeis do que nunca.

Debilidade e fragilidade não deveriam ser os prêmios pelo sucesso acadêmico precoce.

***

Ser visto como alguém com potencial para desabrochar tardiamente já foi um sinal de vitalidade, paciência e garra. Hoje, cada vez mais, é visto como um defeito (afinal de contas, deve haver algum motivo para você ter começado devagar) é um prêmio de consolação. Isso é uma moda horrível, já que menospreza exatamente as coisas que nos fazem humanos – nossas experiências, nossa resiliência e nossa capacidade vitalícia de crescer.

Mesmo os gênios precoces não estão isentos da suspeita de serem falhos caso suas vidas tenham uma mudança complicada. As mulheres, especialmente, sentem o escárnio da sociedade por não realizarem seu potencial de gênios precoces. Carol Fishman Cohen foi um gênio precoce: ela era presidente do corpo discente em Pomona College, graduou-se na Harvard Business School e foi uma estrela em uma empresa de investimento em Los Angeles – tudo isso antes dos 30 anos. E aí, como costuma acontecer, a vida se intrometeu, retirando Cohen da pista expressa para ter quatro filhos e os educar. Quando tentou voltar para a carreira de investimentos, encontrou as portas trancadas. Conforme as semanas de frustração se acumularam, começou a duvidar das próprias habilidades. "Eu senti uma perda de confiança devastadora"[22]. Tanta coisa havia mudado enquanto eu estava longe, desde o modo como os acordos financeiros eram fechados, até coisinhas pequenas como *e-mails*, mensagens de texto e apresentações em *PowerPoint*."

Cohen tinha uma suspeita de que não era a única pessoa a se sentir assim. Ela fundou uma empresa em Cambridge, Massachusetts, chamada iReLaunch. Seu foco era o profissional que desejava voltar à força de trabalho depois de um hiato, para florescer outra vez. Sua empresa se vende como especialista em "retorno ao trabalho" e presta consultoria tanto a profissionais que estão voltando, quanto às empresas que os contratam. Cohen escreve com frequência para a *Harvard Business Review* sobre esses tópicos. Considerada anteriormente como um gênio precoce, ela agora passa a ser um exemplo perfeito de alguém que floresceu tardiamente para um segundo ato.

***

O fato é que muitos de nós florescemos tardiamente em algum sentido (ou temos potencial para isso). Em algum ponto, ficamos presos. Eu fiquei, por muitos anos. Aos 25 anos, apesar de um diploma de quatro anos vindo de uma universidade boa, não conseguia manter um emprego que não fosse de lavador de pratos, vigia noturno e digitador temporário. Eu era furiosamente imaturo. Sem surpresa alguma, meus sentimentos de profunda inferioridade só pioraram enquanto continuava grudado na rampa de lançamento da vida. Olhando para trás, sou mais benevolente com meu eu do começo dos 20 anos, já que o córtex pré-frontal do meu cérebro, o local que os pesquisadores do cérebro chamam de função executiva, ainda não estava plenamente desenvolvido. Meu cérebro, literalmente, ainda não estava pronto para florescer.

Isso soa parecido com você? Seus filhos são assim? Considerando-se a intensa pressão que recebemos para sermos bem-sucedidos – na escola, nos esportes, no início de nossas carreiras –, nós entramos em pânico. Mas a neurociência deixa claro que nós deveríamos pegar leve conosco. A idade média para a maturação completa da função executiva é por volta dos 25 anos. Eu estava mais perto de 27 ou 28 quando tomei consciência de que podia pensar racionalmente, planejar antecipadamente e me comportar como um adulto. Isso ocorreu uma década depois de eu fazer a prova do SAT (com resultados medianos), meia década depois de me formar em uma boa universidade (com notas medíocres). Estremeço só de pensar o que teria acontecido se esses dois fracassos tivessem sido o critério final para me definir. (Sou grato pelo fato de a máquina de definição de gênios precoces da sociedade ainda não ser tão brutalmente eficiente na época quanto agora.) Scott Kelly, o astronauta norte-americano, detentor de vários recordes, foi outro que se destacou ainda menos, florescendo tardiamente. "Eu passava a maioria dos dias olhando pela janela da sala de aula"[23], ele me disse. "Você podia ter apontado uma arma para a minha cabeça e não teria feito diferença nenhuma." O cérebro de Kelly não estava pronto para florescer.

Muitos de nós vemos mais de nós mesmos em Scott Kelly, do que em Mark Zuckerberg. Também temos histórias de começos atrapalhados, confusão, déficits na carreira ou na educação, maus hábitos, má sorte ou falta de confiança. Para a afortunada maioria de nós, contudo, algum tipo de despertar intelectual ou espiritual aconteceu, e nós entramos em uma estrada nova e melhorada. Encontramos nosso rumo. Outros, porém, ficam tão entranhados na vergonha ou se veem tão distantes da oportunidade que nunca desenvolvem sua habilidade de florescer. E poderia argumentar que essa falha em florescer ao longo da vida, é catastrófica para as pessoas – e para as sociedades.

Era de se imaginar, portanto, que a sociedade fosse encorajar os florescimentos tardios em potencial, especialmente, quando vivemos mais, alcançamos a idade adulta mais tarde e exploramos novas possibilidades de emprego com mais frequência. As pessoas precisam saber que elas podem florescer e se superar e entrar plenamente em cena em qualquer idade ou estágio.

Assim, o que significa exatamente ser alguém que floresceu tardiamente? Em poucas palavras, alguém que desabrochou tarde[24] é uma pessoa que alcançou seu potencial depois do que era esperado; elas com frequência têm talentos que, inicialmente, não são visíveis aos outros. A palavra-chave aqui é *esperado*. E elas cumprem seu potencial, frequentemente, de modos novos e inesperados, surpreendentes até mesmo para aqueles mais próximos delas. Elas não estão tentando satisfazer, com dentes cerrados, as expectativas de seus pais ou da sociedade, um caminho falso que leva à estafa e à debilidade, ou até à depressão e à doença. Como Oprah Winfrey diz: "Todo mundo tem um destino supremo"[25]. Quem floresce tardiamente são as pessoas que descobrem seu destino supremo no seu próprio tempo, do seu próprio jeito.

Na pesquisa para este livro, perguntei a acadêmicos, psicólogos e outros cientistas sociais como eles veem e como definem os indivíduos que florescem mais tarde. *Existe alguma base de pesquisa extensa e rigorosa[26] por aí para utilizar na pesquisa por pistas latentes ou sinais familiares?* eu me perguntei.

A resposta simples é não. Até agora, foram realizadas poucas pesquisas formais sobre esses indivíduos. Boa parte do campo acadêmico parece ter ignorado esse aspecto do desenvolvimento humano em particular, exceto em casos raros, nos quais ele se conecta com um distúrbio de desenvolvimento. Em outras palavras, o florescimento tardio é usualmente explorado pelo ponto de vista da disfunção, ou como uma anormalidade. Até na pesquisa acadêmica o florescimento tardio recebe pouco respeito.

Recentemente, pesquisadores começaram a explorar aspectos sobre o conceito do florescimento tardio, desbancando o "mito do mediano"[27], e estudando as complexidades do desenvolvimento individual. L. Todd Rose, o diretor do Programa Mente, Cérebro e Educação na Universidade de Harvard, e Scott Barry Kaufman, diretor científico do Instituto Imaginação no Centro de Psicologia Positiva da Universidade da Pensilvânia, recontam em seus livros que eles mesmos floresceram tardiamente e, de forma espetacular, quase não passaram do ensino médio. Ainda assim, uma definição específica e generalizada de um indivíduo de florescimento tardio ou qualquer tipo de taxonomia útil nos escapa.

Para ajudar a preencher essa falha, comecei a pesquisar pessoas, tanto na história, quanto contemporâneas, cujos caminhos para o destino e a realização poderiam ser chamados de um florescimento tardio. Somando-se a isso, entrevistei centenas de pessoas que floresceram tardiamente ou estão em sua jornada. Como elas definem o arco de seu sucesso, incluindo começos falsos ao longo do caminho? Como elas superaram os desafios culturais e de autoconfiança que com frequência afligem aqueles que florescem tardiamente?

***

Quando comecei minha pesquisa, minha tese era de que uma sociedade que se concentra excessivamente na realização precoce e que muda as percepções sobre o potencial dos indivíduos para o sucesso posterior, está, de fato menosprezando muito mais as pessoas, do que recompensando-as. Presumi que os indivíduos com potencial para florescer mais tarde – ou seja, a maioria de nós, denominados pela eficiente esteira rolante da sociedade do gênio precoce em latas rotuladas como "inferiores" – só precisavam saltar de volta para a mesma esteira rolante com novas habilidades, novos hábitos e novas técnicas. Eu estava confiante de que tudo o que eles tinham de fazer era chacoalhar a poeira e voltar ao jogo.

Mas não foi isso o que eu descobri. A maioria daqueles que floresceram tardiamente e que eu entrevistei não floresceram ao copiar, ainda que atrasadamente, os hábitos, habilidades e carreiras dos gênios precoces. Na verdade, tentar isso era quase sempre uma receita para o fracasso e para a mágoa.

Pense no ponto de partida do indivíduo que floresce tardiamente. Com toda a probabilidade, seus talentos e paixões são ignorados por uma cultura e um sistema educacional, que mede uma gama cruelmente estreita de habilidades. Isso fecha os caminhos da pessoa para a descoberta, para o encorajamento e para o potencial. Isso não abre portas para um futuro bem-sucedido para elas, porque esse sistema e essa cultura nem as veem. Portanto, faz pouco sentido para o indivíduo que floresce tardiamente voltar a subir na esteira rolante do gênio precoce com a determinação renovada, e a resolução endurecida, mais treinamento e dívida estudantil. A esteira rolante vai apenas em uma direção.

O que indivíduos com potencial para florescer tardiamente devem fazer é: *sair* da esteira rolante e encontrar um novo caminho de descoberta.

Minha maior esperança é que este livro inspire você – ou seus filhos – a fazer exatamente isso.

***

O livro está estruturado na seguinte ordem: os dois primeiros capítulos examinam como chegamos neste momento de loucura, com o gênio precoce e o preço exorbitantemente alto que pagamos por isso, como indivíduos e como sociedade. O Capítulo 3 revela como as pesquisas mais recentes da neurociência e cognição sustentam o conceito do florescimento – não apenas em nossa adolescência e juventude, mas ao longo de nossas vidas. Isso significa que nossa obsessão atual com o sucesso precoce é um produto humano, sem sustentação científica. Acredito que você vá ficar surpreso, aliviado e feliz quando ler o Capítulo 4 e sua explicação de seis dons singulares e potentes do florescer tardio. A segunda metade do livro, mergulha mais profundamente nas vantagens adicionais do indivíduo que floresce tardiamente, e que não são tão óbvias; na verdade, elas podem, a princípio parecer barreiras. Mas com percepção, prática e paciência, podemos utilizá-las para uma vida toda de florescimento.

Desfrute da viagem, e quando tiver terminado, vamos manter essa discussão viva.

Capítulo 1

Nossa obsessão com o sucesso precoce

O escritor popular e neurocientista Jonah Lehrer[28], era a própria definição de um gênio precoce. Nascido e criado em Los Angeles, aos 15 anos o adolescente precoce ganhou um prêmio de mil dólares em um concurso de redação, patrocinado pela NASDAQ. Lehrer frequentou a Columbia University, a âncora da Ivy League em Nova York, onde se formou em neurociência e foi coautor de um trabalho que pesquisava as origens genéticas da síndrome de Down. Porém, o jovem Lehrer não era um simples mago da ciência. Ele também transpôs os mundos literário e político de Columbia, primeiro como escritor para o *Columbia Review*, depois por dois anos como editor do estimado jornal.

Não foi surpresa para ninguém, que o próximo passo de Lehrer fosse ganhar uma bolsa de estudos Rhodes. No Wolfson College da Oxford University, ele seguiu os passos dos fundadores da Wolfson, o lendário Sir Isaiah Berlin, e estudou filosofia. Pode-se dizer que o jovem Lehrer era um polímata, aquelas pessoas raríssimas que, como Thomas Jefferson, são especialistas em muitas disciplinas diferentes. Lehrer, como Jefferson, também podia escrever de forma persuasiva. Em 2007, aos 26 anos, publicou seu primeiro livro, *Proust Was a Neuroscientist* [Proust foi um neurocientista], recebido com boas críticas. Dois outros livros se seguiram rapidamente: *How We Decide* [Como decidimos], em 2009, e *Imagine: How Creativity Works* [*Imagine*: como a criatividade funciona] em 2012, que chegou à lista dos mais vendidos do *The New York Times*.

Além de polímata em sua compreensão de diversos tópicos intelectuais, Lehrer era também um paradigma da multimídia. Não apenas sabia escrever em vários formatos: – livros, ensaios, colunas e *blogs* –, como também se mostrou um radialista talentoso no programa *Radiolab* da National Public

Radio. Na televisão, foi um convidado divertido no *Colbert Report* e em outros programas.

O dinheiro logo chegou. Dizia-se que Lehrer teria recebido um adiantamento de um milhão de dólares para escrever *Imagine*. Ele começou uma lucrativa carreira paralela como palestrante pago. Embora não estivesse cobrando um cachê na faixa dos US$ 80 mil por palestra, como o seu colega do *New Yorker*, o escritor Malcolm Gladwell, ele estava ganhando até US$ 40 mil, por uma hora de palestra. Com o dinheiro chegando aos borbotões, Lehrer, com apenas 29 anos, comprou uma casa de um estúdio famoso de arquitetura, a Casa Shulman, nas colinas de Hollywood, na Califórnia, por US$ 2,2 milhões.

Lehrer alcançou um grande sucesso rapidamente, e o fez com seu próprio intelecto radiante.

***

A atordoante ascensão de Lehrer nos mundos interconectados da publicação editorial e do jornalismo acompanha a ascensão do que, poderíamos chamadar de o ideal Wunderkind, utilizando aqui uma expressão de Susan Cain, autora de *O Poder dos Quietos*[29] [lançado no Brasil pela HarperCollins]. Traduzido, *wunderkind* significa, literalmente, "criança maravilha"[30]. Ao longo do início da década de 2000, a ascensão luminosa de Lehrer de estudante talentoso para autor de *best-seller*, e fenômeno de mídia incorporou um novo herói cultural, o gênio precoce, cuja emergência alcançou um ponto de virada justamente quando estávamos encontrando nosso equilíbrio em um novo milênio. O *wunderkind* arquetípico, como Lehrer, floresce cedo, fica rico e famoso – e certifica-se de que todos nós saibamos disso. Ele ou ela pode ser precocemente talentoso ou tecnologicamente avançado, possuir uma beleza de outro mundo ou ser o beneficiário de excelentes conexões familiares. Independentemente disso, os *wunderkinds* não apenas alcançam o auge de sua área escolhida mais depressa do que todo mundo, eles provavelmente ficam ricos no processo.

A mídia é uma lente poderosa a se utilizar para observar e acompanhar a ascensão dos *wunderkinds*. O uso do termo[31] em várias plataformas da mídia foi projetado nas últimas décadas. De acordo com o Google, a aparição da palavra *wuinderkind* em livros, artigos, jornais e outras mídias aumentou mais de 1.000% desde 1960. E não é de se espantar – esses têm sido tempos ótimos para quem floresceu precocemente. Cantores como[32] Taylor Swift, Rihanna, Selena Gomez e Justin Bieber; *rappers* como The Weeknd e Chance the Rapper; atores como Jennifer Lawrence, Margot Robbie, Adam Driver e Donald Glover; e modelos como Kendall e Kylie Jenner, Gigi e Bella Hadid são celebridades em várias plataformas, manejando uma influência capaz de definir a cultura. E na época em que ascenderam, todos estavam no início de seus 20 anos, ou eram ainda mais jovens.

Nossa mais nova plataforma de mídia em massa, a Internet, é dominada por uma profusão de jovens "Web celebridades"[33]. YouTubers e influenciadores do Instagram como: Lilly Singh (@IISuperwomanII), Jake Paul (@jakepaul), Mark Fischbach (@Markiplier), Zoe Sugg (@Zoella) e Lele Pons (@lelepons) transformaram seus milhões – ou dezenas de milhões – de seguidores em mini-impérios da mídia que incluem grandes patrocínios corporativos, contratos de *merchandising* e aparições públicas pagas. Todas as webs celebridades citadas, fizeram isso em sua adolescência ou começo dos seus 20 anos.

No esporte é uma vantagem para o atleta florescer cedo. A realização precoce no campo ou no ginásio conquista uma vaga nas melhores equipes, garante o melhor técnico e disponibiliza os melhores recursos. Sempre foi assim; o que mudou é que esses atletas são escolhidos muito mais cedo[34] por serem excepcionais. Aos 14 anos, Owen Pappoe já tinha 30 ofertas de bolsas de estudo de universidades famosas por seu time de futebol americano como: Florida State, Notre Dame, Louisiana State, Ohio State e Alabama. Outros jovens astros do futebol americano que cogitaram ofertas de bolsas de estudo foram: Kaden Martin, 13 anos; Titan Lacaden, 11 anos; e Bunchie Young, 10 anos. Mas todos eles parecem maduros quando comparados a Havon Finney Jr., que recebeu uma oferta de bolsa de estudo da University of Nevada vinculada à sua participação na equipe de futebol americano aos 9 anos! No entanto não é só no futebol americano que jovens superastros são colhidos dentre a multidão. Quase 30% de todos os recrutados para *lacrosse*, futebol e vôlei recebem ofertas de bolsas de estudo, enquanto ainda são jovens demais para se comprometerem oficialmente com uma faculdade.

Atualmente, porém, não são apenas os atletas que parecem ficar mais jovens todo ano. P. J. Fleck, do Minnesota Gophers, tornou-se o mais jovem técnico principal de futebol americano, treinando um dos Dez Grandes em toda a história, aos 36 anos. Lincoln Riley se tornou o técnico principal do Oklahoma Sooners – um participante perene da lista dos 20 melhores – aos

33, com um salário anual de US$ 3,1 milhões. E, aos 30 anos, Sean McVay do Los Angeles Rams se tornou o técnico principal mais jovem da história recente da NFL.

E os gerentes gerais[35], aqueles cartolas de charuto no canto da boca que fazem tratos discretos e controlam o elenco, contratando (e demitindo) técnicos? No momento em que escrevo isto, nada menos de 10 gerentes gerais da Grande Liga de Beisebol (MLB) têm menos de 40 anos, sendo David Stearns, dos Milwaukee Brewers, o mais novo, com 31 anos. Stearns é praticamente um idoso, contudo, comparado a John Chayka, de 26 anos, o gerente geral do Phoenix Coyotes, da Liga Nacional de Hóquei (NHL). Chayka é o gerente mais jovem na história das grandes ligas esportivas profissionais.

Sabe-se que tecnologia é coisa de jovem[36], mas surpreende ver o quão jovem. Em 2016 a PayScale, uma empresa *on-line* de informação sobre salários, pesquisou a média de idade de funcionários em 32 das empresas mais bem-sucedidas da indústria da tecnologia. Apenas seis das empresas tinham uma média de idade de funcionários maior do que 35 anos. Oito tinham uma média de idade de 30 ou menos. Embora esses resultados possam confirmar um palpite amplamente aceito, ainda assim são notáveis. Apenas para colocar isso em contexto, segundo a Agência de Estatísticas Laborais (BLS), a média geral de idade dos trabalhadores norte-americanos é de 42,3 anos. Entre as empresas com os funcionários mais jovens na pesquisa da PayScale estavam o Facebook, com uma média de 28 anos (e um pacote de salários e benefícios de US$ 240.000 anuais) e o Google, com uma média de 29 anos (e pacote de salários e benefícios de US$ 195.000 anuais).

E os donos, executivos e CEOs? Atualmente, a *Forbes* lista dez empresários bilionários[37] abaixo dos 30 anos, incluindo Evan Spiegel, o CEO do Snap, e Bobby Murphy, cofundador do Snap. Os dois começaram o Snap quando ambos tinham 22 anos.

E na política, o centro de controle dos Estados Unidos? Agentes políticos nacionais abaixo dos 35 anos incluem: Lorella Praeli, Jenna Lowenstein, Symone Sanders e Bem Wessel. Na Casa Branca, Stephen Miller se tornou o principal conselheiro do presidente aos 31 anos, e Hope Hicks se tornou diretora de comunicações da Casa Branca aos 28 anos. Hicks posteriormente se demitiu.

A mídia se agarrou a essa ascensão do Ideal *Wunderkind*[38]. Minha própria revista, a *Forbes,* transformou sua edição de "30 Under 30" (30 líderes abaixo dos 30) em toda uma indústria, com listas separadas e classificadas por países e múltiplas conferências no mundo inteiro. A essa altura, quase toda grande revista tem uma edição anual baseada em uma lista de gênios precoces. Existem listas de "40 Under 40" e "30 Under 30" nos negócios, na moda, na propaganda, no entretenimento, na culinária profissional, na poesia e até mesmo no setor de frigoríficos.

Mas esqueça essas listas de "30 Under 30", no que diz respeito ao sucesso, 30 está virando os novos 50. Em 2014, a *Time* começou uma lista anual de "Most Influential Teens" [Adolescentes mais influentes][39]. Isso mesmo, adolescentes. Esse fetiche pela juventude e o florescimento precoce alcançou uma febre tão grande que o comentarista de moda Simon Doonan anunciou: "A Juventude é a nova moeda global"[40].

Vamos fazer uma pausa. Não estamos errados em reconhecer e parabenizar quem floresce precocemente. Suas realizações merecem reconhecimento. Todavia a obsessão da nossa cultura com a realização precoce se tornou prejudicial à maioria da população – às multidões de pessoas como nós, que se desenvolvem de formas diferentes, em ritmos diferentes. Isso passa uma mensagem de que se você não ficou famoso, reinventou uma indústria ou ganhou milhões enquanto ainda era jovem o bastante para precisar mostrar sua identidade para comprar bebidas, você, de algum jeito, pegou uma via errada na vida.

Essa mensagem, creio eu, é muito mais perigosa do que a maioria das pessoas se dá conta.

***

Por volta da metade do século XX, a meritocracia começou a superar a aristocracia (ver Capítulo 2). Essa tendência se acelerou ao longo da segunda metade do século XX. Hoje é amplamente aceito que a meritocracia e a aristocracia se tornaram uma coisa só. Os "senhores do universo" não estão sentados em cima de seus fundos de pensão. Em vez disso, possuem uma riqueza mais moderna. Como Jonah Lehrer, a maioria dos novos senhores alcançou uma pontuação perfeita ou quase perfeita em seus testes SAT (Scholastic Aptitude Test [*Teste de Aptidão Escolar*] com 16 ou 17 anos, preparando-os para entrar em uma das melhores universidades do país.

Em resposta a essa nova meritocracia, ficamos obcecados por notas em testes e no *ranking* das faculdades. Adolescentes participam de testes preparatórios para a faculdade[41] – o próprio SAT ou o ACT (originalmente uma abreviação para American College Testing [*Teste para Faculdades Americanas*]) ou ambos – a uma taxa mais alta do que nunca. Mais de 1,6 milhão de alunos fizeram o SAT em 2017. E, pela primeira vez, o número de estudantes que fez o ACT ultrapassou o de participantes do SAT, por cerca de dois mil inscritos. Muitos estudantes fazem os dois testes, participando múltiplas vezes durante o terceiro e quarto ano da faculdade, além de também responder ao PSAT, às disciplinas do SAT II e às provas de Classe Avançada. Na verdade, mais de 6,7 participantes completaram o SAT ou uma análise relativa ao PSAT durante o ano letivo de 2016-2017.

Com toda a preocupação a respeito dos custos da educação superior e o fardo cada vez maior da dívida estudantil, é fácil negligenciar o considerável custo da preparação para se candidatar à faculdade. As despesas começam a se acumular muito antes de os alunos sequer se candidatarem, na forma de aulas de preparação para as provas e tutores para o SAT e ACT. Os testes são uma indústria em si, com centenas de milhões de dólares gastos em taxas, administração e preparação. A indústria de preparação para as provas gera quase US$ 1 bilhão todo ano e gera renda para mais de 115.000 pessoas.

Elevando ainda mais as apostas, alguns dos pacotes mais seletos de aulas particulares, pessoalmente ou *on-line*, direcionados aos pais ricos, podem custar muitos milhares de dólares. O alto custo em parte ocorre em razão da demanda por aulas particulares. Os ricos podem pagar muito, e pagam. Pais do Vale do Silício falam casualmente em gastos de US$ 50 mil com tutores durante os quatro anos do ensino médio de seus filhos. Aulas em grupo, oferecidas por empresas como Princeton Review e Kaplan Test Prep, ainda são populares e relativamente acessíveis. Trinta horas de preparação em grupo com a Princeton Review, por exemplo, custam entre US$ 1.000 e US$ 1.600, dependendo do tamanho da classe. Aulas individuais, contudo, são a moda, e, geralmente, têm um preço elevado. Um tutor que trabalha em Nova York, Anthony James Green, recentemente chamou a atenção por seu cachê de US$ 1.000 por hora. Os preços claramente indicam que alunos e famílias estão envolvidos em uma "corrida" pela admissão na faculdade, nas palavras de Robert A. Schaeffer, diretor de educação pública da FairTest, um grupo de ativistas que lutam por equidade nas provas. Entretanto, para a maioria das pessoas, pagar para obter uma vantagem competitiva na pontuação dos testes padronizados não só vale a pena, como é algo necessário. Enquanto os testes críticos continuarem sendo um aspecto importante para a competição no ingresso para as faculdades, não faltarão pessoas procurando uma vantagem competitiva.

Vemos a mesma pressão para mensurar a realização precoce fora do ambiente acadêmico. Considere os esportes. Segundo uma história recente no *Washington Post*, 70% das crianças abandonam os esportes até chegar aos 13 anos. Por quê? As crianças têm uma explicação na ponta da língua: "Não é mais divertido"[42]. Mas por que, exatamente, isso acontece? Os esportes ficaram altamente especializados e brutalmente competitivos cada vez mais cedo, por duas razões distintas.

Uma delas é a aceleração do motivo tradicional, algumas crianças simplesmente querem ser o melhor que podem ser no esporte. Desejam disputar a corrida municipal, ser titular do time de basquete no ensino médio, ou ganhar a jaqueta exclusiva do time de futebol. Aqueles que são talentosos e ambiciosos continuam, para ver se conseguem competir nos níveis mais elevados, os universitários, com bolsas de estudo integral, e, talvez, entrar para o time profissional ou se juntar à equipe olímpica. Em todas as eras, crianças aspiraram estar estampadas nas caixas de cereais. No entanto, um aumento da concorrência acelerou essa moda, fornecendo a jovens atletas oportunidades para participar de acampamentos esportivos nas férias de verão aos 8 anos, comprar o melhor equipamento aos 10 e receber um treinamento excelente, talvez até um personal trainer, aos 14. Em resumo, as apostas básicas – de tempo e dinheiro – para alcançar a excelência esportiva são muito mais altas atualmente.

A segunda razão por trás das realizações precoces nos esportes é mais sutil e mais corrosiva. Como o *Post* relatou, "nossa cultura não apoia mais que crianças mais velhas joguem apenas por diversão. A pressão para criar filhos 'bem-sucedidos'[43], significa que esperamos que eles sejam os melhores. Se não forem, eles são encorajados a reduzir os prejuízos e se concentrarem em áreas nas quais podem se sobressair. Vemos isso na orquestra do primeiro grau, quando uma criança que não consegue ser o primeiro em seu instrumento se pergunta se vale a pena continuar tocando".

Jogar por amor ao esporte ou tocar por amor à música? Que coisa mais século XX! Esporte, para muitos estudantes, é simplesmente uma forma de provar seu mérito logo cedo. Mais uma vez, o culpado parece ser a corrida para entrar na faculdade certa – e se manter no rumo correto para o sucesso precoce.

Essa ideia do esporte como algo que impulsiona o currículo, é validado por Judi Robinovitz, uma planejadora educacional certificada da Score no Top Learning Center and Schools. Robinovitz ganha a vida colocando os alunos nas melhores universidades possíveis e publicou um guia chamado *The 10 Most Important Factors in College Admissions* [Os 10 fatores mais importantes sobre o ingresso na faculdade]. Ela aconselha seus clientes a se concentrarem em "melhorar continuamente as notas em um currículo desafiador"[44] e conquistar "uma pontuação sólida no SAT". Nenhuma surpresa nisso. Ela também enfatiza atividades extracurriculares, aconselhando seus clientes a destacar sua participação nelas, de modo a tirar a máxima vantagem disso no processo de entrada para a faculdade. Preste atenção na linguagem das sugestões quatro e seis:

4. Envolvimento fervoroso em algumas atividades, demonstrando liderança, iniciativa e impacto. O mais importante é a profundidade, não a amplitude da experiência. Faculdades querem alunos com uma paixão, uma "perspectiva", não alunos "equilibrados".
6. Talentos ou experiências especiais que contribuirão para um corpo discente interessante e equilibrado. Um aluno que faça um esforço extra para desenvolver um talento especial em esporte, pesquisa, escrita, artes ou qualquer outra atividade terá uma vantagem competitiva.

Novamente, a espada da entrada na faculdade pende sobre o pescoço dos jovens de hoje. Você notou a ausência das palavras *paixão* e *diversão*? A diversão não vem ao caso. O jovem deve se sobressair em um esporte (ou em música, teatro, debate ou até voluntariado). Amar a atividade não vem ao caso. O processo de admissão nas faculdades exige que o aluno demonstre sua excelência. Ele ou ela tem de encontrar a atividade certa na qual se destacar, depois abandonar as outras na lata do lixo da frivolidade, de modo a "ter uma vantagem competitiva" e "se diferenciar".

E por que não? Atualmente é mais difícil do que nunca conquistar o acesso à faculdade – mesmo para muitas das instituições que eram consideradas uma escolha "reserva" e segura. A tabela a seguir mostra o quão mais difícil se tornou, desde 2001, ser aceito em 10 das universidades mais prestigiadas dos Estados Unidos.

Percentagens de Candidatos Admitidos

Instituição	2015	2014	2013	2012	2011	2010	2009	2008	2007	2006	2005	2004	2003	2002	2001
Universidade de Columbia	7	7	7	7	10	10	11	11	12	12	13	13	14	14	N/A
Universidade Duke	11	11	13	14	16	19	22	23	23	24	22	21	23	26	N/A
Universidade de Harvard	6	6	6	6	6	7	7	8	9	9	9	10	10	10	11
Universidade John Hopkins	14	16	18	18	19	22	28	26	28	28	35	31	31	35	34
Instituto de Tec. de Massachusetts	8	8	8	9	10	10	11	12	12	13	14	16	16	16	17
Universidade de Princeton	7	7	7	8	8	9	10	10	10	10	11	13	10	12	12
Universidade de Stanford	5	5	6	7	7	7	8	9	10	11	12	13	13	13	13
Universidade de Chicago	8	9	9	13	16	19	27	28	38	40	40	40	40	42	44
Universidade da Pensilvânia	10	10	12	13	12	14	18	17	16	18	21	21	20	21	22
Universidade de Yale	7	6	7	8	8	8	9	10	9	10	10	11	13	14	16

Em 2001, a Universidade de Chicago aceitou 44% dos candidatos. Em 2015, ela ofereceu vagas para apenas 8%. De forma similar, a Universidade Johns Hopkins aceitou 34% em 2001, mas em 2015, esse número havia caído para 14%. Cerca de 22% dos candidatos à Universidade da Pensilvânia foram admitidos em 2001, mas em 2015, esse número era menor do que a metade disso. De fato, as taxas de admissão em oito das dez instituições listadas aqui foram cortadas pela metade ou até dois terços, em apenas 15 anos. Esse é um aumento extraordinário na competição – e exclusividade – em uma única geração. Para um contexto histórico, considere que a taxa de admissão da Universidade de Stanford em 1950, era de quase 85%. Em 1990, era de 22%. Hoje, é de apenas 4,6%, a mais baixa dos Estados Unidos.

Mas não são apenas nas instituições de elite que o ingresso ficou mais difícil. Na última década, as taxas de admissão para um grande grupo de universidades e faculdades desabou. Na Universidade de Northeastern, a taxa de ingresso caiu de 62 para 32%; na Universidade de Tulsa, foi de 76% para 40%; em Tulane, de 55 para 26%; no Colorado College, de 58 para 22%; e na Vanderbilt, de 46 para 13%. E como estão aquelas que eram consideradas instituições "reserva", a segunda opção? Até mesmo escolas que já foram conhecidas por serem lugar para festejar, como a San Diego State e a Cal State Long Beach, agora admitem apenas um terço de todos os candidatos. Em todas as universidades e faculdades reconhecidas, a taxa de ingresso nacional caiu 10% nos últimos 10 anos. O simples fato é que atualmente existem pouquíssimas coisas "automáticas" no mundo do ensino superior.

Essa pressão intensa gerou indústrias inteiras que se baseiam em pressionar crianças e jovens em busca de seu melhor desempenho, não importando o custo. Uma rápida busca na Amazon resulta em uma lista aparentemente infinita de livros com títulos como: *Grit for Kids* [Garra para Crianças], *The Grit Guide for Teens* [Guia da Garra para Adolescentes], *How Children Succeed* [Como Crianças Alcançam o Sucesso], *Positive Pushing* [Empurrão Positivo], *How I Turned My Daughter into a Prodigy* [Como Eu Transformei Minha Filha num Prodígio], *Top of the Class* [Primeiros da Classe], e *Grito de Guerra da Mãe Tigre* [publicado no Brasil pela editora Intrínseca]. Até a série "Para Leigos" entrou na onda com o título *Raising Smart Kids for Dummies* [Criando filhos inteligentes para leigos]. E não se engane, produtos para fomentar a inteligência são um grande negócio: brinquedos, DVDs, *softwares*, jogos e programas educativos, são projetados e propagandeados para transformar uma criança em um prodígio intelectual. Baby Einstein, uma empresa com renda estimada em US$ 400 milhões por ano, anteriormente propriedade da Disney, faz brinquedos multimídia que pretendem aprimorar as habilidades cognitivas de bebês e crianças de colo. Com a garantia de "enriquecer a mente jovem do bebê", esses brinquedos estão disponíveis no Walmart, nas lojas de departamento e na Amazon. Esta é apenas uma das muitas empresas e produtos que formam uma indústria de aprimoramento infantil, que vendem vitaminas chamadas *Smarty Pants* [Espertinhos], brinquedos STEM (STEM é um acrônimo para "ciência, tecnologia, engenharia e matemática") e outros brinquedos tecnológicos – todos estes produtos que prometem dar ao seu filho uma vantagem sobre a concorrência. Certamente não podemos ter crianças de colo deficientes nas habilidades de STEM.

Em todas as férias de verão, segundo uma pesquisa da American Express, os pais gastam US$ 16 bilhões em acampamentos de codificação de *software*[45], academias de tecnologia, aulas de música e dança, aulas acadêmicas adicionais e professores particulares. O atletismo juvenil se tornou uma indústria de US$ 15 bilhões por ano, em que pais agora podem contratar técnicos de força e condicionamento, técnicos para treinar especificamente para passes de bola e rebatidas, e times de astros itinerantes. Segundo a *Time*:

"As ligas locais foram empurradas para escanteio por times de clubes particulares, uma constelação frouxamente governada que inclui de tudo, desde academias de desenvolvimento afiliadas a franquias de esportes profissionais, a equipes regionais gerenciadas por técnicos amadores com pouca experiência. Os times mais competitivos disputam os talentos e viajam para torneios nacionais."[46]

Algumas famílias gastam até 10% de sua renda com taxas de inscrição, viagem, acampamentos e equipamentos para manterem seus filhos praticando para alcançar o sucesso no campo ou no ginásio.

Hoje, porém, não basta que as crianças treinem. Elas têm que treinar *do jeito certo* – um jeito que se adeque ao conceito de "treino deliberado"[47] do psicólogo e pesquisador Anders Ericsson. Conforme descrito por Ericsson, famoso por seu conceito de dez mil horas discutido no *best-seller* de Malcolm Gladwell, *Fora de Série - Outliers* [publicado no Brasil pela Sextante], de 2008, o treino deliberado envolve a busca sistemática do aprimoramento pessoal ao se focar em objetivos bem definidos e específicos e áreas de especialização. Pais que desejam que seus filhos treinem de forma intencional, devem contratar um professor ou técnico que tenha uma habilidade comprovada de ajudar outras pessoas a aprimorarem a área desejada – digamos, xadrez, balé ou música – e que possa também dar *feedback* contínuo. Também é necessário que seu filho ou filha treine constantemente fora de sua zona de conforto.

Escrevendo sobre seu filho de 11 anos, a escritora e empreendedora Penelope Trunk descreveu perfeitamente o rigor – e a loucura – do treino deliberado. Seu filho, participante da seleção para o programa pré-faculdade da Juilliard como violoncelista, passou três horas, todos os dias, durante seis meses, aprendendo a tocar uma música de quatro minutos. "Ele aprendeu a treinar mudando o ritmo da peça[48]. Aprendeu a tocar uma nota de cada vez com um afinador. Aprendeu a tocar cada compasso com um tempo diferente no metrônomo, e aí tocou a música tão lentamente que ela levou vinte minutos, em vez de apenas quatro." Em dado momento, o filho e seu professor particular de violoncelo passaram uma hora praticando cinco notas. E sim, ele conseguiu entrar na Juilliard.

Com concentração, parece que qualquer criança pode ser ensinada a ser uma primeira bailarina ou uma campeã de xadrez, um prodígio da matemática ou um *chef* do nível da Michelin. Segundo as teorias predominantes sobre garra, foco e treino, qualquer criança com treino deliberado suficiente – e pais ricos – pode se tornar um violoncelista de concerto ou um cavaleiro equestre olímpico. A experiência de tentar alcançar esse nível pode ajudá-las a entrar na faculdade e depois, conseguir o emprego perfeito.

Então, qual poderia ser o lado negativo dessa nova moda?

***

Para muitas crianças, essa pressão intensa para a realização precoce é prejudicial à sua saúde física e mental. Milhões de crianças norte-americanas tomam remédios para distúrbio de déficit de atenção (DDA)[49], primordialmente porque seu DDA atrapalha sua habilidade de ficar quietinha e prestar atenção nas aulas, o que prejudica suas notas, sua pontuação nos testes padronizados e, no final, suas perspectivas universitárias. O dr. Leonard Sax, médico e psicólogo que escreveu sobre adolescentes problemáticos em *Boys at Risk* [Meninos em Risco], 2007, e *Girls on the Edge* [Meninas no Limite], 2010, me disse:

> "Uma criança nos Estados Unidos tem 14 vezes mais chance de ser medicada para DDA do que uma criança no Reino Unido[50]. Uma criança nos Estados Unidos tem 40 vezes mais chance de ser diagnosticada e tratada por distúrbio bipolar do que uma na Alemanha. Uma criança nos Estados Unidos tem 93 vezes mais probabilidade de estar tomando medicamentos como Risperdal e Zyprexa, usados para controlar o comportamento, do que uma criança na Itália. Portanto, neste país e realmente mais do que em outros, usamos agora a medicação como primeiro recurso para qualquer criança que não esteja tirando apenas notas A's na escola ou que não esteja ficando sentada e quieta na aula. Nenhum outro país faz isso. Este é um fenômeno unicamente norte-americano, e é bem recente."

Poderíamos dizer que a sociedade do século XXI transformou a rejeição por parte de uma faculdade em uma doença clínica. Agora, mais do que nunca, ela vê uma graduação universitária como um pré-requisito para uma vida boa. No entanto, como o número de vagas nas faculdades aumentou pouquíssimo, os pais estão, basicamente, forçando um número cada vez maior de crianças e jovens a entrar em um funil cada vez mais estreito.

Vamos parar e perguntar: será que o sacrifício econômico, os jantares em família arruinados, as crianças exaustas por causa das atividades organizadas estão produzindo pessoas melhores, mais produtivas ou felizes? Isso está ajudando as crianças a florescerem? Para a maioria das crianças e jovens, está fazendo exatamente o contrário. Essa pressão pela realização precoce tem um lado sombrio despercebido: ela desmoraliza os jovens. Ao forçar adolescentes a treinar como profissionais, a se esmerar pela perfeição, e a fazer suas escolhas de vida ainda na adolescência (ou antes), estamos, na verdade, os prejudicando. Estamos prejudicando seu desenvolvimento, fechando seus caminhos para a descoberta e tornando-os mais frágeis. Exatamente quando deveríamos estar incentivando as crianças a sonharem grande, a correr riscos e a aprender com os inevitáveis fracassos na vida, estamos ensinando-lhes a viver apavoradas com a possibilidade de cometer um erro, por menor que seja. Forjar as crianças em *wunderkinds* as está fragilizando. A jornalista Megan McArdle escreveu amplamente sobre o medo do fracasso que atormenta os jovens de hoje. Em 2014, ela contou a seguinte conversa que teve com um aluno do ensino médio:

> "No outro dia, depois de uma das minhas palestras, uma menina do segundo ano do ensino médio se aproximou e timidamente me perguntou se eu tinha um minuto[51]. Eu sempre tenho um minuto para conversar com secundaristas tímidas, já que eu também fui uma delas. E foi isso o que ela me perguntou: "Eu entendo o que você está dizendo sobre tentar coisas novas e coisas difíceis, mas estou em um programa da International Baccalaureate e apenas 5% de nós irá conseguir tirar 4.0, então como eu posso tentar uma disciplina em que talvez eu não tire um A?"

Parafraseando a resposta de McArdle: se você não pode tentar algo novo no segundo ano do ensino médio, quando vai poder?

Esse assunto é de importância particular para a professora de psicologia de Stanford Carol Dweck, autora do *best-seller* de 2006 *Mindset: A Nova Psicologia do Sucesso* [publicado no Brasil pela Objetiva]. Em um dia no fim do verão, me sentei com Dweck para discutir as mudanças que ela havia visto em seus anos dando aulas aos calouros na faculdade. "Acho que a sociedade está em crise"[52], ela me disse. "Os jovens parecem mais exaustos e delicados hoje em dia. Estou percebendo muito mais medo do fracasso, medo de ser avaliado, do que via antes. Noto isso em muitos jovens, esse desejo de não se arriscar. Eles não querem se ver numa posição para serem julgados, de terem que produzir." E esses são os jovens que conseguiram entrar em Stanford – esses são os "vencedores" precoces na vida. O otimismo da juventude, pelo visto, foi distorcido para virar um medo paralisante do fracasso.

Mas fica pior.

As taxas de depressão e suicídio entre adolescentes têm subido abruptamente desde 2011[53]. Isso é especialmente trágico, porque na maioria dos casos os hábitos dos jovens estão melhorando. Bebida, cigarro e consumo de drogas estão em queda nos Estados Unidos, assim como em outros países desenvolvidos, e a gravidez na adolescência está em uma baixa recorde. Entretanto, está claro que os adolescentes estão no meio de uma emergência de saúde mental.

As taxas de depressão e ansiedade entre os adolescentes deram um salto de 70% nos últimos 20 anos. O número de jovens comparecendo a clínicas de saúde mental ou gabinetes de conselheiros escolares com um problema psiquiátrico, é mais do que o dobro desde 2009, e nos últimos três anos, o número de adolescentes dando entrada em hospitais por causa de distúrbios alimentares quase dobrou. Nos Estados Unidos, alunos do ensino médio e da faculdade têm entre cinco e oito vezes mais probabilidade de sofrer de sintomas depressivos do que os jovens de 50 anos atrás[54].

Isso não é um problema apenas nos Estados Unidos. Jovens do mundo todo estão sentindo sintomas de depressão ainda na adolescência. Uma pesquisa publicada pela Organização Mundial da Saúde (OMS), em 2016, descobriu que a depressão é a causa mais predominante de doenças e deficiências nos adolescentes do mundo todo[55]. A Pesquisa Mundial de Saúde Mental, apoiada pela OMS, descobriu que metade dos que sofrem de problemas de saúde mental – inclusive depressão – manifestam esses sintomas pela primeira vez aos 14 anos[56]. Em países de alta renda, como os Estados Unidos, menos da metade dos adolescentes com problemas de saúde mental recebem tratamento. Sem nenhuma surpresa, isso com frequência leva a resultados trágicos.

As taxas de suicídio entre adolescentes estão subindo a uma velocidade alarmante, segundo um relatório de agosto de 2017, publicado pelo Centro de Controle e Prevenção de Doenças (CDC), com as taxas entre as garotas se revelando as mais elevadas dos últimos 40 anos. De 2007 a 2015, a taxa de suicídio subiu 40% para meninos adolescentes e mais do que dobrou para meninas adolescentes. Em 2011, pela primeira vez em mais de 20 anos, mais adolescentes morreram por suicídio do que por homicídio; apenas acidentes de trânsito causaram mais mortes entre os adolescentes. Enquanto outras causas de morte estão em declínio para os adolescentes, o suicídio continua subindo, assim como as tentativas de suicídio. "As mortes são apenas a ponta do *iceberg*"[57], lamentou Sally Curtain, uma estatística do CDC.

Eis aqui a parte difícil de entender: todo esse aumento na ansiedade parece ter pouca relação com perigos reais do mundo. As mudanças não correspondem à fome generalizada, pobreza sistêmica, guerras, ameaças à segurança ou qualquer outro fato que normalmente afetaria a saúde mental. A taxa de depressão entre adolescentes norte-americanos era muito menor durante a Grande Depressão, a Segunda Guerra Mundial e a guerra do Vietnã – quando os Estados Unidos tinham o alistamento militar obrigatório – do que é hoje. Essa alta parece ter muito a ver com o modo como os jovens se relacionam com o mundo.

Dá-se mais peso a testes e notas do que nunca. Fora da escola, eles passam mais tempo sendo ensinados, treinados, ranqueados e recompensados por adultos. Durante o mesmo meio século em que a ansiedade e a depressão dos mais jovens aumentou, o que os pesquisadores chamam "brincadeira livre" (e a maioria de nós chama de ficar de bobeira) diminuiu, por sua vez as atividades escolares e dirigidas por adultos, como os esportes organizados, tiveram sua importância continuamente aumentadas. Em todos esses casos, são os adultos que estão no comando, não as crianças ou os adolescentes. E isso, pelo visto, é uma receita para a infelicidade, a ansiedade, a psicopatologia – ou coisa pior.

"Não é um exagero descrever"[58] as gerações mais jovens "como estando à beira da pior crise da saúde mental em décadas", diz Jean M. Twenge, autora de mais de 140 artigos científicos e livros sobre adolescentes. Twenge liga os aumentos geracionais na depressão a uma mudança de objetivos: *intrínsecos* para *extrínsecos*. O objetivo intrínseco, é ligado ao seu próprio desenvolvimento como pessoa, como cultivar sua capacidade em atividades de sua própria escolha ou desenvolver uma forte noção de si mesmo. O objetivo extrínseco, pelo contrário, é associado a ganhos materiais e outras formas de medir o *status*: como notas altas e altas pontuações em testes, alta renda e boa aparência. Twenge oferece provas de que adolescentes e jovens de hoje são mais voltados para metas extrínsecas do que eram no passado. Em uma pesquisa anual, calouros da faculdade listaram "estar financeiramente confortável"[59] como característica mais importante do que "desenvolver uma filosofia de vida relevante". Cinquenta anos atrás, a resposta era o contrário.

***

Na busca pelo florescimento precoce – para conseguir a pontuação mais alta possível nos testes e GPAs, entrar na melhor faculdade e ingressar na carreira profissional certa –, damos aos jovens pouquíssimo tempo para que sejam crianças. E a percepção de que os jovens são "simplesmente mais inteligentes", como declarou certa vez o fundador do Facebook, Mark Zuckerberg (quando ele tinha 22 anos), implica que eles deveriam ser bem-sucedidos mais depressa. Porém, com frequência não são. Para cada Zuckerberg, que chegou a seu primeiro bilhão de dólares aos 23 anos, ou Lena Dunham, a garota de 25 anos criadora da série *Girls* na HBO, existem dezenas de milhares de jovens na casa dos 20 anos sentados no porão da casa dos pais se perguntando por que se saíram mal na escola e ainda não fizeram um filme, abalaram uma indústria ou começaram suas próprias coleções de moda. Essa ansiedade paralisou toda uma geração de jovens, bem no momento em que suas vidas deveriam ser dinâmicas.

Um estudo realizado pelo banco UBS, descobriu que na esteira da crise financeira de 2008/2009, os chamados *millenials*, parecem mais avessos aos riscos do que qualquer outra geração desde a Grande Depressão[60]. Eles estão tomando suas decisões de vida mais tarde, adiando o casamento por mais tempo, e levando muito mais tempo para se estabilizarem em uma carreira. E eles possuem uma menor probabilidade, do que as gerações anteriores para ter três coisas associadas à maturidade da vida adulta: um cônjuge, uma casa e um filho[61].

Entretanto, mesmo sem essas clássicas responsabilidades de adultos impedindo sua mobilidade, os jovens livres estão levantando âncoras muito menos do que as gerações anteriores de jovens. Em 2016, apenas 20% dos adultos com idade entre 25 e 35 relataram estar morando em um endereço diferente do que o do ano anterior[62]. As taxas de migração de um ano eram muito mais elevadas para as gerações mais antigas nessa mesma faixa etária. Quando os membros da assim chamada: Geração Silenciosa, tinham entre 25 a 35 anos, em 1963, cerca de 26% relataram ter se mudado no ano anterior. E, em 2000, quando os integrantes da Geração X estavam em seus 20 anos e começo dos 30 anos, 26% deles relataram terem se mudado no ano anterior.

Os jovens de hoje também têm mais probabilidade de continuar na casa dos pais por um período prolongado[63], quando comparados às gerações anteriores de jovens, de acordo com o Pew Research Center. Em 2016,

15% dos adultos entre 25 e 35 anos estavam morando na casa dos pais. Isso representa um aumento de 50% sobre a porção de membros da Geração X morando na casa dos pais em 2000, com a mesma idade, e quase o dobro da porção da Geração Silenciosa que morava em casa em 1964. Talvez o fato mais atordoante seja o de que os jovens atuais entre 18 e 34 anos tenham menos probabilidade de estar vivendo de forma independente de suas famílias do que nos piores pontos da Grande Depressão dos anos 1930. Contudo, nossa obsessão cultural com a realização precoce cria uma forte expectativa de que os jovens deveriam estar realizando mais, mais depressa e sendo bem-sucedidos mais jovens. Para as pessoas de 20 anos entre nós, a mensagem é clara: *seja bem-sucedido agora, ou você nunca será bem-sucedido.*

O livro *20 Something Manifesto* [Manifesto Jovem] de Christine Hassler, é uma antologia que explora as experiências de jovens, incluindo o que ela chama de Ressaca de Expectativas. "É um tanto apavorante"[64], disse Jennifer, de 25 anos, "pensar sobre todas as coisas que eu deveria estar fazendo para poder "chegar a alguma lugar" bem-sucedido: 'siga suas paixões, viva seus sonhos, assuma riscos, estabeleça relações com as pessoas certas, encontre mentores, seja financeiramente responsável, pratique voluntariado, trabalhe, pense sobre ou frequente a faculdade, apaixone-se e mantenha seu bem-estar pessoal, saúde mental e boa nutrição". Onde está o tempo para simplesmente existir e desfrutar?". Um jovem de 24 anos da Virginia lamentou: "Existe uma pressão para tomar decisões que serão a base para o resto da sua vida no começo dos 20 anos. É quase como se ter uma gama limitada de opções fosse mais fácil".

Em minha pesquisa para este livro, encontrei muitos jovens que expressaram preocupações semelhantes. Meg, uma jovem de 25 anos se formando em uma boa faculdade, que vive de forma independente e tem um emprego promissor em uma grande cidade do Centro-Oeste, falou por muitos de seus pares quando me disse: "Eu sinto essa pressão horrível, o tempo todo, para fazer mais do que o que estou fazendo"[65].

Um pouco disso não é novidade. Os Estados Unidos e outros países afluentes sempre fetichizaram a juventude em termos de aparência física e modernidade cultural. Durante a revolução cultural dos anos 1960, o porta-voz do movimento hippie, Jerry Rubin, exortou a juventude a nunca confiar em ninguém com mais de 30 anos. Mas o comentário de Rubin era, em grande parte, um protesto contra a guerra do Vietnã e contra os homens mais velhos (e presumivelmente indignos de confiança), que estavam alistando adolescentes para o conflito. Ao longo das últimas décadas, nossa obsessão cultural com a juventude tem focado menos na guerra e no idealismo do que em formas externas de medir o sucesso. Os valores se alteraram, indo de exploração e autodescoberta para realização dura e mensurável. A juventude modelo é definida por seu progresso quantificável no sentido de obter pontuação perfeita, ou quase perfeita em testes e notas, ingressar nas universidades de elite, obter primeiros empregos incríveis, ganhar muito dinheiro e alcançar um *status* elevado.

Redes sociais como: Facebook, Snapchat e, especialmente, o Instagram, desempenham um papel desproporcional nessa transformação[66]. Elas falam diretamente com as ansiedades de jovens e adultos. Entendemos há muito tempo que os filmes, revistas e a televisão podem moldar a autoimagem e impor ideais sociais, mas as redes sociais se tornaram agora nosso espelho cultural mais tóxico. Segundo uma extensa pesquisa conduzida pela Royal Society for Public Health, plataformas visuais como Facebook, Instagram e Snapchat permitem que jovens se comparem uns aos outros e conquistem aprovação baseada em aparências. O estudo descobriu que o Snapchat é a plataforma de mídia social com maior probabilidade de associação a altos níveis de ansiedade, depressão e *bullying*. Essa habilidade de comparar-se com alguém e buscar aprovação de outros fomenta a crise descrita por Twenge: jovens de 20 e poucos anos estão constantemente comparando seus eus extrínsecos – sua aparência, riqueza, *status* e sucesso – a padrões inalcançáveis de perfeição.

Infelizmente, não podemos dizer que os mais velhos entre nós estejam se saindo muito melhor.

***

Muitas indústrias tentam substituir os funcionários mais antigos por outros mais jovens, mas as empresas de tecnologia são particularmente desconfiadas de currículos longos. Nas companhias mais bem-sucedidas do Vale do Silício, o funcionário médio tem provavelmente 32 anos ou menos[67]. E essas não são um punhado de *startups* unicórnio. São gigantes corporativas – e culturais – como Apple, Google, Tesla, Facebook e LinkedIn. Essas empresas refletem um *ethos* sombrio que circula pelo vale há anos. Em 2011, o bilionário investidor de risco Vinod Khosla disse a uma plateia que "gente com mais de 45 anos basicamente morre em termos de novas ideias"[68].

O jornalista Noam Scheiber encarnou a discriminação baseada na idade tão comum no Vale do Silício na história do Dr. Seth Matarasso, um cirurgião plástico residente em San Francisco:

"Quando Matarasso abriu seu consultório em São Francisco[69], descobriu que estava atendendo principalmente pacientes no fim da meia-idade: ex-rainhas do baile, esposas que tinham sido traídas e esposas desejando trair. Hoje, seu consultório é muito maior e mais lucrativo do que ele poderia ter imaginado. Ele atende clientes de todas as idades [...] Matarasso rotineiramente se recusa a atender profissionais da área de tecnologia na casa dos 20 anos. Alguns meses atrás, um jovem de 26 anos veio procurar transplantes capilares para evitar sua calvície incipiente."

Robert Withers[70], um consultor que ajuda funcionários do Vale do Silício com mais de 40 anos a procurar emprego, recomenda que candidatos mais velhos busquem um fotógrafo profissional para tirar sua foto para o perfil do LinkedIn, para ajudar a disfarçar a idade. Ele também os aconselha a dedicar algum tempo no estacionamento, cafeteria e cozinha do possível futuro empregador para poder ver como as pessoas se vestem. Isso geralmente resulta em pessoas de 50 anos trocando seus ternos e pastas por moletons de capuz e mochilas.

Laurie McCann, uma advogada que trabalha com o lobby de aposentados American Association of Retired Persons [Associação Americana de Pessoas Aposentadas], ou AARP, acredita que a obsessão das empresas de tecnologia com novas ideias e extrema produtividade leva os empregadores a recaírem em suposições preconcebidas sobre idade, como: "a ideia de que pessoas mais velhas não conseguem trabalhar tão rápido[71]. Que eles não sabem improvisar para criar novas ideias". Outras suposições sobre funcionários mais velhos, aponta ela, incluem uma crença de que eles são rígidos em suas convicções e hábitos ou que eles são incapazes de se dar bem com gente mais jovem.

É preciso admitir que o Vale do Silício é um extremo microcosmo empresarial, mas esses fatos delatam um problema muito maior. Arrumar um emprego quando se está na meia-idade ou mais velho é mais difícil do que deveria ser. Um estudo de 2016 da AARP, descobriu que 92% dos adultos[72] com 45 anos ou mais acham que a discriminação por idade é comum ou muito comum no ambiente profissional. Dados regionais sobre a discriminação por idade são difíceis de encontrar, mas dos 18.335 processos trabalhistas movidos em 2010 junto ao Department of Fair Employment and Housing [Departamento de Justiça para Emprego e Habitação] da Califórnia, um quinto citava a idade como o motivo para a discriminação[73]. Isso coloca as ações por discriminação de idade em quantidade superior às movidas por discriminação racial, assédio sexual e orientação sexual. E segundo a Comissão pela Oportunidade Igualitária de Empregos, a idade é citada em 26% do total de reclamações na Califórnia, 22% daquelas em Nova York, 21% no Texas e 37% em Illinois, a mais alta taxa de processos relacionados à idade[74].

À primeira vista, trabalhadores mais velhos não parecem ir tão mal na economia atual. A taxa de desemprego entre trabalhadores acima dos 55 anos ficou em torno de 4% em 2018, e a participação dos trabalhadores mais velhos na força de trabalho vem crescendo desde o começo dos anos 1990[75]. No entanto, as estatísticas da manchete ofuscam uma situação mais desanimadora: os trabalhadores mais velhos que perdem seu emprego passam mais tempo desempregados. E quando conseguem encontrar outro, tendem a receber menos do que aquele que perderam. Um estudo de 2015 da AARP destaca os desafios do desemprego de longo prazo, enfrentado por muitos trabalhadores mais velhos[76]. O desemprego estendido, pareado com a discriminação por idade, pode se somar aos desafios que os trabalhadores mais velhos enfrentam para encontrar um emprego. Em média, 45% dos desempregados com 55 anos ou mais estão nessa situação há muito tempo (27 semanas ou mais). E quando eles encontram um emprego, é após um intervalo mais longo: 36 semanas procurando, comparado às 26 semanas para trabalhadores mais jovens, de acordo com dados do Schwartz Center for Economic Policy Analysis [Centro Schwartz para Análise de Políticas Econômicas] (SCEPA), um grupo de reflexão econômica[77]. O pior é que os indivíduos mais velhos que buscam novas oportunidades e conseguem encontrar emprego, podem encontrar dificuldades para se recuperar financeiramente[78]. Muitos acabam aceitando empregos com salários mais baixos, menos horas e benefícios limitados. Os dados do SCEPA mostram que quando os mais velhos estão desempregados, eles encontram novas colocações e voltam a trabalhar por cerca de 75% de seu salário anterior.

Um grupo que é atingido de forma muito dura por essa tendência é o de mulheres acima dos 50 anos. Isso é surpreendente, porque muitas tendências recentes – como a ascensão de empregos no setor de serviços, como a área da saúde e hoteleira, além das taxas crescentes de mulheres conquistando graduações avançadas – foram consideradas benéficas para as trabalhadoras. Um estudo de 2015, porém, descobriu que as perspectivas para mulheres acima dos 50 anos diminuíram após a Grande Recessão[79]. Em 2007, antes da recessão, menos de um quarto das desempregadas acima de 50 anos ficavam nessa situação por mais de seis meses. Em 2013, as desempregadas mais velhas respondiam por metade de todos os indivíduos desempregados de longo prazo.

Some a isso um estudo recente feito pela Universidade da Califórnia na Universidade de Irvine e Tulane que descobriu o papel da discriminação por idade na contratação de mulheres mais velhas[80]. Os pesquisadores enviaram quarenta mil candidaturas falsas a vagas de emprego, onde incluíam pistas da idade da candidata, e, em seguida, monitoraram as taxas de resposta. Medindo as taxas de retorno para várias ocupações, eles descobriram que trabalhadoras com idade entre 49 e 51 anos buscando cargos administrativos tinham uma taxa de retorno cerca de 30% menor do que a de trabalhadoras mais jovens. E para trabalhadoras acima de 64 anos, a taxa de retorno era 47% menor do que para as mais jovens.

Mas os homens mais velhos também estão com dificuldades. Segundo Teresa Ghilarducci, economista do trabalho e diretora do SCEPA, essa realidade se manifesta nos números governamentais sobre o tempo de serviço. Nos últimos cinco anos, o tempo médio de serviço para homens brancos de 55 anos ou mais com segundo grau completo ou menos caiu de 17,7 anos para 16,7. O tempo de serviço para todos os outros grupos, pelo contrário, aumentou durante o mesmo período.

Podemos chamá-los de: "os novos indivíduos impossibilitados de arrumar emprego". Um amplo estudo com esse mesmo título descobriu que os desempregados mais velhos enfrentam dois dilemas. Eles têm uma menor probabilidade de arrumar novos empregos do que desempregados mais jovens, e o fato de perderem seu emprego durante os anos imediatamente anteriores à aposentadoria podem arruinar sua segurança financeira. O estudo concluiu: "os trabalhadores mais velhos estão involuntariamente trabalhando em meio período porque não conseguem encontrar empregos em período integral[81]. Outros estão ficando desencorajados e abandonando a força de trabalho disponível, por acreditar que não encontrarão outro emprego. As dificuldades financeiras após a perda do emprego resultaram em golpes devastadores à aposentadoria e outros investimentos e poupanças. Entre os fatores contribuintes para isso, estão a disponibilidade limitada do seguro-desemprego e a ausência dos benefícios de seguro saúde, especialmente".

A sombria incongruência dessa tendência não é difícil de perceber. Muitas dessas pessoas são jovens demais para se aposentar, mas velhas demais para serem recontratadas. Parece que temos agora uma grande classe de trabalhadores competentes que foram empurrados para escanteio. A experiência deles se tornou um risco.

Para muitos, o resultado disso é um pesadelo desperto.

***

Era o verão de 2012. Jonah Lehrer, o escritor *wunderkind* do início deste capítulo, estava no topo do mundo. Seu livro mais recente, *Imagine – De onde vem a criatividade* [publicado no Brasil pela Lua de Papel], estava vendendo bem e estreou no número um da lista de mais vendidos do *The New York Times*. Como jornalista contratado da *The New Yorker*, Lehrer dava palestras pagas que lhe rendiam até US$ 40.000 por evento. Era integrante de um programa da NPR e um convidado televisivo de Stephen Colbert. Tinha comprado uma casa histórica em Hollywood Hills por US$ 2,2 milhões. Aos 31 anos, Lehrer havia recebido mais aplausos e dinheiro do que a maioria dos escritores profissionais recebe durante a vida toda. Para o gênio precoce e receptor da bolsa Rhodes, tudo estava perfeito.

Até não estar mais.

A queda de Jonah Lehrer ocorreu porque ele foi flagrado inventando citações do cantor e compositor Bob Dylan e as utilizando em seu *best-seller*, *Imagine*. As mentiras de Lehrer foram desvendadas pelo escritor e fã de Dylan Michael Moynihan, que escreveu:"É uma coisa difícil de descrever"[82], Bob Dylan refletiu certa vez sobre o processo criativo. "É só essa sensação de que você tem algo a dizer."

Essa citação de Dylan pode ser encontrada no primeiro capítulo do novo *best-seller* do jornalista Jonah Lehrer, *Imagine*, uma exploração de como a neurociência explica o gênio criativo. Lehrer tem muito a dizer sobre a questão, desde uma meditação sobre o inventor do Post-It, até uma investigação sobre o modo como a mente de Bob Dylan funciona, o que inclui a citação anterior.

O problema, contudo, é que não existe nenhuma prova de que Dylan tenha dito isso.

Uma citação não atribuída poderia ser uma negligência, mas perdoável. Contudo, Moynihan documentou outras invenções de falas de Dylan por parte de Lehrer. Quando ele tentou confrontar Lehrer a respeito, "Jonah me bloqueou, iludiu e, no fim, mentiu para mim". Posteriormente, Lehrer confessou a Moynihan que ele simplesmente as inventou, alterou as palavras ou recortou e colou duas citações de Dylan ditas em locais e momentos diferentes para formar uma que, tcharã! apoiava a tese de Lehrer sobre a criatividade.

Meses antes de forjar citações de Dylan, Lehrer já tinha despertado suspeitas de plágio em seu *blog* Wired.com[83]. Parte de seus plágios vinham de trabalhos dele mesmo, o que jornalistas chamam "reciclagem", e que a maioria dos especialistas em ética no jornalismo diriam, que é como uma pequena contravenção – mais preguiçosa do que antiética. Porém, após o fiasco de Dylan, ficou explícito que Lehrer também plagiava o trabalho de terceiros, inclusive da escritora de ciências para a *Newsweek* Sharon Begley.

A reação aos pecados de Lehrer foi ligeira. O *The New Yorker* e a National Public Radio o demitiram. Sua editora, a Houghton Mifflin Harcourt, retirou *How We Decide* e *Imagine: How Creativity Works* das prateleiras das livrarias. A Amazon utilizou seu vodu técnico para fazer *Imagine* desaparecer dos Kindles e hoje em dia, vende apenas exemplares em capa dura e brochura de *How We Decide* e *Imagine* em seu *website*.

E o que aconteceu com Jonah Lehrer? Em 2016, ele tentou voltar à cena com uma nova obra, *A Book About Love*. A reação foi rápida e brutal, como esta resenha de Jennifer Senior:

> "Livros ainda são o *slow food* das editoras[84]. Entretanto, aqui está o Sr. Lehrer, mais uma vez, nos servindo a versão de não ficção de um McMuffin. Eu não esperava por isso. Eu era uma dessas pessoas esquisitas que achava que o Sr. Lehrer fosse dar uma respeitável volta por cima. Ele é inteligente. Possui um estilo decente. Definhou nas barricadas públicas durante semanas por seus pecados. Por que ele não tentaria fazer algo pessoal, algo cheio de alma, algo novo? Não faço ideia. Mas ele não tentou. Seu livro é insolentemente desprovido de originalidade."

Como é que Jonah Lehrer, gênio precoce e *wunderkind*, caiu tanto e tão depressa? A melhor explicação vem do agente literário Scott Mendel: "Sabe, acho que em algum nível este é o resultado previsível de se esperar que um jovem jornalista seja o novo Oliver Sacks"[85]. Sacks passou décadas atuando como neurologista e psicólogo antes de começar a escrever livros *bestsellers* e artigos para a *The New Yorker*, diz Mendel. Lehrer, no entanto, se beneficiou rápido demais de um sistema que gosta que seus astros sejam jovens.

Não há alegria alguma em catalogar os equívocos de Lehrer. Eu não creio que ele seja uma má pessoa que tentou tapear agentes, editores, casas editoriais e o público. Eu o vejo como uma vítima das pressões sociais e expectativas atuais, um canário na mina de carvão da nossa obsessão pelo *wunderkind*. Mais do que tudo, porém, eu o vejo como a personificação de uma frase do novelista Walker Percy em *The Second Coming:* "Você pode tirar só notas A e ainda assim ser reprovado na vida".

***

Na Introdução, defini um indivíduo que floresce tardiamente como alguém que realiza seu potencial mais tarde do que o esperado; com frequência seus talentos não são sequer visíveis para os outros, a princípio. A palavra-chave aqui é *esperado*. E, em segundo lugar, eles realizam seu potencial quando estão seguindo seu próprio ritmo. Eles não cerram os dentes para tentar cumprir as expectativas de seus pais ou da sociedade. Um indivíduo assim, pode ser o adolescente que parece indiferente, como o astronauta recordista Scott Kelly, o aluno que não consegue prestar atenção nas aulas nem que sua vida dependesse disso, porém, mais tarde encontra motivação em um livro, um assunto ou uma pessoa. Um pai pode voltar à força de trabalho depois de uma década criando os filhos, sentindo-se dez anos atrasado, mas sendo dez anos mais sábio. Ou um aposentado pode descobrir um significado profundo na vida ao finalmente tentar realizar um sonho de infância, ou sendo um mentor para outras pessoas. O florescer tardio pode acontecer em qualquer idade, e pode acontecer mais de uma vez na vida de alguém.

Pense nisso como uma corrida de esqui em uma pista de *slalom*. Os esquiadores vão um de cada vez, porém, com base na velocidade com que cada um passa pelo primeiro, segundo ou terceiro portão, pode-se dizer onde eles estão em relação à competição. É possível saber se um esquiador está adiantado ou atrasado comparando-se com o tempo esperado. Quando você expande o conceito de florescer tardio para todas as idades, existem os portões de *slalom* que a sociedade criou – espera-se que as pessoas passem por certos marcos em dados momentos. Algumas pessoas passam pelos portões mais rápido do que outras: no maternal, no primeiro e no segundo grau, elas obtêm notas perfeitas, passam facilmente pelos SATs, depois entram em uma faculdade de elite e arranjam o emprego certo. Essas pessoas passam pelos portões do *slalom* antes, superam o relógio e assumem um lugar no pódio.

A vida não é uma corrida olímpica de *slalom*, mas se você não for um desses esquiadores de elite, se você ficar para trás em alguns dos portões da vida, é difícil compensar o atraso. Este é um problema enorme na sociedade atual, porque, afeta muitos de nós.

A verdade é que muitos fatores podem adiar nosso florescimento na vida, inclusive um atraso no desenvolvimento físico ou neurológico, traumas na primeira infância, estilos de aprendizado fora do padrão, *status* socioeconômico, restrições geográficas, doenças, vício, turbulência na carreira profissional – e mesmo a simples falta de sorte. Muitos de nós, durante a infância, fomos incapazes de atingir nosso pleno potencial na escola – e, portanto, ficamos devendo em nosso potencial universitário e profissional – porque recebemos mensagens negativas sobre nossas capacidades de aprendizado. Nos disseram: "Você não tem cabeça para as ciências", ou "Você nunca vai ser um bom escritor".

Depois, conforme envelhecemos, o casamento, a gravidez, o cuidado dos filhos e outras obrigações familiares, com urgências concorrentes limitam nossas oportunidades e afetam nossa trajetória profissional. Outros obstáculos para o florescimento incluem acidentes e doenças, depressão e vício. Esses obstáculos tão comuns adiam um desabrochar real de nossos talentos e propósitos, nos deixando à mercê de uma sensação culturalmente induzida, denominada de marginalização.

Muitas pessoas, assim como eu, reconhecem a si mesmas como alguém que desabrochou tarde. Outras podem ter uma vaga sensação de que suas carreiras ainda não estão onde deveriam. Todos nós conhecemos alguém, gostamos de alguém ou amamos alguém que parece travado na vida. A coisa mais crítica a se lembrar é: não podemos desistir de nós mesmos, nem de outros, (especialmente) se a sociedade dificulta a redução dessa distância.

Enquanto a sociedade celebra os indivíduos que desabrocharam cedo, inúmeros exemplos de pessoas que desabrocharam mais tarde podem ser encontrados em possivelmente todas as áreas. O astro internacional Andrea Bocelli começou a cantar ópera aos 34 anos; James Murphy, fundador do LCD Soundsystem, lançou seu primeiro álbum aos 35 anos, um ancião no mundo da música eletrônica; Lucinda Williams alcançou o sucesso aos 45 anos com o álbum *Car Wheels on a Gravel Road*, sua quinta tentativa musical;

e Susan Boyle, a estrela surpresa de *Britain's Got Talent*, foi descoberta aos 48 anos. Martha Stewart tinha 35 anos quando começou seu serviço de bufê no porão de uma amiga, e aos 42 anos quando seu primeiro livro de receitas foi publicado. Mesmo um campo tão *avant-garde* como a moda tem histórias surpreendentes de pessoas que desabrocharam mais tarde: Rick Owens explodiu aos 39 anos, Vera Wang aos 41 anos e Vivienne Westwood aos 42 anos. A aclamada artista Marina Abramovic só encontrou seu rumo no mundo da arte já na casa dos 30 anos, alcançou o reconhecimento nacional aos 54 anos, com sua *performance* "*Seven Easy Pieces*" e ficou famosa aos 59 anos com uma retrospectiva no MoMA chamada *The Artist Is Present* [A Artista Está Presente].

A lista de escritores que desabrocharam tardiamente é tão diversa quanto ilustre.

Chuck Palahniuk publicou seu primeiro livro, *Clube da Luta*, aos 34 anos; David Sedaris, o humorista, publicou sua primeira coleção de ensaios aos 38 anos; Toni Morrison publicou seu primeiro romance, *O Olho Mais Azul*, aos 39 anos, e ganhou o prêmio Pulitzer por *Amada* aos 56 anos; Janet Evanovich lançou sua série policial *Stephanie Plum* aos 44 anos; e Frank McCourt publicou suas memórias, *Cinzas de Ângela*, pela qual recebeu o Pulitzer, aos 63 anos.

No mundo empresarial, Tom Siebel fundou sua primeira empresa de tecnologia, a Siebel Systems, aos 41 anos, e a segunda, C3, aos 57 anos; Dave Duffield lançou a PeopleSoft aos 66 anos. Gary Burrell, após décadas trabalhando para empresas de engenharia como a Allied Signal, foi cofundador da Garmin, fabricante do aparelho de GPS, aos 52 anos. John Torode começou uma empresa de aviação, a Vashon Aircraft, aos 70 anos. O bilionário Dietrich Mateschitz, que passou dez anos na faculdade e trabalhou como instrutor de esqui, fundou a fabricante dos energéticos Redbull aos 40 anos. E não nos esqueçamos do maior inovador dos tempos recentes: Steve Jobs. Embora não seja tecnicamente um indivíduo que desabrochou mais tarde, seu incomparável segundo ato, no qual lançou o iPod, o iTunes, o iPhone e o iPad na Apple, veio depois de seus 45 anos.

Dá para imaginar conseguir seu primeiro grande papel em Hollywood aos 52 anos? Foi o que aconteceu com Morgan Freeman. Depois de anos labutando no teatro comunitário e em produções pequenas, ele apareceu de verdade em *Conduzindo Miss Daisy*, com a estrela Jessica Tandy, então com 81 anos – que, inclusive, recebeu sua primeira indicação ao Oscar por esse filme. O famoso vilão cinematográfico Alan Rickman foi dono de um estúdio de *design* gráfico por anos antes de ter o primeiro gostinho da fama aos 42 anos por seu papel como Hans Gruber, em *Duro de Matar*. Jon Hamm, depois de ser abandonado por um agente e de trabalhar no departamento de arte de uma empresa de pornografia *soft-core*, conseguiu seu papel de destaque em *Mad Men* aos 36 anos; Bryan Cranston, que se mudava de um lugar para o outro durante uma infância difícil, conseguiu o reconhecimento na série de TV *Malcolm in the Middle* aos 44 anos; Jane Lynch conseguiu sua primeira chance de verdade aos 45 anos, no filme *O Virgem de 40 Anos* de Judd Apatow; e Margo Martindale, depois de anos atuando em teatro comunitário, fez sua primeira participação de destaque na TV aos 60 anos, na série *Justified*, do canal FX.

Esses são apenas alguns dos famosos que desabrocharam mais tarde. Existem milhões de outros, que não são famosos, e mesmo assim, são altamente realizados e pessoalmente satisfeitos[86]. Eles simplesmente não recebem tanta publicidade.

A criatividade não é uma propriedade exclusiva dos jovens. Alguns de nós simplesmente precisamos de mais tempo, experiência e experimentação para desenvolver um caminho, e perceber nossos talentos. A vida muitas vezes é definida por imprevistos e contratempos, desvios e decepções. Propósito e sabedoria, são pontos fortes daqueles que desabrocham mais tarde, vêm de uma sequência de experiências, tornando-os mais reflexivos, atenciosos e pacientes. Esses indivíduos com frequência têm um nível mais alto de empatia. Eles são geralmente melhores em regular as próprias emoções. Têm níveis mais elevados de inteligência emocional e estratégias melhores para lidar com reveses (como explorarei detalhadamente nos Capítulos 3 e 4). Sem surpresa alguma, lidar com adversidades e contratempos é algo que as pessoas que desabrocham mais tarde fazem melhor do que os gênios precoces. Como Carol Dweck, de Stanford, notou em *Mindset*, gênios precoces correm o risco de desenvolver uma mentalidade fixa sobre como eles alcançaram seu sucesso precoce. Inflados com esse excesso de confiança, eles param de aprender e crescer. O gênio precoce do tênis, John McEnroe, por exemplo, ficava cada vez mais enfurecido conforme era superado nas quadras por tenistas que desabrocharam mais tarde.

***

Corremos o perigo de perder uma valiosa narrativa sobre nossas vidas: a de que somos capazes de desabrochar a qualquer idade e em qualquer fase.

Indivíduos que florescem mais tarde estão desaparecendo das histórias que contamos a nosso respeito, conforme ficamos presos em nossa adoração cultural dos precocemente talentosos, os jovens ambiciosos e os extraordinariamente espertos – os *wunderkinds*. Esse novo ideal se tornou tão difundido, que eu diria que surtiu um efeito negativo sobre nossos sentimentos de valor e segurança. Para alguns, ele pode ter estreitado ou até mesmo eliminado caminhos tradicionais para o sucesso. Esse ideal roubou de muitos de nós a sensação de controle sobre nossas vidas e nossos destinos.

Nossa louca corrida pela realização precoce – e a nódoa do fracasso que mancha aqueles de nós que não a obtiveram – desperdiçou nosso talento nacional e atrofiou nossa criatividade. Uma sociedade saudável precisa que todo o seu povo perceba que pode desabrochar e re-desabrochar, crescer e ser bem-sucedido, ao longo de suas vidas.

Isso deveria ser óbvio. Mas dificultamos terrivelmente essa percepção. E por quê?

Capítulo 2

A cruel falácia da mensuração humana

Para uma comédia inculta estrelando atores de segundo escalão, *A Vingança dos Nerds* foi um sucesso surpresa que criou um movimento cultural. Desenrolando-se no ficcional Adams College, o filme narra a história de alguns alunos de ciências da computação contra a fraternidade esportista do *campus*, a Alpha Beta. Quem vence? Os *nerds*, é claro.

Quando o filme estreou em 1984, os *nerds* do mundo real também estavam começando a ganhar – e em grande escala. Em 1975, um Bill Gates precoce abandonou Harvard depois de seu segundo ano[87]. Gates tinha pontuado 800 em seu SAT de matemática e estava entediado com o ritmo das aulas em Harvard. Largou a faculdade, e junto com seu amigo do subúrbio de Seattle, Paul Allen, começou a Microsoft (chamada Micro-Soft na época). Em 1986, a Microsoft começou a vender suas ações para o público, e em 1998, era a empresa mais valorizada no mundo. Até 2017, Bill Gates era o homem mais rico do planeta.

Durante o início da década de 1990, entrevistei Gates em diversas ocasiões e uma vez passei cinco dias viajando em sua companhia. Ele ainda exibia seu estranho hábito de balançar para a frente e para trás em sua cadeira enquanto falava, o que algumas pessoas especularam se tratar de uma prova de que ele se encontra no espectro do autismo. Na época, Gates era muito mais impetuoso e extrovertido do que o circunspecto filantropo global que se tornou desde então.

Nos anos 1990, Gates visualizava a Microsoft como uma fábrica de QI. "Nós superamos todo mundo em QI", ele me disse. "Superamos a Oracle, a Sun. Competimos com a Goldman Sachs." O valor de ter um QI de classe mundial por toda uma empresa de *software*, disse ele, é que "um programador realmente ótimo vale por mil programadores medíocres". Os programadores realmente ótimos tinham os QIs mais altos, disse ele. Sua lógica: QI alto em um programador de *software* era como um excelente tempo nas corridas de 40 jardas para um jogador de futebol americano profissional. Ninguém que seja fisicamente lento conseguirá jogar na NFL. E ninguém que seja mentalmente lento conseguirá trabalhar na Microsoft.

Este era um momento cultural norte-americano: o homem mais rico do mundo era um *wunderkind*, um membro da elite cognitiva, com uma pontuação perfeita no SAT de matemática como prova disso. Ele tinha construído a empresa mais valiosa do mundo, com um exército de programadores de *softwares* selecionados especificamente por seus QIs elevados.

O que você supõe que isso fez pela imagem do SAT? Como a passagem não apenas para Harvard, Stanford, MIT e Caltech, mas também para a lista da *Forbes* com as 400 pessoas mais ricas do mundo? As pontuações de QI e SAT se tornaram mais ou menos importantes em nossa cultura?

Certo, essa pergunta foi fácil.

Vivemos agora num mundo em que as pessoas de QI mais alto ganham as maiores recompensas financeiras. E as ganham impressionantemente rápido – não ao longo de uma vida, mas em uma década ou menos. Conheci muitos gênios precoces de alta voltagem, e tenho muita admiração por seus talentos, ética profissional e visão. Mas, sua proeminência deveria suscitar várias preocupações. Um percentual cada vez maior das riquezas da sociedade agora vai para aqueles que demonstraram um QI no percentual 99% em um teste padronizado – um teste, deixe-me lembrar, que é feito ao longo de algumas horas, e com jovens na faixa de 16 ou 17 anos.

Como foi que isso aconteceu?

***

Em 1905, um suíço nascido na Alemanha que trabalhava como avaliador de candidaturas a patentes – um indivíduo que desabrochou tarde[88], que só começou a falar aos 6 anos e na época, aos 25 anos, se distraía tão facilmente no trabalho que sua promoção foi rejeitada várias vezes no gabinete de patentes – escreveu, durante suas horas de folga, uma série de artigos que transformariam profundamente o mundo. Esses artigos incluíam uma tese de PhD e quatro artigos adicionais sobre o efeito fotoelétrico, o movimento browniano, relatividade especial e a relação entre massa e energia. O autor resumiu o último artigo com a famosa equação $E = mc^2$. E com isso, Albert Einstein alterou as bases do mundo como o conhecemos.

Também no ano de 1905, foi notável por outra série de artigos que continuam a definir nosso mundo atual. O autor, como Einstein, era um intruso autodidata. Nascido em Nice em 1857, Alfred Binet[89] tinha sido educado para ser advogado, mas seus interesses eram variados e extravagantes. Ele se tornou um pesquisador em clínica neurológica e desenvolveu um interesse duradouro em como o cérebro funcionava. Binet desenvolveu seu trabalho a respeito do cérebro com capricho criativo. Certa vez, criou um teste de memória para ver como enxadristas desempenhavam quando vendados. Ele explorou o hipnotismo, o que constituiu sua reputação erudita. Aprendeu psicologia sozinho, uma disciplina acadêmica emergente, lendo artigos na Biblioteca Nacional, em Paris.

Em 1899, a França aprovou uma lei que tornava a escola obrigatória para crianças de 6 a 14 anos. Binet, ecleticamente educado, foi convidado a se juntar a uma comissão chamada Sociedade Livre para o Estudo Psicológico da Criança, para analisar as capacidades e modalidades de aprendizado das crianças. Logo, descobriu que algumas crianças, infelizmente, não conseguiam acompanhar nada do currículo que estava sendo ensinado. O que fazer a respeito dessas crianças mais lentas? Bem, primeiro você precisava de alguns fatos sobre as capacidades delas – e até que ponto eram afetadas? Assim, em 1905 Binet e um jovem estudante de medicina, Theodore Simon, criaram um teste para medir as capacidades mentais de crianças com idades entre 3 e 13 anos. Eles estudaram uma amostragem de 50 crianças para determinar a pontuação média, e as pontuações extremas de mais inteligente e mais atrasada. Essa escala foi chamada de Escala Binet-Simon, e nós a conhecemos hoje em dia como o primeiro teste de inteligência do mundo.

Eis aqui o que é realmente importante lembrar a respeito de Binet e seu teste de 1905: ele o via como o retrato de um instante. O teste revelaria em que ponto a criança se encontrava na escala de capacidade mental em relação a seus pares – *em um determinado momento*. Em nenhum lugar Binet escreveu ou sugeriu que seu teste de QI, feito uma vez com uma criança entre 3 e 13 anos, projetaria a inteligência daquela criança ao longo de sua vida toda. Foi um norte-americano que deu esse salto infeliz.

***

Em 1999, o jornalista Nicholas Lemann (agora decano emérito na Faculdade de Jornalismo da Universidade de Columbia) escreveu *The Big Test:* the secret history of the american meritocracy, que vasculha as origens do SAT e suas raízes diretas no teste de QI. Segundo Lemann, foi o psicólogo americano Lewis Terman, baseado em Stanford, quem viu o teste como uma ferramenta de vital importância nacional no início do século XX. Lemann escreve:

"Lewis Terman pensou no teste de QI como um avanço científico significativo e amplamente aplicável[90]. Ele acreditava que poderia de forma rápida e quase milagrosa medir a capacidade inata do cérebro, uma qualidade quase biológica que ele considerava o atributo humano essencial da era moderna. Terman foi um defensor incansável do uso mais amplo possível do teste de QI, de modo que os estudantes pudessem ser avaliados, selecionados e ensinados de acordo com suas capacidades."

Terman acreditava que o teste de QI, que ele revisara no teste Stanford-Binet, melhoraria a condição humana – e os próprios humanos – ao longo das gerações. Porém, sua crença vinha de uma raiz ruim, compartilhada por muitos dos líderes acadêmicos do início do século XX. A raiz ruim era a eugenia, a ideia de que humanos com boas qualidades (como inteligência elevada) deveriam ter permissão para procriar e passar adiante essas qualidades. Humanos com qualidades ruins (o que, no início do século XX nos Estados Unidos, significava qualquer um que não fosse do norte da Europa) deveriam ser desencorajados a ter filhos. Pessoas com qualidades "defeituosas", como aqueles com deficiências mentais, deveriam ser esterilizadas. Vinte anos depois de Terman revisar o teste de inteligência de Binet e sua evolução para o teste Stanford-Binet de QI, Terman cofundou a Human Betterment Foundation [Fundação para a Melhoria Humana] – que defendia a esterilização de raças "inferiores".

Infelizmente, crenças desse tipo não eram inquestionáveis naquela época. Mas não anulam as contribuições positivas de Terman para a psicologia. Quando os Estados Unidos entraram na Primeira Guerra Mundial em 1917, o teste Stanford-Binet foi dado a 1,7 milhão de soldados. A ideia era identificar rapidamente as habilidades mentais dos soldados, para determinar onde eles se encaixariam com mais sucesso na máquina de guerra. Aqueles com alta pontuação foram encaminhados para a inteligência militar e treinamento de oficiais. Os que pontuaram baixo foram para as trincheiras. Um mecanismo de seleção severamente diferente foi utilizado na Inglaterra, onde os bem nascidos foram para a inteligência e para o treinamento de oficiais, enquanto os pobres e os membros da classe trabalhadora eram encaminhados para as trincheiras. O teste de Terman para os soldados norte-americanos não apenas era mais eficiente, como também parecia mais justo, menos baseado nas circunstâncias do nascimento.

O teste de QI de Terman foi um sucesso estrondoso. O exército norte-americano conseguiu o que queria, e agora queria mais. Contudo, a aproximação de Terman com a eugenia acabou se provando tóxica, mesmo segundo os padrões do começo do século XX. Em 1916 ele escreveu em *The Measurement of Intelligence* [A medição da inteligência]: "Deficiência limítrofe [...] é muito, muito comum entre famílias indígeno-espanholas e mexicanas do Sudoeste e também entre negros. Sua estupidez parece ser racial, ou ao menos inerente à ascendência das famílias de onde eles vêm [...] Crianças desse grupo deveriam ser segregadas em classes separadas [...]. Elas não conseguem dominar abstrações, mas com frequência podem ser transformadas em trabalhadores eficientes [...] de um ponto de vista eugenista, eles constituem um problema sério por causa de sua procriação incomumente prolífica." É doloroso de ler.

Infelizmente, quase todos os principais pesquisadores dos testes de QI nos anos 1920 eram ligados ao movimento eugenista. Carl Brigham[91], um professor de psicologia, carregou a tocha de Terman e desenvolveu o SAT na Universidade de Princeton em 1926 para o exército norte-americano; ele era um entusiasta da eugenia, se não um zelote como Terman. Anos depois, ele mudaria de ideia a respeito dos testes. De fato, ele viria a odiar o que havia criado e que continua a movimentar nossa obsessão quase cem anos mais tarde: o SAT.

***

O livro que Brigham publicou em 1922, *A Study of American Intelligence* [Um Estudo da Inteligência Americana], rapidamente se tornou sensação nos círculos acadêmicos. Como Lewis Terman e os outros pesquisadores norte-americanos de destaque sobre QI, Brigham abraçava a ideia de que algumas raças eram superiores a outras. Ele escreveu frases constrangedoras, como "Nossos números, então, tenderiam a contrariar a crença popular de que o judeu é altamente inteligente". Ele lamentava amargamente os altos números de imigração da época, em particular dos imigrantes mais morenos e escuros que vinham de países "mediterrâneos". "A inteligência americana está em declínio", escreveu ele, "e isso vai ocorrer com velocidade acelerada conforme a mescla racial se tornar cada vez mais extensa. Esses são os fatos puros, embora desagradáveis, que nosso estudo demonstra."

Tristemente, esse era um sentimento típico da época. E as afirmações de Brigham não atrapalharam sua carreira. (O que atrapalhou sua carreira foi assumir a perspectiva inversa, como veremos mais à frente.) Pelo contrário, ele foi impelido para a dianteira dos pesquisadores de QI. E quando o exército norte-americano veio procurar por melhorias para seu teste de inteligência na Primeira Guerra Mundial, incluiu Brigham na lista de potenciais contribuidores, junto com Lewis Terman, criador do Stanford-Binet, e o psicólogo Edward Lee Thorndike, da Univerdidade de Columbia. O exército gostava da adaptação e dos refinamentos que Brigham trouxe ao teste de inteligência do exército original. Ele o nomeou de: Scholastic Aptitude Test [Teste de Aptidão Escolar], ou SAT. Em 1926, ele não fez esforço algum para esconder o fato de que o SAT era uma versão mais longa e prática de um teste de QI. Com a aceitação do SAT pelo exército e as impressionantes credenciais acadêmicas de Brigham como psicólogo de Princeton, as universidades logo o adotaram também. As primeiras a adotar o SAT foram as academias militares de West Point (exército) e Annapolis (marinha) em 1930. Em seguida, Yale embarcou. E rapidamente a maioria das universidades no Nordeste americano acompanharam a tendência.

O SAT se tornou um imenso sucesso. No entanto, apenas dois anos depois de projetar o teste, Brigham desenvolveu sérias dúvidas sobre ele. Estava menos convencido de que o SAT medisse inteligência pura, e mais certo de que ele media a que uma criança ou jovem tinha sido exposto. Em 1928, ele foi convidado a palestrar para um grupo de eugenistas, a quem expressou suas dúvidas. Em 1929, ele escreveu: "Quanto mais trabalho nessa área, mais fico convencido de que psicólogos cometeram um grave pecado. Sinto que deveríamos parar de dar nome a testes e dizer o que eles medem [...] se pretendemos prosseguir para além do estágio da psicofrenologia." Em 1934, pouco antes de sua morte, ele chamou seu teste de "falácia gloriosa":

O movimento dos testes chegou a este país por volta de 25 ou 30 anos atrás, acompanhado por uma das falácias mais gloriosas da história da ciência, a de que testes medem a inteligência nativa pura e simples, sem consideração a treinamento ou educação. Espero que ninguém acredite nisso agora. Os resultados desses testes são, definitivamente, uma mistura que inclui educação, histórico familiar, familiaridade com a língua inglesa e tudo mais, relevante e irrelevante. A hipótese da "inteligência nativa" está morta.

No entanto, a tese da "inteligência nativa" não estava nem um pouco morta. Na verdade, estava apenas começando. Dois revolucionários da Universidade de Harvard resgatariam a reputação do SAT e o faria arrancar.

A revolução estava no ar nos anos 1930. As ações tinham caído de 86% em outubro de 1929 a julho de 1932. O desemprego bateu 25%, e as filas de cidadãos de faces encovadas para pegar a sopa que era doada, se tornou um símbolo muito fotografado dos tempos difíceis. O capitalismo parecia ter fracassado. Mas os donos da riqueza antiga da América (ao contrário dos milionários de ações e obrigações dos anos 1920) ficaram relativamente intocados pela Grande Depressão. Muitos ainda tinham suas mansões e criadagem, clubes particulares e iates luxuosos.

O novo reitor da Universidade de Harvard, James Bryant Conant, estava zangado com a desigualdade brutal. Sua família não vinha do dinheiro antigo da Costa Leste. Seu pai era um comerciante, dono de uma loja de fotogravuras. Conant, apesar de suas boas notas, sentia-se como um cidadão de segunda classe em meio à panelinha abastada de Harvard. Essa mágoa nunca o abandonou, mesmo quando ele se tornou reitor de Harvard em 1933. Os riquinhos dali levavam uma vida diferente, e isso o enfurecia. Conforme Lemann observa, "Os jovens ricos de Harvard levavam uma vida universitária quase que irreconhecível para os padrões atuais. Em uma época em que um quarto da mão de obra norte-americana estava desempregada e desesperada, eles moravam em apartamentos particulares, servidos por mordomos e empregadas, em um bairro [de Boston] chamado A Costa do Ouro, iam a bailes de debutantes em Boston, não costumavam frequentar as aulas e se matriculavam brevemente em aulas particulares especiais no final de cada semestre para poderem passar nas provas".

Conan estava determinado a sacudir o sistema de classes de Harvard até a raiz. O que funcionaria como substituto da riqueza e da aristocracia como hierarquia natural? Conant acreditava em uma aristocracia diferente: uma aristocracia do intelecto. Não era uma ideia nova; ele a pegou emprestada da *República* de Platão. Era uma ideia que tinha sido testada, com grande sucesso, na China. No século VI, funcionários do alto escalão do governo chinês, chamados de mandarins, eram escolhidos por meio de um exame. E a ideia também tinha raízes norte-americanas. Thomas Jefferson tinha argumentado a favor de uma aristocracia vinda não de privilégios herdados, mas do "mérito". Inventor além de pensador, Jefferson propôs um aparelho chamado "antropômetro" que mediria o mérito humano. "Eu gostaria de ver essa avaliação aplicada a todos os homens, para que sejam colocados onde merecem", escreveu ele.

O ressentimento de classe pode ter motivado o reitor de Harvard, mas um senso de retidão moral o incentivava. Conant encontrou um aliado no pró-decano Henry Chauncey, cujo avô tinha sido um aristocrata de Nova York, mas cuja fortuna da família tinha sido perdida em um golpe. Quando Henry nasceu, a família vivia numa pobreza gentil com o salário de pastor. Chauncey não podia pagar por Harvard, por isso frequentou a Universidade de Ohio, na época um viveiro da psicologia. Chauncey amava essa área, e quando se transferiu para Harvard, graças a uma bolsa de estudos concedida por um benfeitor, estudou psicologia e seu novo ramo, a medição da inteligência.

Esses dois revolucionários de Harvard, James Conant e Henry Chauncey, promoveram o SAT como arma contra a aristocracia preguiçosa. Foram os esforços deles que estabeleceram o SAT como um acessório permanente na vida norte-americana. Conant e Chauncey não tinham sido humilhados pelo movimento eugenista; sua política, ao contrário da dos eugenistas, não se baseava no darwinismo social e no racismo. Conant e Chauncey eram os reformistas esquerdistas da era FDR.

Conant, em particular, se convenceu de que o teste de QI era crucial para a defesa nacional dos Estados Unidos. Em 1940, ele foi nomeado ao Comitê de Pesquisa para a Defesa Nacional. Tornou-se o presidente do Comitê em 1941 e presidiu o Projeto Manhattan, que desenvolveu a bomba atômica em 1945. Conant até compareceu ao teste Trinity em Alamogordo, no Novo México, em 16 de julho de 1945, quando testemunhou a primeira detonação da bomba atômica.

Ao contrário de Carl Brigham, o inventor antissemita do SAT, Conant viu que os refugiados judeus, fugindo do nazismo, tinham sido colaboradores indispensáveis ao sucesso do Projeto Manhattan. O virulento antissemitismo e as políticas nazistas de Hitler haviam afugentado do país alguns dos melhores físicos da Alemanha, levando-os diretamente para as mãos dos norte-americanos. Os norte-americanos foram os sortudos beneficiários do racismo de Hitler.

No entanto, da próxima vez Conant sabia que os Estados Unidos podiam não ter tanta sorte. Assim, ele se tornou um defensor ainda mais fervoroso da ideia de aplicar testes de QI em todas as crianças norte-americanas, para garantir que matemáticos, físicos e engenheiros talentosos e vindos de minorias, famílias pobres e áreas rurais pudessem ser identificados e apoiados. A defesa nacional norte-americana e a própria sobrevivência da nação, segundo ele, dependiam do uso dos testes de QI.

A essa altura, já não havia como parar o uso generalizado do SAT. Seus efeitos na cultura norte-americana foram rápidos. No começo dos anos 1950, Harvard e as outras universidades da Ivy League ainda favoreciam os chamados "legados", estudantes vindos de famílias da elite do Nordeste americano e das escolas preparatórias. Porém, nos anos 1960, judeus e jovens de cidades pequenas que tinham se saído bem nos testes começaram a entrar em quantidades numerosas nas universidades integrantes da Ivy League. Negros, asiáticos e membros de outras minorias étnicas logo os seguiriam.

Entre as décadas de 1950 e 1990, o SAT substituiu a filiação à aristocracia endinheirada como o guardião oficial do ingresso às universidades de elite nos Estados Unidos. Cursos preparatórios para o SAT, naturalmente, vieram logo a seguir, conforme a importância do teste crescia. Espantosamente, nos anos 1990, a empresa dona do *Washington Post* gerou a maior parte de seu valor de mercado não do jornal, mas de sua propriedade de um fornecedor de cursos preparatórios para o SAT, a Kaplan Testing Services. Ao longo do caminho, o SAT suportou algumas controvérsias notáveis, inclusive uma que discutia se uma pontuação elevada no teste mereceria a suspensão do recrutamento obrigatório para a Guerra da Coreia e, reprisando a preocupação de Carl Brigham, se o SAT discriminava contra minorias étnicas mais pobres. No final, ainda assim, a acusação mais fulminante dessa loucura por medições e testes veio de um de seus primeiros proponentes, o próprio Lewis Terman.

***

Atualmente, quando a testagem de inteligência, aptidão ou tipo de personalidade penetra quase todo cantinho da vida americana, é difícil imaginar que tais medições já chegaram a não existir aqui. As pessoas podiam ser conhecidas como brilhantes ou estúpidas, espertas ou lentas, talentosas ou arrastadas, mas não havia nenhuma medida empírica pela qual compará-las e ranqueá-las umas contra as outras. O teste Stanford-Binet de Lewis Terman fez exatamente isso – e foi o precursor de uma avalanche desse tipo de testes, tanto para aptidão nativa quanto para conhecimento adquirido. Poucas pessoas vivendo nos Estados Unidos hoje não passaram por pelo menos um teste de QI, de personalidade ou um teste educacional como o SAT, o ACT no ensino médio, ou o GRE, o MCAT ou o LSAT na faculdade.

Todos esses testes são descendentes não apenas do trabalho pioneiro de Lewis Terman, mas também de seus esforços zelosos para padronizar os testes por toda a população, e incentivar sua adoção por instituições nacionais cruciais, incluindo aí o funcionalismo público. Terman não foi apenas um defensor do QI, contudo, foi também um pesquisador essencial.

Em 1921, ele entrou para o Estudo dos Superdotados de Terman[92], o primeiro e agora mais longo estudo longitudinal de indivíduos de QI elevado na psicologia. Com uma equipe de assistentes, ele vasculhou as escolas públicas da Califórnia com o objetivo de encontrar 1.000 crianças superdotadas para analisar. No final, eles descobriram mais de 1.500 crianças, todas nascidas entre 1900 e 1925, um total um pouco maior de homens do que de mulheres, a maioria deles brancos, e quase todos de famílias de classe média-alta ou alta.

Conforme as décadas se passaram, e os participantes do teste de superdotados atravessavam seus melhores anos, produtivamente falando, foi se tornando cada vez mais aparente que esses indivíduos não eram realmente especiais, no final das contas – eles apenas tinham QIs mais elevados. Claro, havia algumas histórias de sucesso dentre eles, inclusive vários professores universitários, mas no geral, eles eram quase indistinguíveis de seus pares menos dotados – um resultado que, provavelmente, não vai se alterar quando os últimos participantes saírem de cena. A maioria acabou virando donas de casa ou arrumando profissões "humildes, como as de policiais, marinheiros, datilógrafos e arquivistas".

Embora Terman ainda estivesse convencido sobre a hereditariedade da inteligência, foi um homem humilde que escreveu posteriormente: "De qualquer forma, vimos que o intelecto e a realização estão longe de manter uma correlação perfeita". No entanto, nem o fedor da eugenia nem o fracasso do teste de QI Stanford-Binet como instrumento de previsão amorteceram o entusiasmo dos Estados Unidos pelos testes de inteligência. Apenas 80.000 estudantes fizeram o SAT em 1951; esse número saltou para 1,7 milhão em 2015[93]. E no século XXI, o SAT ainda está sendo aplicado e utilizado por universidades no mundo todo.

Essa explosão em seu uso teve um efeito secundário. O desafio logístico de processar tantos exames de forma oportuna, basicamente garantiu que as notas subjetivas dadas por leitores contratados abririam espaço para a aferição automática de respostas de múltipla escolha, feitas por máquinas.

A seção de redação conseguiu sobreviver, mas o resto do SAT perdeu toda a sua nuance e se tornou um processo estritamente empírico.

Como a teoria por trás dos testes de QI e outras mensurações de "talento" como o SAT e o ACT são defeituosas, seus resultados geralmente vão de encontro às expectativas. Em 1975, dois cientistas, trabalhando separadamente em continentes diferentes, articularam a disfunção clara nesse tipo de aferição humana. Donald T. Campbell, um psicólogo social norte-americano, formulou o que viria a ser conhecida como: a Lei de Campbell, que afirma que "quanto mais algum indicador social quantitativo for usado para tomadas de decisões sociais, mais ele será sujeito a pressões corruptoras e mais provável será que ele distorça e corrompa o processo social que deveria monitorar"[94]. Em outras palavras, quanto mais damos importância ao SAT e sua corja, mais corruptos e distorcidos serão os resultados. E o economista britânico Charles Goodhart formulou a Lei de Goodhart, que afirma: "Qualquer medida utilizada para controlar não é confiável". Em outras palavras, uma vez que obter uma pontuação alta se torna o objetivo de uma medição, a medição se torna inválida. Ou, dito de um jeito mais curto e grosso, qualquer coisa que seja medida e recompensada será trapaceada.

Essas duas realidades estatísticas criam um resultado perverso. Conforme as duas leis preveem, nossa obsessão com a testagem – e especialmente com a obtenção de pontuação elevada – destrói qualquer validade preditiva que os testes pudessem ter.

Um teste de desempenho a longo prazo como o SAT é projetado para avaliar os conhecimentos e habilidades que os estudantes adquiriram ao longo de anos de aprendizado e desenvolvimento. Quando o foco se torna fazer o teste – em vez de os anos de aprendizado e desenvolvimento –, o teste já não mede mais o que ele foi criado para quantificar. Em vez disso, ele se transforma em uma competição contra o tempo, um teste de habilidade da pessoa em responder questões de múltipla escolha de forma correta, e em determinada quantidade de tempo.

Como a Lei de Goodhart deixa claro, quanto mais damos incentivos aos resultados dos testes, mais pessoas farão qualquer coisa para conseguir um bom resultado. Portanto, pessoas com recursos econômicos para contratar professores particulares e extensa preparação para os testes, conseguirão uma pontuação notavelmente mais alta – sem ter aprendido mais sobre as disciplinas que estão sendo testadas. Isso parece um método mal feito e injusto para determinar o futuro de um jovem de 16 ou 17 anos.

***

Outro teste de características humanas originado na mesma época, é o atualmente popular teste de personalidade profissional, conhecido como Indicador de Tipos de Myers-Briggs. Acredita-se que sua grade de sensação, intuição, emoção e pensamento defina como os indivíduos percebem o mundo ao seu redor, depois tomam decisões baseadas nessas percepções.

Em 1917, Katharine Cook Briggs notou diferenças distintas entre a personalidade do namorado de sua filha e a dos membros da família dele. Em grande parte autodidata, Briggs aprofundou seu questionamento lendo biografias de figuras famosas, e lentamente construiu uma teoria de quatro temperamentos. Em 1923, ela teve uma epifania, lendo a recente tradução em inglês de *Tipos Psicológicos*, do lendário psicólogo suíço Carl Jung, ela aprendeu sobre o modelo de Jung para os tipos de personalidade humana, logo se deu conta de que parecia espelhar o seu. Depois do ocorrido, publicou artigos com os rudimentos de sua teoria.

No final da década de 1920, a filha de Briggs, Isabel Briggs Myers, uniu-se à mãe em seu trabalho. Como escritora, Myers não apenas ajudou a mãe com seu trabalho em "tipologia", mas também ajudou a promover a teoria em um livro policial premiado em 1929. Anteriormente uma das melhores alunas em Swarthmore, Myers agora servia como aprendiz para um famoso consultor de gestão, Edward Hay, e aprendeu as artes de testagem, análise estatística e validação de dados – habilidades que ela corretamente presumiu que fossem ajudá-la no desenvolvimento do teste de sua mãe.

Mãe e filha apresentaram o Indicador de Tipos Myers-Briggs em 1944. Elas esperavam que o indicador ajudasse o exército de mulheres entrando no mercado de trabalho para substituir seus maridos, enquanto estes estavam combatendo na guerra. As raízes profissionais do Indicador ressoaram com o mundo corporativo – e em dez anos, o teste Myers-Briggs era uma ferramenta padrão nas profissões de RH/Departamento Pessoal/Recrutamento. Convenientemente, em 1961 o manual escrito por Myers foi adquirido pelo Serviço de Testagem Educacional, o pessoal que aplicava o SAT.

Myers-Briggs nunca foi adotado pelos psicólogos profissionais – os críticos destacam sua subjetividade, seu viés de usuário e a sua falta de falseabilidade. A pesquisadora Annie Murphy Paul chamou o teste de um "ato de filosofia de boteco irresponsável" e Adam Grant, o escritor *bestseller* de ciências humanas, declarou: "No que diz respeito à precisão, se você colocar um horóscopo numa ponta e um monitor cardíaco na outra, o TPMB cai mais ou menos no meio do caminho". Mas com suas 93 perguntas e sua grade de quatro quadrados, ele continua sendo o teste de personalidade mais popular no mundo inteiro e, ainda, é aplicado milhares de vezes todos os dias em todo o globo.

Nas décadas de 1950 e 1960, o uso desses instrumentos arquetípicos (para não mencionar uma enxurrada de outros) deixou a vida norte-americana aparentemente louca por testes. Testes de QI eram aplicados em crianças antes mesmo que elas entrassem para a escola, e os resultados eram utilizados para colocá-las em classes acompanhadas, de acordo com suas aptidões percebidas. Seus resultados no SAT ou no ACT cada vez mais determinavam, até acima de sua média de notas, em que faculdades elas seriam aceitas. E ao longo de suas carreiras profissionais adultas, encaravam baterias de testes de personalidade e aptidão para cada trabalho que se candidatassem.

Ranquear indivíduos com base em um punhado de medidas – ou mesmo uma única medida – é uma prática comum quando se categoriza não apenas estudantes, mas também funcionários. No início da década de 1990, a General Electric, a Microsoft e outras popularizaram o ranqueamento de seus funcionários em uma curva sinusoidal. O CEO e presidente da General Eletric, Jack Welch, até falou abertamente em demitir os 10% com pontuação mais baixa todos os anos. Compreensivelmente, muitas empresas adotaram o ranqueamento depois disso, já que a General Eletric e a Microsoft estavam entre as cinco empresas mais valorizadas do mundo. Eles devem saber o que estão fazendo! Testagem e ranqueamento oferecem a ilusão de objetividade e certeza matemática. Em um ambiente de trabalho litigioso, elas podem fazer a recusa de uma promoção ou de um aumento de salário parecer vir de base objetiva e, portanto, ser defensível. Elas parecem fazer um perfeito sentido.

Algumas empresas, inclusive Google, se afastaram formalmente da contratação e promoção com base em sistemas de ranqueamento. Quebra-cabeças lógicos e problemas matemáticos – projetados, essencialmente, para medir as mesmas capacidades dos testes padronizados – substituíram as pontuações de GPA e SAT[95]. Assim, muitos candidatos e críticos afirmam que a mudança é meramente cosmética. Mesmo ao tentar fazer a coisa certa, parece que muitas empresas falharam em se afastar do conforto da medição crua.

Apesar de o teste de QI, o SAT, o ACT e os testes de personalidade como o Myers-Briggs terem enfrentado críticas ou sido comprovados como imprecisos, eles continuaram sobrevivendo— e até desabrocharam[96]. No século XXI, os testes universitários padronizados do SAT e ACT se mostram, maiores do que nunca, na vida dos estudantes norte-americanos do ensino médio e de seus pais. E o sucesso do Myers-Briggs gerou milhares de outros testes de personalidade, como o Teste de Personalidade dos Cinco Grandes, o Indicador de Tipos Eneagrama e o DISC (Dominância, Influência, Estabilidade, Consciência). Talvez essa resiliência não devesse surpreender. Assim como Lewis Terman, Carl Brigham e Edward Lee Thorndike trabalharam para quantificar o potencial de cada indivíduo, outra tendência potente está tomando forma nos Estados Unidos.

***

Isso lhe soa familiar? Uma nova tecnologia é criada e conecta o mundo. Ela cria uma imensa riqueza de primeira geração para seus líderes visionários, mas esmaga os trabalhadores pobres em locais distantes da grade tecnológica. A disparidade entre ricos e pobres cresce em proporções recorde. Os pobres despossuídos de terras rurais se amontoam nas cidades, o que cria uma epidemia de doenças e crimes. Um populismo raivoso, tanto à esquerda quanto à direita, pega fogo. Números crescentes de pessoas suspeitam que o sonho americano seja um mito.

A tecnologia a que estou me referindo aqui é a ferrovia, no final do século XIX. A década de 1890 é com frequência chamada Era de Ouro pela riqueza espetacular, mansões e iates que as ferrovias produziram. Mas, a Era de Ouro também nos trouxe a depressão de 1894-1897, a pior calamidade financeira que a economia norte-americana já havia sofrido até então. (Ela seria obscurecida na questão do sofrimento puro pela Grande Depressão na década de 1930.)

Durante e depois da brutal depressão de 1894-97, um número cada vez maior de educadores e cientistas sociais buscaram as melhores formas de controlar a ganância corporativa, a economia que seguia o ciclo *boom*-colapso, e os males sociais produzidos por elas. O sentimento popular deu vazão ao que os historiadores chamam de movimento progressista. (A palavra *progressista*, atualmente, significa ideias liberais de esquerda, popularizadas pelos senadores democratas Cory Booker e Elizabeth Warren, mas nos anos 1890, significava aplicar a gestão baseada na ciência para tudo, desde a economia até o comportamento corporativo, a educação, saúde pública, sociologia e psicologia.) Politicamente, o Progressismo rejeitava tanto o darwinismo social, quanto os sistemas anarquistas surgindo na Europa. Na verdade, era um movimento bipartidário, apoiado pelo presidente republicano Theodore Roosevelt e o presidente democrata Woodrow Wilson.

O progressismo era bem-intencionado e produziu muitas reformas necessárias, principalmente em saúde pública, segurança trabalhista, regulamentação antitruste e em relação ao direito feminino de votar. Seus efeitos sobre a educação e a gestão de negócios também foram profundos, mas ambivalentes. Nos negócios, o progressismo impôs uma rígida conformidade, que reduzia os seres humanos a peças em movimento. Para ver como isso funcionava, vamos dar uma olhada no trabalho de Frederick Winslow Taylor, o pensador administrativo mais influente daquela era.

"No passado, o homem vinha em primeiro lugar; no futuro, o sistema deve vir em primeiro lugar"[97], escreveu Taylor em *Princípios da Administração Científica* [publicado no Brasil pela editora Atlas], lançado originalmente em 1911. Sua ideia simples e atraente era que os gestores poderiam estimular a produtividade do trabalho no chão de fábrica se pudessem identificar, e, então, remover, os desperdiçadores de tempo irracionais. Assim, os gestores começaram a observar, registrar, medir e analisar as ações de seus funcionários. Chega de funcionários autônomos no chão de fábrica. Basta de enrolação entre as tarefas. Chega de habilidade artesanal e criar as coisas de improviso. Taylor queria reduzir os processos complexos de produção aos menores passos repetitivos que qualquer trabalhador poderia executar rapidamente.

O taylorismo, previsivelmente, requeria um nível de controle autoritário sobre os trabalhadores e as práticas de trabalho. Mas Taylor sentia que suas ideias seriam a salvação dos trabalhadores, já que funcionários mais produtivos podiam ganhar mais dinheiro. Sua influência chegou ao auge nas primeiras décadas do século XX, conforme suas teorias encontravam maior realização, nas montadoras automobilísticas de Henry Ford. Ocorreu exatamente como Taylor havia previsto, Ford pagava a seus funcionários mais produtivos o dobro do salário normal para o serviço de fábrica. Ele dizia que queria que seus funcionários pudessem comprar um Ford.

Taylor tinha libertado da garrafa o gênio da administração científica. O taylorismo gerou muitos métodos de cronometragem, contabilidade e controle, além de tabelas de fluxo de tarefas, réguas de cálculo de velocidade de máquinas, estudos do movimento e medição do ritmo de montagem. Ele deu aos gestores permissão para observar, medir, analisar e controlar cada minuto do tempo de um funcionário durante o horário de trabalho. Esse era o cerne da administração científica de Taylor, e era difícil argumentar contra o seu valor. A tecnologia atual – inclusive a nuvem de computadores, a internet das coisas, análise de *big data*, inteligência artificial, aplicativos de fluxo de trabalho e robôs – pode parecer séculos distante de Taylor e seu cronômetro, mas muitas de suas ideias ainda dominam o mundo dos negócios.

Estranhamente, o sistema de administração científica de Taylor também se entranhou firmemente na educação[98]. Um século atrás, educadores norte-americanos a adotaram como a melhor forma de lidar com o grande fluxo de crianças imigrantes. Em 1912, a publicação de *The Elimination of Waste in Education* [A Eliminação do Desperdício na Educação], de John Franklin Bobbitt, preparou o terreno para a adoção e implementação da administração científica nas escolas. Bobbitt argumentou que escolas, como empresas, deveriam ser eficientes, eliminar os desperdícios e se concentrar nos resultados. O currículo deveria moldar os alunos para se tornarem trabalhadores eficientes.

Como Taylor, Bobbitt acreditava que resultados eficientes dependiam de autoridade centralizada, e uma instrução precisa, recebida do topo para baixo. Outros líderes educacionais, como Edward Lee Thorndike, da Universidade de Columbia, defendiam abertamente estruturas semelhantes à esteira rolante. Thorndike, especialmente, moldou as perspectivas da sociedade no que tange o currículo, a pedagogia e a estrutura organizacional, para se encaixarem aos princípios da administração científica. Muito rapidamente este se tornou o modelo dominante para a educação.

Como escreve Todd Rose, de Harvard, em seu brilhante livro sobre a diferenciação dos talentos humanos: *The End of Average* [O Fim do Mediano], os caminhos rígidos do sistema educacional moderno vêm de ideias sobre administração de fábricas:

> "Nossas escolas ainda seguem a mesma marcha rígida[99] [taylorística] ao longo do tempo, como faziam um século atrás, com aulas de duração fixa e semestres fixos, acompanhando a mesma sequência inflexível de matérias 'centrais', o que garante que todo aluno (normal) se forme do ensino médio com a mesma idade e, presumivelmente, o mesmo conjunto de conhecimentos."

Em 1962, o historiador Raymond Callahan[100] discutia como a administração científica havia afetado as escolas norte-americanas. Seu *Education and the Cult of Efficiency* [Educação e o Culto à Eficiência], fala sobre a influência das ideias de Taylor sobre a administração educacional – em tudo, desde a melhor utilização dos edifícios, do espaço na sala de aula e até a padronização do trabalho dos zeladores. Outra linha de reformas exigia que os professores documentassem suas atividades de ensino, a fim de minimizar o "desperdício".

Para que não pensemos que nos tornamos mais iluminados desde a época de Taylor, iniciativas recentes de reforma educacional como: No Child Left Behind [*Nenhuma Criança Fica Para Trás*], Common Core [*Centro Comum*] e Race to the top [*Corrida para o Topo*] aumentaram o papel dos testes padronizados na educação pública. Testes padronizados de alta importância, entretanto, são apenas o exemplo mais visível das ideias de Frederick Taylor em ação na educação. Na verdade, o sistema educacional norte-americano opera em grande parte segundo os ditames de um sistema industrial: um movimento consistente no sentido de padronização e mensuração ainda maiores, uma promoção exagerada de um currículo focado nas matérias STEM, e até mesmo uma sincronização física por meio do uso de campainhas para sinalizar mudanças e intervalos – como se crianças fossem pequenos Fords T saindo de uma fábrica ou de uma linha de montagem de Frederick Taylor.

Para a maioria das pessoas, isso soa ridículo. É sabido que todos aprendemos de maneiras diferentes[101]. O aprendizado é um processo acumulativo, que envolve o desenvolvimento neurológico, fisiológico e emocional. Isso significa que todos nós absorvemos, incorporamos e aplicamos o que aprendemos em ritmos diferentes. Algumas pessoas começam a aplicar o conhecimento assim que são expostas a seus fundamentos. Outras, particularmente as que desabrocham mais tarde (eu entre elas), aplicam esse conhecimento apenas depois que todas as peças se encaixam. Esse momento, em que algo complexo subitamente faz sentido, com frequência parece um despertar. Mas esse padrão pode distorcer o processo de rastrear, ranquear e categorizar alunos pelo caminho. Embora algumas crianças tenham um perfil que se encaixe adequadamente nos moldes de aprendizado, muitas outras têm um perfil que não combinam com as expectativas. Testes padronizados simplesmente não conseguem medir as habilidades de pensamento crítico dos estudantes, ou seu verdadeiro engajamento com um tópico.

E forçar os professores a ensinar apenas o conteúdo que possa ser medido em testes padronizados, enquanto evitam material mais analítico, atrapalha o aprendizado. Isso também deprecia a profissão de docente, do mesmo modo que as teorias de Taylor desvalorizavam o papel dos artesãos habilidosos nas fábricas. Reduzir a educação à preparação para testes, coloca em risco a qualidade do currículo e a arte de lecionar. E retira a humanidade do ato de ensinar.

***

O resultado de nossa obsessão com medições?

O sucesso atual é representado por indivíduos testados; *wunderkind* de alto QI e alto SAT, amados por Bill Gates e outras fazendas de QI como Goldman Sachs, Google e Amazon. Aqueles dentre nós que foram medidos com mais sucesso ganham mais dinheiro e mais depressa. Hoje, QI e dados dominam a distribuição acadêmica, que impôs uma pressão inédita nos jovens para desabrochar cedo. E graças à panela de pressão do nosso sistema educacional, que escolhe "vencedores" – ou seja, estudantes com pontuação alta em seus GPAs e SATs –, gerações de jovens se veem deixadas para trás, antes mesmo de atingir a idade adulta. Jovens, especialmente do sexo masculino, olham para o mundo adulto e o rejeitam, morando na casa dos pais e jogando *vídeo games* por horas, todos os dias. Vemos isso também, nas bebedeiras descontroladas e no vício em opioides – tudo isso são formas pelas quais as pessoas buscam alívio de suas vidas confusas, estressantes e insatisfeitas. Observamos em pesquisas indicadores de que a maioria dos funcionários se sente subvalorizado e desconectado. Nota-se também na estigmatização de habilidades diversas, e desenvolvimento atípico do desabrochar tardio.

O uso continuado de testes baseados em inteligência por várias escolas e empresas, fala mais de nossa necessidade por um sistema aparentemente objetivo e defensável para definir as pessoas, do que qualquer eficácia comprovada. Se existe uma lição fundamental a ser tirada daqui, é que ninguém ainda foi capaz de criar um teste que possa medir com precisão o potencial ou talento de um indivíduo. O simples fato é, que é impossível aplicar uma única métrica ou escala unidimensional a algo tão intrincado e multifacetado, quanto o desenvolvimento humano.

Apesar disso, nós, como sociedade, medimos, ranqueamos e nos classificamos mais do que nunca. Por quê?

***

Anteriormente, neste mesmo capítulo, mencionei que o segundo homem mais rico do mundo, Bill Gates, marcou 800 pontos – a pontuação perfeita – em seu SAT de matemática. Expliquei como sua crença na magia enriquecedora dos altos QIs o levou às decisões iniciais sobre a contratação e a equipe da Microsoft, e que a confiança da Microsoft no QI como um previsor de talento para escrever códigos e tino comercial foi seguida por muitas outras empresas.

Larry Page e Sergey Brin, fundadores do Google, também pontuaram 800 ou algo próximo disso em seus SAT de matemática. Eles começaram a Google como formandos de Stanford em 1998 e até 2014, era sabido que ambos perguntavam às pessoas que procuravam emprego no Google sua pontuação no SAT. (Alphabet, a sociedade-mãe do Google, agora se empenha muito para dizer que não fazem mais isso. A realidade, porém, é que o Google ainda usa vários quebra-cabeças, enigmas e outros meios para avaliar a rapidez dos dons cognitivos de seus candidatos.)

O fundador e CEO da Amazon e homem mais rico do mundo, Jeff Bezos, também fez 800 pontos em seu SAT de matemática. Segundo o repórter Brad Stone, Bezos "sentia que contratar apenas os melhores[102] e mais inteligentes era crucial para o sucesso da Amazon. Logo no início, ele conduzia as entrevistas de emprego pessoalmente; e também perguntava aos candidatos sua pontuação no SAT. Bezos disse: "Toda vez que contratamos alguém, ele ou ela deve elevar o nível para a próxima contratação, de modo que o *pool* de talentos esteja sempre melhorando." Gracejando, Bezos disse a um jornalista que a alta pontuação da esposa no SAT tornava o casal compatível.

O fundador do Facebook, Mark Zuckerberg, obteve a pontuação perfeita nas partes de matemática e inglês de seu SAT, 1600. O cofundador da Apple, Steve Wozniak também cravou 800 em seu SAT de matemática.

Dois outros números reveladores: a riqueza pessoal combinada de nossos seis *wunderkind* nos testes de matemática é de mais de US$ 300 bilhões. E as empresas que eles criaram valem mais de US$ 3,6 trilhões, mais do que o GDP de quase todos os países (com exceção de nove).

Certamente, isso merece aplausos, mas vamos parar e considerar o custo. Um famoso pensador do contra, argumenta que a obsessão atual com a pontuação do SAT e a magia geradora de riquezas dos gênios do algoritmo, deixou a economia dos Estados Unidos em um estado de subdesempenho por décadas e uma sociedade desesperada por respostas. E não imagine que esse pensador é hostil ao Vale do Silício e seus *wunderkinds* ficando obscenamente ricos: ele é um deles.

Peter Thiel, um dos cofundadores do PayPal e membro da diretoria do Facebook (ele mesmo um enxadrista prodígio no ensino médio, formado em direito pela Stanford e pontuador perfeito no SAT de matemática), afirma que existe um desequilíbrio[103] entre aquilo que é bom para a prosperidade econômica geral, e aquilo que é financiado facilmente pelos investidores. Na cabeça de Thiel, a economia dos Estados Unidos tem capital de investimento demais fluindo para empresas *"bits"*[104]. Usando a terminologia criada por Nicholas Negroponte, do MIT, nos anos 1990, empresas *"bits"* são aquelas que ganham seus lucros escrevendo algoritmos para fornecer um serviço (pense em Google, Facebook e Amazon) ou as que os utilizam para ludibriar os mercados financeiros (pense em Morgan Stanley, Goldman Sachs e inúmeros fundos especulativos). O que as empresas *"bits"* não fazem é produzir produtos físicos. Elas usam seus algoritmos inteligentes para criar mercados, não produtos.

Uma empresa de "átomos", no vernáculo de Negroponte e Thiel, é o tipo mais antigo de empresa, que manipula objetos físicos – colhe safras, extrai combustíveis, forja aço, produz carros, encaderna livros, monta TVs e transporta bens de consumo por terra, mar e ar. A General Motors é uma empresa de "átomos" clássica. Ela opera dúzias de fábricas em 17 países, emprega mais de 200.000 pessoas e produz dez milhões de carros e caminhões por ano.

No entanto, como empresas de átomos usam recursos físicos, demandam fábricas e lojas, geram resíduos e, ocasionalmente, resultam em ferimentos relacionados ao ambiente de trabalho, elas operam sob pesada regulamentação e taxação. Em contraste, as empresas *bits*, cujos funcionários escrevem algoritmos sentados na frente de computadores, usam recursos mínimos (com a exceção da eletricidade, cujos fardos regulatórios são carregados por empresas de combustível e serviços), geram pouca poluição e raramente têm acidentes no ambiente de trabalho. Assim, não têm quase nenhuma regulamentação. Empresas bits que desafiam empresas de átomos mais antigas, como Uber e Airbnb, são tão recentes e disruptivas que as antigas estruturas regulatórias ainda não se encontram à sua altura. Outra vantagem desfrutada pelas empresas *bits* são as consequências fiscais favoráveis. Seus fundadores e investidores são taxados segundo a classe mais baixa de ganhos de capital, em vez de a classe mais alta de taxação sobre ganhos pessoais. Os lucros corporativos de empresas *bits* são tipicamente mantidos em contas no exterior. Facebook e Google pagam efetivamente 15% em impostos de renda corporativa, contra a média de 21% das empresas na lista das 500 maiores da Standard & Poor.

O ponto de vista de Thiel da economia atual, com recompensas distorcidas a favor das empresas *bits*, não vem de uma percepção gerada por suas posições políticas. (Ele é um famoso libertário/conservador.) O pesquisador de opinião pública e democrata Mark Penn concorda com ele: "A antiga economia de tijolos e cimento[105] está sendo morta pela regulamentação. A nova economia guiada pela tecnologia recebeu um passe livre para driblar a regulamentação e acumular vasto valor."

Não é surpresa alguma, portanto, que o capital de investimento jorre para a economia de *bits* e prefira evitar a economia de átomos. Uber, o serviço *on-line* de compartilhamento de carona, teve, em 2018, um valor acionário de US$ 72 bilhões, apesar de ter apenas 9 anos de existência e cerca de 10 mil funcionários em período integral. A General Motors, uma empresa de 110 anos, tem uma capitalização bolsista – ou uma valorização – de US$ 52 bilhões. Pare e pense nisso. A Uber vale US$ 20 bilhões a mais do que a General Motors. A imensa vantagem no mercado de capitais obtida pelas empresas bits se torna autoperpétua. Quando empresas bits amplamente financiadas olham para o futuro, elas podem investir mais, adquirir mais, e pagar mais por talento do que as empresas de átomos podem. Essas vantagens injustas no valor de mercado das empresas bits vem ganhando impulso pelos últimos 30 anos.

O que isso significa para os gênios precoces e aqueles que desabrocham mais tarde? Quando se vê esse tipo de discrepância na taxa de retorno, se você é um adolescente ambicioso – ou um pai ambicioso –, uma pergunta natural é: *o que será preciso para conseguir um emprego em uma empresa bit?* Isso é fácil. Como vimos, empresas *bits* querem a elite cognitiva. Elas querem os mais inteligentes e ligeiros, os melhores entre os melhores. E não há um único teste ou avaliação, na visão delas, que dê um retrato da habilidade algorítmica sobrecarregada tão bem quanto a porção de matemática do SAT. Jovens, pais, professores e empregadores – ninguém consegue escapar do fato de que as empresas mais valorizadas do mundo, no século XXI, foram fundadas por indivíduos que eram magos matemáticos do SAT. Poucos articulam isso, mas todos sabemos ser verdade. Em uma economia altamente incerta, a sociedade coloca uma excessiva pressão nas crianças para alcançar a pontuação nos testes que as tornem contratáveis para as empresas mais rentáveis, nas indústrias mais lucrativas.

Mas essa pressão por alta pontuação nos testes e pela realização precoce criou suas próprias perversidades.

***

Em 2014, a revista *Forbes* nomeou uma mulher de 30 anos, desistente de Stanford, como a mais rica empreendedora do mundo. Elizabeth Holmes e sua empresa, Theranos, desenvolveram uma "tecnologia que podia tirar[106] uma gota de sangue, extraída de forma quase indolor da ponta de um dedo, ao invés de extrair por via intravenosa, e testá-la para centenas de doenças". Holmes especulava que sua empresa poderia salvar milhões de vidas.

Os investidores também especulavam, acreditando que a Theranos poderia ganhar bilhões de dólares para eles. Despejaram várias rodadas de financiamento por capital privado e elevaram o valor da empresa para US$ 10 bilhões. Holmes estava numa posição invejável. Ela usou sua vantagem para ficar com metade das ações da Theranos, o que respondia por seu patrimônio líquido, que a impulsionou ao topo da lista da *Forbes*.

Em 2016, entretanto, tudo desmoronou. Conforme John Carreyrou, repórter do *Wall Street Journal*, revelou em mais de duas dúzias de artigos, a tecnologia Theranos não funcionava. Aquelas espetadinhas de sangue com frequência eram contaminadas pela pele rompida na ponta do dedo. Pior, até os resultados de uma espetada limpa fracassaram quando comparados ao método mais antigo e comprovado de retirada intravenosa de sangue. Em outras palavras, as amostras das espetadas eram inúteis e possivelmente perigosas se ignorassem um sintoma fatal ou levassem ao tratamento errado. O primeiro a notar o problema foi o cientista-chefe da Theranos, Ian Gibbons. O diretor de operações da Theranos, subordinado a Holmes, disse a Gibbons para ficar calado. Mas a notícia do engodo secreto da Theranos se espalhou e logo o FBI estava investigando. Na véspera de ser convocado para o escritório de Holmes, provavelmente para receber sua demissão, Gibbons tirou a própria vida. Se sua viúva, Rochelle, esperava receber condolências de Holmes e da Theranos, recebeu um choque. Os advogados da Theranos rapidamente mandaram a Rochelle Gibbons uma carta ameaçando ações legais se ela conversasse com um jornalista.

Holmes, obcecada em obter o sucesso precoce, no início parecia destinada a isso. Quando tinha 9 anos, escreveu uma carta ao pai: "O que eu realmente quero da vida é descobrir algo novo que a humanidade não sabia que era possível fazer"[107]. Ela estudou mandarim quando criança e, no ensino médio em Houston, começou seu primeiro negócio, vendendo uma linguagem para código de computador para universidades chinesas. Seu ingresso na prestigiosa Universidade de Stanford foi acompanhado por um prêmio de President's Scholar [Acadêmico do Presidente], e um valor a ser utilizado para um projeto de pesquisa à sua escolha. Seu trabalho de verão após terminar seu primeiro ano em Stanford foi no Instituto do Genoma de Singapura. Aos 18 anos, ela submeteu seu primeiro pedido de patente, para um adesivo que administrava medicamentos.

Excepcionalmente talentosa, Holmes também era excepcionalmente motivada. Seu herói nos negócios era Steve Jobs, o prodígio cofundador da Apple e que, posteriormente, a levou até a glória. Ela rapidamente adotou os temas e maneirismos de Jobs. Vestia blusas pretas de gola alta. Colocava as mãos na mesma posição de oração. Dizia-se que sua encarada, que vinha com um piscar de olhos lento, podia abrir buracos nas defesas de qualquer um. Ela também assumiu os traços menos admiráveis de Jobs. Gerenciava a Theranos como um estado policialesco, obcecada em evitar que os funcionários conversassem sobre seu trabalho uns com os outros. Tornou-se mestra em empregar o "campo de distorção da realidade" de Jobs – uma narrativa ficcional sobre seu próprio gênio e os maravilhosos produtos Theranos que era impermeável aos fatos.

Jobs tinha apenas 21 anos quando cofundou a Apple, e 25 anos quando a Apple abriu suas ações ao público, tornando-o uma jovem celebridade e um milionário. Holmes se sentia cada vez mais pressionada em uma corrida para a glória e a riqueza precoce contra seu antigo ídolo. Conforme os exames de sangue por espetadas da Theranos se provavam inúteis, ela forçou o passo adiante, em vez de consertar a tecnologia. Viajou pelo mundo em um Gulfstream 150 arrendado, frequentemente sozinha, para fazer palestras. Ela ameaçou críticos com processos; visitou o presidente do *Wall Street Journal*, Rupert Murdoch, para tentar impedir a publicação das reportagens de Carreyrou; e dirigiu a Theranos para testar secretamente suas amostras de sangue com tecnologia antiga para manter felizes clientes como a Walgreens.

Porém, aqueles artigos investigativos do *Wall Street Journal* e depois da *Forbes* e da *Vanity Fair* não esperaram. Em 2016, a notícia havia se espalhado. A Theranos fracassou em fazer o que dizia fazer, mentiu a respeito e ameaçou qualquer um que relatasse a verdade. Dois anos depois de declarar Elizabeth Holmes a mais rica empreendedora do mundo, a *Forbes* calculou que suas ações na Theranos não valiam mais nada.

O que podemos dizer sobre Elizabeth Holmes? Ela era tremendamente talentosa. Suas habilidades algorítmicas, uma em um milhão, a tornaram fluente em mandarim e uma especialista em programação de computadores ainda no ensino médio. Ela foi uma President's Scholar em Stanford, registrando patentes aos 18 anos, e como empreendedora foi tão inteligente e carismática que aos 19 anos conseguiu convencer seu conselheiro em

Stanford a se juntar à sua empresa. Mas seria ela realmente uma mentirosa e golpista nata, uma candidata a Bernie Madoff? Aqui estou especulando, mas não acho que seja – ou ao menos, ela não começou como uma. Acho que sua falha fatal foi uma obsessão com o sucesso precoce e a impaciência que acompanha essa obsessão. Quando a Theranos não atingiu o sucesso seguindo seu cronograma mágico, ela não parou para consertar a tecnologia; em vez disso, redobrou os esforços em sua narrativa de jovem gênio, suas palestras TED *talk*, suas viagens em jatinho particular e suas ameaças legais aos incrédulos.

Elizabeth Holmes é uma má pessoa? Milhões acham que sim. Suponho que suas ações sejam mais complicadas, não tão preto no branco. É mais provável que ela tenha ficado presa por sua própria história de realização precoce – uma história que foi aplaudida em uma sociedade que promove uma visão estreita de sucesso.

***

De inúmeras formas, os Estados Unidos e os países ricos em todo o mundo celebram uma diversidade de etnias e estilos de vida que não eram aceitos há uma ou duas gerações. Para muitas pessoas historicamente marginalizadas, esse progresso foi significante. As taxas de graduação universitária[108] para negros norte-americanos dobrou nas últimas três décadas. Negros norte-americanos de destaque como Michael Jordan e Magic Johnson[109] não são apenas ex-atletas, são agora donos de times. A lista mais recente da *Forbes*[110] com "America's Richest Self-Made Women" [As empreendedoras mais ricas dos Estados Unidos] inclui 17 bilionárias, com empresas que vão desde o conserto de tetos até o transporte por caminhões, passando por varejo. O casamento de indivíduos do mesmo sexo agora é um direito constitucional federal garantido em todos os 50 estados e líderes empresariais de alto perfil, como o CEO da Apple[111], Tim Cook, identificam-se abertamente como *gays*.

E apesar de termos recuado um passo recentemente como sociedade, em termos de tolerância pública e política, pesquisas confirmam que, ao longo das décadas mais recentes, as atitudes quanto à diversidade[112] na educação e no ambiente de trabalho, a igualdade entre os gêneros e o casamento entre indivíduos do mesmo sexo vêm mudando de forma estável. Esse senso crescente de aceitação social se estendeu para incluir o estilo pessoal, interesses incomuns e políticas identitárias radicais. Agora podemos ter tatuagens e múltiplos *piercings*, e ainda conseguir bons empregos. Podemos romper as barreiras de gênero e ser sexualmente fluidos, podemos usar chinelos de dedo e moletons de capuz para ir trabalhar, podemos colecionar quadrinhos e jogar *vídeo games* como adultos – e tudo isso é muito mais culturalmente aceito do que antes.

Apesar disso, no que se refere a realização precoce e a diversidade cognitiva, fizemos o oposto. Nós nos tornamos menos tolerantes com aqueles que exibem um perfil cognitivo diferente – aqueles com taxa de desenvolvimento mais lenta ou habilidades que não são reconhecidas pelo mercado de trabalho.

A sociedade se lisonjeia com a ideia de que nos tornamos pensadores maravilhosamente independentes e mais diversificados. Presumimos que, por celebrarmos identidades e estilos de vida diferentes, também celebramos perfis de aprendizado diferentes e cronogramas de desenvolvimento cognitivo diferentes; presumimos que agora existem mais oportunidades para mais de nós do que existiam antes. Mas essa presunção é profundamente falsa, um equívoco que nos cega para a rígida conformidade que supervaloriza grandemente as habilidades algorítmicas rápidas cobiçadas pelas empresas Web, e empresas financeiras. Talvez o mais danoso: essa conformidade com frequência é construída em cima de uma única métrica ou um vago percentual, dificilmente o tipo de dado necessário para mapear algo tão complexo quanto o potencial humano.

Veja o quanto o teste de QI e o SAT se tornaram determinantes para tudo, e nunca deveriam ter sido tomados como árbitros finais do sucesso na vida. Apenas algumas décadas atrás, era improvável que ter notas decentes e pontuação mediana nos testes fosse limitar sua trajetória de vida. Sua pontuação SAT não era um fator relevante para quanto dinheiro você ganharia, com quem você se casaria, ou o que os outros pensariam de você. As qualificações para um emprego bom, fosse num chão de fábrica ou atrás de uma escrivaninha, em sua maior parte envolvia integridade, disposição, experiência, ética profissional, confiabilidade, trabalho em equipe e resiliência. A questão era inteligência emocional, não apenas QI. Compare isso com o momento atual. Hoje, aqueles que caem nos 75% mais baixos do resultado dos testes padronizados – três quartos de todos os que passam por esses testes – têm dificuldades. É difícil ter um estilo de aprendizado fora do padrão se os seus pais não podem bancar enviar o filho para uma escola alternativa, ou contratar vários professores particulares, ou não têm tempo para lhe dar aulas em casa.

E reconheçamos nós ou não – desejemos admitir isso ou não –, estes fatores constituem uma regressão cultural significativa.

Atualmente, você pode fazer tudo certo – estudar bastante, fazer o SAT, ir para uma universidade local ou estadual – e ainda ficar para trás. Você pode seguir o caminho que por gerações foi a "escada rolante para o sucesso", e ainda ser empurrado para as margens, ou ser economicamente excluído. E por quê? Bem, você não fez as coisas com brilhantismo suficiente ou velocidade suficiente; suas habilidades para testes padronizados não foram estelares aos 17 anos. Portanto, você provavelmente é um dos infelizes coadjuvantes da vida.

No passado, se você encontrasse um obstáculo no ensino médio ou na faculdade, tinha mais formas para tentar se recuperar. Por exemplo, o serviço militar nos Estados Unidos já foi uma rota prontamente disponível para a reinvenção. O serviço militar era um lugar onde as pessoas, principalmente os homens, e em particular da classe trabalhadora, podiam ganhar disciplina e maturidade, descobrir modelos a emular e estabelecer visões mais elevadas. Mas, raramente se ouve esse tipo de história hoje em dia – elas desapareceram da conversa americana. Veja J. D. Vance, o autor do *best-seller* surpresa de 2016, *Hillbilly Elegy:* a memoir of a family and culture in crisis [publicado no Brasil pela LeYa como *Era uma vez um sonho*]. Depois de uma infância e uma adolescência problemáticas[113], ele se juntou aos Fuzileiros Navais. Assim que sua passagem no serviço militar terminou, ele se matriculou na Universidade de Ohio, passou para a faculdade de direito de Yale, depois se tornou um diretor em uma grande empresa de investimentos do Vale do Silício. É uma história extraordinária de exploração, crescimento e autodesenvolvimento. Mas o que é mais extraordinário na história de Vance é o próprio fato de *que ela seja extraordinária.* Isso costumava ser comum. No momento atual, uma conformidade rígida encontra-se logo abaixo da nossa tolerância superficial, uma tirania cognitiva tácita que exclui muitos caminhos alternativos para o sucesso e realização.

Pior, essa conformidade nos cegou para uma verdade profunda e universal que se esconde debaixo de nossos narizes: que o potencial humano é assombrosamente amplo. Algumas pessoas têm sorte por suas habilidades serem notadas cedo em seus anos de escola, por seus melhores talentos serem descobertos por meio de testes padronizados e unidimensionais. Eles são os afortunados. Para a desafortunada maioria, contudo, nossas habilidades latentes não são descobertas, reconhecidas nem encorajadas até muito mais tarde, quando isso ocorre. Como resultado, a maioria de nós é falsamente rotulada como tendo menos talento ou ambição; somos menosprezados como preguiçosos ou apáticos. Na realidade, a luz simplesmente não está batendo sobre nossas habilidades verdadeiras, as coisas que podemos fazer unicamente bem. A combinação tóxica da pressão precoce e da conformidade está nos transformando em máquinas.

E isso prepara uma competição que seguramente perderemos.

***

Nosso dilema é assustador: as máquinas estão, inexoravelmente, ficando mais inteligentes a cada ano. No último século, quando a automação moderna surgiu, ela não parecia ser uma grande ameaça à economia baseada em conhecimento, porque os ganhos oferecidos por ela eram, em sua maioria, às custas do trabalho manual bruto. Funcionários das linhas de montagem automobilísticas se preocuparam quando robôs começaram a soldar e montar cada vez mais peças de carros, mas quando os robôs e a Inteligência Artificial começaram a invadir os locais de trabalho, o pessoal nas universidades e na mídia reparou. Só agora a magnitude da crise se torna clara.

No outono de 2016, o ex-secretário do Tesouro e economista-chefe do Banco Mundial, Lawrence Summers, escreveu: "Creio que mais de *um terço* de todos os homens entre 25 e 54 anos estarão sem emprego no meio do século[114]. Muito provavelmente, mais da metade dos homens vai passar por ao menos um ano sem emprego a cada cinco com emprego". Sua análise se baseia no trabalho de Nicholas Eberstadt, um dos principais demógrafos norte-americanos, que chama esse futuro desemprego de "a crise invisível da América"[115]. Pouco antes do Natal de 2016, a Casa Branca publicou um relatório de 50 páginas intitulado *Artificial Intelligence, Automation, and the Economy* [Inteligência Artificial, Automação e a Economia] sugerindo que "os Estados Unidos deveriam investir e desenvolver a Inteligência Artificial, porque ela tem 'muitos benefícios', inclusive educar e treinar norte-americanos para os empregos do futuro e auxiliar os trabalhadores, os empoderando para compartilhar do crescimento futuro"[116]. Isso não soa tão ruim, certo? Mas continue lendo: "Porém, os autores deste relatório reconhecem que existem muitas variáveis desconhecidas, desde quais poderiam ser seus efeitos até a rapidez com que eles chegarão. A estimativa dos pesquisadores sobre a escala de empregos ameaçados ao longo dos próximos 10 ou 20 anos varia de 9 a 47%." Ao noticiar a história, o *website* MarketWatch colocou uma manchete engraçadinha: "Casa Branca: Robôs podem tomar metade dos nossos empregos, e nós deveríamos aceitar isso"[117] [White House: robots may take half of our jobs, and we should embrace it].

Nos anos que virão, milhões de trabalhadores de colarinho branco que pensavam que suas carreiras fossem imunes à automação, descobrirão que seus trabalhos altamente respeitados podem ser executados por um programa barato de computador. De fato, é difícil identificar uma carreira que não esteja em risco de ser suplantada pela Inteligência Artificial e pela automação computadorizada. Medicina, radiologia, oncologia e até mesmo alguns tipos de cirurgia estão vulneráveis à automação. Isso significa dar adeus às carreiras rentáveis em algumas das profissões mais distintas. Professor universitário permanente? Palestras digitalizadas já estão sendo oferecidas via ensino a distância. Advogado? O *website* LegalZoom pode ajudar consumidores a escrever um testamento, criar uma sociedade de responsabilidade limitada, pedir o divórcio ou registrar uma marca. E que tal arquiteto ou engenheiro? Programas de BIM (modelagem de informação para construção, ou *building information modeling*) e VDC (projeto e construção virtual, *virtual design and construction*) como o Autodesk e o Revit já estão projetando estruturas e criando plantas.

Ao especular sobre quais empregos correm risco, o economista do MIT Frank Levy aponta: empregos de colarinho branco "baseados em regras"[118], pois requerem seguir diretrizes ou regras complexas, como preencher peças processuais, ler diagramas ou criar projetos estruturais. Até agora, alguém podia ganhar bem a vida fazendo esses trabalhos, mas agora eles estão sob ataque – e provavelmente condenados.

Eu sou otimista, e acho que a maioria das pessoas vai se adaptar a tempo. Porém, é possível ver a armadilha. O rumo favorecido atualmente pela sociedade, o STEM (ciência, tecnologia, engenharia e matemática) incentiva os jovens a abraçarem empregos que a Inteligência Artificial, ironicamente, pode destruir em breve. Muitos empregos baseados em regras, desde a engenharia até os serviços bancários, do trabalho em laboratório até a escrita de códigos para computador, já pareceram à prova de futuro ou resistentes à ruptura. Na verdade, entretanto, eles são uma armadilha. E os deslocamentos futuros serão profundos.

***

A sociedade está em uma crise. Nossa obsessão com pontuação nos testes, notas perfeitas e realização precoce mensurável veio de uma boa ideia a qual ultrapassou em muito seu ponto ideal. Em vez de uma meritocracia que recompensa uma variedade de talentos humanos, criamos uma estreita oligarquia do SAT/QI. Uma corte de gênios precoces ganham muito nessa nova ordem, mas a maioria dos jovens, homens e mulheres, se veem esquecidos antes mesmo de alcançarem a idade adulta, suas habilidades naturais permanecendo incultas e ocultas pela esteira rolante do sucesso com seu viés de algoritmo. Essa ênfase desproporcional na realização precoce é equivocada. A extensão da vida humana está aumentando. Grande parte das pessoas nascidas recentemente viverão até o século XXII. A maioria de nós estaria melhor não com uma alta pontuação no SAT ou diplomas nas áreas STEM, mas descobrindo e aceitando nossos talentos verdadeiros, para podermos desabrochar em qualquer estágio de nossas vidas.

Cursos universitários caros de quatro anos e uma dívida estudantil galopante são apenas um sintoma de nosso dilema atual. Há uma dívida estudantil de US$ 1,3 trilhão nos Estados Unidos hoje (ver Introdução), com uma taxa de inadimplência de 11,5%. Isso é maior do que a bolha imobiliária de 2008. O medo de que nossos filhos percam sua primeira e única rampa de acesso para o sucesso adulto está impulsionando essa insanidade fiscal. E na ausência de um sistema de títulos hereditários, sem a imposição de nenhuma escada de *status* com mandato oficial, criamos um sistema de esnobismo baseado na pontuação em testes de QI e diplomas de universidades de elite.

Para mitigar essa crise, devemos parar de glorificar em excesso a realização precoce e essa visão do desenvolvimento humano como a "pista expressa" na rampa para o sucesso precoce. Não apenas isso é injusto para a maioria de nós, como também é profundamente desumano. Essa visão ignora os dons naturais que todos nós possuímos. Interrompe os caminhos de descobertas para nossos talentos e paixões latentes, ou que desabrocharão mais tarde. Trivializa o valor do caráter, da experiência, empatia, sabedoria, confiabilidade, tenacidade e uma infinidade de outras qualidades admiráveis que nos tornam bem-sucedidos e realizados. E prejudica a maioria de nós, indivíduos que desabrocharão mais tarde.

Deveríamos, em vez disso, celebrar toda a gama da habilidade humana e os diversos cronogramas para o sucesso e realização individuais. Em vez de arbitrariamente interromper caminhos de descoberta ainda cedo, deveríamos estar abrindo novos caminhos. Isso é essencial, se queremos prosperar em um futuro definido por máquinas inteligentes e automação ubíqua. E corresponde melhor com o fato de que cada um de nós se desenvolve com um cronograma particular, de formas distintas.

Mas, em vez de celebrar o fato de que somos todos diferentes, nossa sociedade esmagadoramente favorece as pessoas que provam ser algoritmicamente excepcionais ou precocemente focadas – gente com talento precoce para responder a testes, que têm os recursos para ir às escolas certas, frequentar as aulas certas e encontrar os técnicos certos.

No passado, o sucesso não se tratava de ficar rico ou famoso, ou de realizar o máximo o mais rápido possível. Em vez disso, o foco era ter a oportunidade de realizar todo o nosso potencial. Era ser apreciado por quem você era, como um indivíduo. Todavia, isso foi corrompido pelo *Ideal Wunderkind* e por nossa obsessão em testar, ranquear e selecionar os jovens; por nosso fascínio cultural com a juventude, particularmente com a *über*-realização juvenil; e por uma economia paulatinamente mais algorítmica que recompensa a velocidade sináptica em vez da experiência e a sabedoria.

Infelizmente, a maioria de nós não pontua escandalosamente alto no SAT, nem tem a vantagem de frequentar uma pré-escola que custe US$ 40.000 por ano. A maioria de nós não se encaixa no modelo de aprendizado mais recente, nem se desenvolve segundo os princípios da administração científica. A maioria de nós não é um fenômeno atlético nem extrovertido ao extremo, alpinistas impiedosamente ambiciosos ou destaques cognitivos.

Onde é que isso nos deixa, os desconectados, os que pontuam alto ou medianamente, mas não conseguem um 800 em nosso SAT de matemática, aqueles que aprendem de forma mais lenta e típica – os que desabrocham mais tarde?

Este é o foco do resto deste livro. E a boa notícia é: nossa situação é maravilhosamente mais encorajadora do que a cultura *wunderkind* de hoje sugere.

Capítulo 3

Um cronograma mais gentil para o desenvolvimento humano

Aos 15 anos, Ashley[119] cortou os pulsos, fugiu de casa e se envolveu em encontros perigosos com homens mais velhos. Ela estava presa em um ciclo de depressão, autoabuso e paralisia. Atualmente, é conselheira profissional e palestrante.

Agora com 32 anos, Ashley compartilha sua história no palco de um salão de bailes em um hotel *resort*. É uma noite de sábado em janeiro, e os cerca de 600 participantes terminaram seu jantar e a sobremesa. Eles viraram as cadeiras para assistir Ashley. Ela projeta saúde e confiança. Parece o oposto de uma pessoa que antigamente, como ela mesma diz, "habitualmente rejeitava responsabilidades, cortava tudo e fugia".

Para sermos claros, Ashley não está dizendo "cortava tudo e fugia" como uma metáfora. Ela conta à plateia que começou a cortar os próprios pulsos com lâminas de barbear no terceiro ano do ensino médio. Seus pais, alarmados, tentaram fazê-la parar de se cortar e fosse lá qual fosse a compulsão que a impelisse a agir assim. Eles tentaram disciplina, recompensas e conselheiros. Nada funcionou. Então, eles tiraram Ashley da escola e a matricularam em um internato experimental para garotas, a uma hora ao norte de Phoenix: a Spring Ridge Academy.

Na Spring Ridge, Ashley gostava de fugir e pegar caronas. Seu maior período desaparecida foi de quase 24 horas, passando a noite em Phoenix. Sua compulsão chegou a um ponto em que a estava colocando em perigo de verdade. Depois de ser interceptada por uma conselheira da Spring Ridge que estava genuinamente disposta a ouvir, Ashley começou sua jornada de volta à saúde e funcionalidade. Ela obteve seu diploma do ensino médio, depois foi para a faculdade e fez mestrado em psicologia clínica. Quase duas décadas se passaram desde que Ashley fugiu para Phoenix; ela agora é conselheira para adolescentes problemáticas. "Eu sempre quis ser destemida", diz ela. "Mas esse desejo antes me levou para caminhos nocivos. Agora eu aprendi que posso ser destemida de um jeito muito mais saudável. E posso ser uma líder, ajudando as outras."

Assim como sugere a história de Ashley, nossa mania atual pelo desabrochar precoce está em rota de colisão com a vida real – e com três grandes tendências. Primeiro, um corpo de evidências em expansão sugere que adolescentes, de modo geral, estão amadurecendo para a vida adulta emocional e cognitiva mais tarde hoje em dia do que nas gerações anteriores. Segundo, a marcha implacável da tecnologia demanda uma reinvenção pessoal e profissional contínua. A verdade é inescapável; as habilidades que os jovens demonstram na faculdade ou no SAT são mais perecíveis em uma época de mudanças mais rápidas. E terceiro, pesquisas recentes sugerem que as habilidades cognitivas que perdemos, conforme envelhecemos, são compensadas por habilidades que adquirimos até o final de nossas vidas. Quase todas as pessoas, razoavelmente saudáveis, são capazes de desabrochar de formas diferentes, em idades distintas. Para criar uma sociedade próspera de indivíduos realizados, faz sentido, então, ter um cronograma mais gentil para o desenvolvimento humano. Toda pessoa precisa ter a chance – múltiplas chances, realmente – de seguir sua linha do tempo única para evoluir seu cérebro, seus talentos e suas paixões.

***

Adolescentes e jovens amadurecem em ritmos diferentes. Todo pai sabe disso, e um número crescente de neurocientistas e psicólogos agora confirmaram. Muitos psicólogos acreditam que as idades entre 18 e 25 anos formam um período distinto, que não é verdadeiramente adolescência, nem verdadeiramente idade adulta. Por lei, rotulamos as pessoas nessa faixa etária como adultas, mas na realidade muitos de nós, especialmente os que desabrocham mais tarde, ainda não têm alguns elementos importantes da vida adulta funcional.

Minha própria história embaraçosa reflete este fato.

Eu amava ser criança. Era excelente no primário, me divertia jogando todos os esportes, e me lembro com afeto dos meus pais, irmãos e amigos. E aí a adolescência chegou e virou meu mundinho de cabeça para baixo. O ginasial me parecia uma prisão. Os outros meninos começaram a amadurecer fisicamente, enquanto eu parecia preso em um banco de neve. Eles se interessavam pelas meninas, e as meninas por eles. Muitos meninos e meninas da minha classe subitamente entendiam álgebra e geometria de um jeito que eu não compreendia, me deixando para trás. Eu não conseguia me forçar a ler livros sérios como: *O Sol é Para Todos*. Eu me virava na escola, mas já não era mais excelente, e caí de um boletim recheado de notas A na quinta série para um com praticamente só Bs na sexta. Nos esportes, ficava sempre na reserva. Na vida social, zombavam de mim, me empurravam de um lado para o outro, me davam cuecões e enfiavam minha cabeça na privada e puxavam a descarga. Certa tarde, um menino do primeiro ano do ensino médio me deu um soco e quebrou meus óculos. Não fiz nada para retaliar, e me tornei um perdedor aos olhos daqueles que assistiram ao ataque.

No ensino médio, eu reconquistei um fiapo de dignidade ao disputar uma vaga nas equipes de corrida de meia distância e *cross country*. Corrida de longa distância é um esporte bom para jovens magrelos que conseguem canalizar sua raiva em tolerância à dor. Eu corri uma milha em 4 min e 36s, um tempo até que bom, mas éramos um time que disputava o campeonato estadual e meu tempo era apenas o quarto melhor da equipe. Os técnicos mal pareceram notar. Academicamente, eu terminei mais ou menos em nonagésimo quarto lugar entre os 521 alunos do meu último ano, com uma nota média de 3,2. Eu era o pior aluno de matemática avançada da minha classe.

Alta mediocridade e alienação pareciam ser o meu destino. No curso pré-faculdade, a três quarteirões da minha casa, eu tive dificuldades com economia, cálculo e química. Disputei nas corridas de meia distância e *cross country* e até ganhei uma, mas nossa equipe pequena competiu no nível mais baixo dos níveis universitários – *junior college*, nos estados parcamente povoados da parte norte do Centro-Oeste.

Em seguida me transferi para uma faculdade, o sortudo beneficiário de um engano cósmico. O melhor tempo do meu curso na obscura prova de mil jardas em pista interna foi de 2 min e 21s, um esforço mediano no ensino médio. Mas ele me qualificou para a disputa nacional de pista interna no nível *junior college*, o que chamou a atenção do técnico de corrida em distância de Stanford, que – porque eu já havia disputado o campeonato nacional – se enganou e leu como se fosse o tempo de uma corrida de mil *metros*, o que pressagiava um futuro promissor como corredor na NCAA (Associação Atlética Universitária Nacional dos Estados Unidos). O treinador pensou que eu fosse 10% mais rápido do que eu na verdade era. Embora 10% não fosse rápido o bastante para me garantir uma bolsa de estudos de corredor, o treinador equivocado de Stanford me fez um outro favor. Ele chamou o departamento de admissões e pediu a eles que ignorassem minhas notas B no curso pré-universitário e minha pontuação menos que brilhante no SAT, em vista do meu potencial promissor como corredor de meia distância de nível NCAA. (Mais tarde eu descobri o engano do técnico enquanto conversava com ele num evento interno de corrida da universidade.)

Neste ponto, eu adoraria dizer que aproveitei minha sorte incrivelmente generosa e desabrochei como um atleta de corrida e candidato à bolsa de estudos Rhodes. Mas não, eu desperdicei a oportunidade de ouro. Minha letargia acadêmica continuou. Eu aprendi a seguir os jogadores de futebol nos dias de matrícula para as aulas, imaginando (corretamente) que alguns deles pegavam as aulas mais fáceis, apelidadas de "o currículo Mickey Mouse". E ainda assim eu consegui não tirar nada além de Bs, mesmo seguindo a formação Mickey Mouse – embora eu tenha tirado um A menos, uma vez só, em estética cinematográfica. Depois da formatura, meus colegas de quarto partiram para a universidade com grandes planos: direito, engenharia química, teologia. Eu saí para me tornar vigia, lavador de pratos e digitador temporário. Por sete meses, fui assistente editorial na revista *Runner's World*, o que me deu uma potencial base de apoio para uma carreira real. Mas eu me demiti antes de ser demitido por ser maconheiro e preguiçoso, por arranjar brigas com os colegas e soletrar errado os nomes nos resultados das corridas. Eu vivia de forma insuficiente. Meses depois de deixar a *Runner's World*, eu roubava garrafas de vinho em uma vinícola e me embebedava no meu emprego de vigia noturno. Voltando para o meu apartamento desleixado em meu velho Ford Falcon, eu parava em uma loja de conveniência para um café da manhã com *fast-food*.

Em uma noite fria, meu fracasso em desabrochar levou a uma revelação humilhante.

Já havia escurecido enquanto eu saía da guarita para começar minha ronda horária. Eu vestia o uniforme do Serviço Americano de Patrulha, calça social preta e uma camisa cinza de manga curta com um distintivo brilhante sobre o bolso peitoral. Eu parecia um segurança de *shopping*, tirando o fato de que meu "posto" de vigia naquela noite era um estacionamento de loja de aluguel de caminhões ao norte de San Jose, na Califórnia. Eu não carregava nenhuma arma, só um relógio Detex no formato de um grande disco de *hóquei*. Meu trabalho era caminhar pelo perímetro do estacionamento cercado e inserir a chave do Detex em aproximadamente uma dúzia de caixas soldadas à cerca, provando assim que eu tinha feito minhas patrulhas a cada hora.

Em algum momento daquela noite um cão começou a latir. Era um latido de cachorro grande, daqueles feitos para assustar, e ele não parava. Eu passei minha lanterna de um lado para o outro buscando pela fonte e em breve a encontrei: um Rottweiler na madeireira vizinha.

Foi quando me dei conta. O vigia na madeireira ao lado não era outra pessoa, e sim um cão. A insinuação foi um chamado à realidade. Eu estava com 25 anos, tinha me formado em Stanford. Em poucos meses, Steve Jobs, também com 25 anos, tornaria a Apple uma empresa com ações vendidas ao público, mudaria a indústria de computadores e se tornaria fabulosamente rico. Eu, por outro lado, era pobre e estava preso, e meu colega de profissão era um cachorro.

Este era eu aos 25 anos.

E, então, tudo mudou para mim. Aos 26 anos, meu cérebro despertou – sim, foi a sensação que tive – e eu consegui arranjar um emprego como escritor técnico em um instituto de pesquisa. Aos 29 anos, eu me casei. Comecei, com um amigo, o que viria a se tornar a maior empresa de assuntos públicos no Vale do Silício. Aos 34 anos, fui cofundador da primeira revista de negócios do Vale do Silício. Aos 38 anos, a *Forbes* me contratou para lançar uma revista de tecnologia. Aos 44 anos, me tornei o editor da *Forbes* e comecei uma carreira como palestrante que me levaria para o mundo todo. Aos 46 anos, aprendi a pilotar um avião, e aos 49 anos escrevi um *best-seller* sobre minhas aventuras aéreas. Meus sonhos da quinta série de que eu poderia ser alguma coisa na vida estavam se realizando.

Olhando para trás, o ponto de mudança na minha carreira foi o final dos meus 20 anos. De algum jeito, durante aqueles anos, eu despertei de um longo sono que tinha começado no ginásio. E aos 29 anos, comecei a me sentir como se, finalmente, tivesse um cérebro plenamente funcional. Eu lia o *Wall Street Journal* e o *New York Times* em vez de assistir ao noticiário televisivo. Eu lia jornais políticos de todo o espectro ideológico. Eu conseguia pensar intuitivamente e logicamente e ver a diferença. Eu conseguia escrever frases, parágrafos e artigos inteiros. Aprendi a planejar e administrar meu próprio negócio. Eu conseguia prever oportunidades de empreender e escrever propostas. Eu podia me comportar de forma profissional com pessoas mais velhas e mais realizadas do que eu.

Um mundo completamente novo se abriu.

O que fez com que eu despertasse no final dos 20 anos? O que me abalou para fora de uma pós-adolescência chapada e me impulsionou para uma noção adulta de possibilidade e responsabilidade?

***

Pesquisas emergindo agora[120] sugerem que a sequência de maturação humana aceita até hoje, da adolescência para a fase adulta, pula um estágio. Entre as idades de 18 e 25 anos, a maioria das pessoas ainda não é totalmente adulta, vivendo em vez disso uma pós-adolescência volátil, faltando alguns processos cognitivos para ter um cérebro adulto plenamente funcional. Nos cérebros adolescentes e jovens, o córtex pré-frontal – o centro processador de nosso lobo frontal – é a última parte a se desenvolver por completo, o que com frequência ocorre aos 25 anos ou ainda depois. Localizado logo atrás da testa, o córtex pré-frontal é responsável por processos complexos como planejamento e organização, solução de problemas, memória e lembrança, inibição a resposta e alocação de atenção.

Pesquisadores cognitivos[121] têm usado estudos de imagens por ressonância magnética para determinar duas características importantes do córtex pré-frontal: ele demora a se desenvolver e é grande. Essencialmente, o desenvolvimento cognitivo em nosso lobo frontal, lar do córtex pré-frontal, progride na direção de trás para a frente. Ele começa no córtex motor primário, espalha-se para os córtex parietal e temporal e termina com o córtex pré-frontal.

Talvez isso não devesse nos surpreender. Nosso córtex pré-frontal é massivo em comparação ao de outras espécies. No humano adulto, o córtex pré-frontal constitui quase um terço do neocórtex, que é toda a parte do cérebro envolvida em funções cerebrais de ordem mais elevada. Em comparação, o córtex pré-frontal compõe apenas 17% do neocórtex de um chimpanzé, 13% do de um cão e 4% do de um gato.

O que importa saber é que muitas mudanças pré-frontais críticas ocorrem durante o final de nossa adolescência e o começo dos 20 anos. A mielinização, por exemplo, é um processo em que as fibras nervosas são cobertas de forma mais extensa com a mielina, uma substância que isola as fibras para que os sinais dos nervos possam ser transmitidos com mais eficiência. Uma extensa poda sináptica também ocorre nesse período. Isso pode soar como algo ruim, mas não é. Por meio da poda sináptica, a emaranhada rede de conexões possíveis resultante do explosivo crescimento dos nervos é podada, permitindo que as restantes transmitam sinais de forma mais eficiente. Ao mesmo tempo, o córtex pré-frontal desenvolve a habilidade de se comunicar melhor com outras partes do cérebro – especialmente, aquelas associadas a emoções e impulsos – de modo que todas as áreas do cérebro podem ser incluídas em processos complexos, como planejamento e solução de problemas.

Essas são as habilidades determinantes que nos tornam adultos: controle das emoções e dos impulsos, planejamento de processos complexos e antecipação de problemas. Mas elas são malformadas na maioria das pessoas entre 18 e 25 anos. Psicólogos usam outro termo para a maturidade neurológica: função executiva.

A falta de função executiva é o que levou à fase compulsiva de se cortar e fugir de Ashley e minha própria imaturidade galopante. A função executiva não tem nada a ver com QI, potencial ou talento. É simplesmente a habilidade de olhar adiante e planejar-se de forma eficaz, de conectar ações a possíveis consequências, de ver as probabilidades de risco e recompensa. Isso inclui desenvolver uma noção de si mesmo (identidade própria, crenças individuais e valores pessoais), regular suas emoções e estabelecer metas. A maioria dessas habilidades da função executiva são coordenadas e controladas através de nosso córtex pré-frontal – precisamente a maior, mais lenta e a última região do cérebro a se desenvolver.

Um estudo longitudinal de desenvolvimento cerebral, patrocinado pelo Instituto Nacional para a Saúde Mental (NIMH) acompanhou quase cinco mil crianças com idades entre 3 e 16 anos (a média de idade dos inscritos era de mais ou menos 10 anos). Os cientistas descobriram que os cérebros das crianças só amadureciam aos 25 anos, ou até depois. Eles também encontraram um intervalo entre o crescimento do sistema límbico, onde as emoções se originam, e o crescimento do córtex pré-frontal, que administra essas emoções. O sistema límbico explode de atividade durante a puberdade, mas o córtex pré-frontal continua a amadurecer por mais dez anos. Quando o sistema límbico está totalmente ativo, o córtex ainda está amadurecendo, as emoções podem superar (e muito) a racionalidade, o pensamento estratégico e a consideração das consequências.

Veja por este ângulo: a maioria dos jovens entre 18 e 25 anos é literalmente incapaz de fazer julgamentos responsáveis, prestar atenção suficiente ou administrar suas emoções. Entretanto, nessa idade eles estão sendo medidos e moldados (por testes, notas e entrevistas de emprego) para a trajetória que seguirão pelo resto de suas vidas. Isso não faz sentido.

E lembre-se, 25 anos é a idade média em que a função executiva plena lança raízes. Em algumas pessoas, ela está totalmente desenvolvida aos 21. Em outras, isso ocorre bem depois dos 25 anos, já na casa dos 30 anos. Eu estava no final dos 20 anos quando finalmente saí da pós-adolescência. Se você, como eu, foi um adolescente imaturo e um jovem adulto minimamente responsável, isso provavelmente aconteceu mais tarde para você também. Como pai, você se preocupa que seus próprios filhos adolescentes não tenham foco, nem disciplina, ou que seus filhos adultos ainda não tenham se lançado em vidas produtivas e responsáveis? Bem-vindo à corrida humana do século XXI.

Psicólogos agora debatem se jovens são plenamente adultos sem o início da função executiva. Sim, vemos prodígios matemáticos e mestres enxadristas de 18 anos. Podemos testemunhar uma gama de grandes atletas, soldados corajosos, atores, cantores e empreendedores na faixa dos 15 aos 18 anos. Mas seus sucessos não dependem tipicamente das tomadas de decisão de sua função executiva. Empresas de aluguel de carros sabem disso; elas cobram uma salgada taxa adicional para alugar para pessoas abaixo de 25 anos. Para a maioria de nós, habilidades bem desenvolvidas da função executiva só chegam no meio dos 20 anos, às vezes depois – o que é coerente com a idade de maturação do córtex pré-frontal do cérebro. Para um grupo considerável, isso só ocorre depois, no final dos 20 e começo dos 30 anos.

O desenvolvimento lento do córtex pré-frontal está em contraste brutal com os esforços da sociedade em testar crianças cada vez mais jovens, e mais rigorosamente do que nunca, em uma tentativa de descobrir as habilidades dessas crianças. Nenhum jovem que leve a sério sua participação em esportes no ensino médio ousaria esperar até o ensino médio para tentar praticar o esporte. Se você quiser jogar em um esporte de equipe: como futebol americano, basquete ou beisebol, precisa começar em um programa organizado, muito antes disso. E se você compete em um esporte individual, como tênis, natação ou ginástica olímpica, precisará investir em treinadores particulares caros, programas de exercício, acampamentos de verão e disputas ou torneios.

O mesmo vale para interesses acadêmicos. Se você espera enviar seu filho para uma universidade de elite, não espere até o ensino médio para se planejar para isso. O ingresso nas melhores universidade requer notas altas, pontuação quase perfeita no SAT e um histórico de liderança, envolvimento comunitário e realizações. Sexto ou sétimo ano não é cedo demais para começar a se planejar. Milhões de pais gastam, coletivamente, quase um bilhão de dólares por ano em professores particulares e cursos preparatórios para o SAT.

Essas duas tendências – o início tardio da maturidade adulta e a testagem precoce das habilidades infantis – estão em clara oposição. Apenas uma pequena porcentagem dos indivíduos abaixo dos 25 anos prospera nessa corrida pelo desabrochar precoce. A maioria não prospera, e corre o risco de ficar marcada pelo que intuem corretamente ser uma corrida de alta tensão cheia de pressão, com regras impostas por educadores e pais ansiosos. Quando fracassamos em uma corrida, à qual nossos pais e outros adultos dão tanto valor, alguns de nós acabam em risco de abandonar o esforço totalmente. Ainda assim, nossa sociedade persiste em testar, rastrear e ranquear adolescentes e jovens sobre seu potencial futuro, mesmo quando eles estão apenas começando um processo de maturação cognitiva que não estará terminado antes de seus 25 anos ou mais.

***

Leva mais tempo para cada geração sucessivamente terminar sua educação formal, se tornar financeiramente independente, se casar e ter filhos. Um estudo nacional em larga escala conduzido desde o final dos anos 1970, descobriu que os jovens de 25 anos de hoje[122], quando comparados com a geração dos pais na mesma idade, têm o dobro da possibilidade de ainda estar estudando, 50% mais probabilidade de estar pegando dinheiro dos pais e metade da probabilidade de estar casado.

Por que tanta gente na casa dos 20 anos está levando tanto tempo para crescer? Essa pergunta aparece em todo lugar, implícita nas preocupações paternas sobre a "falha de lançamento" de seus filhos e o aumento no número de "jovens bumerangue" – os filhos que voltam para a casa dos pais.

O ciclo tradicional parece ter descarrilado. Como os mais jovens continuam sem as amarras de parceiros românticos ou lares permanentes, eles voltam para a escola por falta de opções melhores. Outros viajam, evitam compromissos, competem ferozmente por estágios sem salários ou empregos temporários (e com frequência exaustivos), adiando o início da vida adulta. A média de idade para o primeiro casamento no início dos anos 1970, quando os *babies boomers* estavam se tornando adultos, era de 21 para as mulheres e 23 anos para os homens. Em 2009, ela havia subido para 26 anos para mulheres e 28 anos para os homens. Como o cérebro continua se desenvolvendo ao longo dos 20 anos – ou mesmo no início dos 30 anos–, parece que o que geralmente chamamos de fase adulta está chegando mais tarde do que nunca.

O que isso significa? Esse fato sugere que nossos 20 anos são um momento de descoberta, quando muitos resultados diferentes são possíveis. É uma época em que as pessoas adquirem quase toda a sua educação formal; quando elas conhecem seus futuros cônjuges e os amigos que manterão na vida adulta; e quando eles começam suas carreiras profissionais. Eles também embarcam em aventuras, viagens e relacionamentos com uma noção de liberdade que provavelmente jamais sentirão outra vez.

Jeffrey Arnett, professor de psicologia na Universidade Clark, adverte a sociedade a reconhecer o que ele chama "fase adulta emergente" como um estágio distinto da vida. Arnett acredita que as mudanças sociais e econômicas causaram a necessidade de um estágio novo e distinto entre as idades de 18 e 30 anos. Entre as mudanças culturais, que levaram ao conceito da fase adulta emergente[123] de Arnett, estão a necessidade de mais educação, a menor disponibilidade de empregos para iniciantes e menos pressa cultural para se casar jovem.

Arnett, que se descreve como alguém que desabrochou tardiamente, diz que a fase adulta emergente é um período importante para a autodescoberta. Adultos emergentes com frequência exploram a própria identidade, passam por instabilidades e focam em si mesmos durante essa época. A exploração também faz parte da adolescência, mas durante os 20 anos ela assume uma importância renovada. Os riscos são maiores conforme as pessoas se aproximam da idade em que suas possibilidades se estreitam e elas precisam assumir compromissos de longo prazo.

Arnett propõe, polemicamente, que prolongar a adolescência na verdade tem uma vantagem. Se isso soa como mimo, fique tranquilo; não é o que ele quer dizer. Ele defende, em vez disso, por um período de superadolescência envolvendo estímulo contínuo e desafios crescentes. Manter a plasticidade do cérebro ao continuar envolvido em atividades novas, estimulantes, e sim, altamente exigentes pode na verdade ser um benefício, o oposto de se habituar a trabalhos repetitivos e mais previsíveis e estágios que fecham o intervalo de plasticidade. Em outras palavras, adiar a fase adulta pode ser, na verdade, desejável. Isso pode fomentar o pensamento independente e a aquisição de novas habilidades. Mais do que isso, pode alimentar a motivação e o ânimo.

Existe uma explicação neurológica convincente para tirar um ano ou dois de folga antes, durante ou depois da faculdade. Pessoas que prolongam a plasticidade cerebral adolescente, mesmo que por um período curto, desfrutam de vantagens intelectuais mais fixas sobre seus equivalentes no mundo do trabalho. Estudos descobriram que pessoas altamente realizadas desfrutam de um período mais longo durante o qual as sinapses continuam a se proliferar[124]. A evidência é clara: a exposição a novidades e desafios enquanto o córtex frontal do cérebro ainda está elástico leva a um sucesso profissional maior em longo prazo.

Algumas organizações e instituições compreendem isso inerentemente. A religião mórmon encoraja jovens, homens e mulheres, a tirar uma folga da faculdade e partir em missões catequizantes de dois anos. Como resultado, os jovens se formam aos 24 anos, em vez de aos 22 anos. No sentido neurológico, eles estão muito mais próximos da plena capacidade adulta antes de procurarem um emprego, ou se casarem ou decidirem continuar com seus estudos. Aubrey Dustin, um mórmon, cumpriu sua missão de dois anos no Japão. Ele tinha sofrido no seu ensino fundamental; lia mal, escrevia mal e soletrava mal. No Japão, porém, longe de professores céticos e seus pares, ele desabrochou. Tornou-se um aluno determinado. Ele memorizou duzentos versículos da escritura mórmon em japonês, depois aprendeu português para poder ensinar japonês a imigrantes do Brasil. Esse mesmo adolescente, dois anos antes, lutava com sua própria língua. Ao voltar de sua missão, Dustin foi aceito no Instituto de Línguas da Defesa pertencente ao exército norte-americano. Agora ele é um oficial do exército e estuda engenharia. Dustin explica seu desabrochar tardio assim: "As habilidades que desenvolvi trabalhando com as pessoas em minha missão desempenharam um papel em tudo o que eu fiz desde então."[125]

O fundador da Nike, Phil Knight, em sua brilhante (e maravilhosamente confessional) autobiografia, *Shoe Dog*, descreve como tirar uma folga entre o fim da faculdade[126], e o começo de sua carreira lhe deu a ideia para começar uma empresa de calçados. Knight era um corredor de pista universitário na Universidade do Oregon. Ele serviu dois anos no exército, depois foi para a Stanford Business School, onde escreveu sua tese de mestrado sobre por que achava que o Japão dos anos 1960 – menos de 20 anos após a destruição causada pela Segunda Guerra Mundial – podia ser uma grande potência no mercado de produtos esportivos mundial. Knight convenceu seu pai a bancar sua viagem pelo mundo depois que ele conseguisse seu mestrado em Stanford. Depois disso, Knight prometeu, ele sossegaria e encontraria uma carreira em contabilidade. Mas enquanto estava no Japão, ele testou sua tese, visitando fábricas de calçados atléticos. E, então, acabou começando seu negócio, originalmente como importador norte-americano de tênis de corrida japoneses chamados Onitsuka Tigers (conhecidos hoje como Asics).

Knight só faria calçados de sua própria marca – Nike – dez anos depois. Para ele, os negócios eram um caminho de descoberta. Se ele tivesse ido direto do mestrado para o mundo profissional, medita ele, teria se tornado um contador trabalhando para uma empresa preexistente, tão frustrado e irrealizado quanto seu pai.

Knight tirou na verdade duas folgas. Ele passou por dois anos no exército depois de completar sua faculdade e como resultado entrou na faculdade de administração de Stanford quando tinha 24 anos, em vez de 22 anos. Sua segunda folga, aos 26 anos, foi uma exploração no mundo real de sua tese de mestrado – que os materiais esportivos fabricados no Japão estavam prontos para dominar o mundo.

***

A ideia de "se afastar e crescer" não é nova. O Corpo de Paz, as bolsas de estudo Fullbright e a organização Teach America expuseram várias gerações de jovens ao mundo. Nem os ganhos de maturidade experimentados durante o serviço militar são novidade. Na verdade, muitos países, entre eles Israel, Suíça, Noruega, Dinamarca e Singapura, requerem o serviço militar obrigatório, por motivos que vão além da defesa nacional. Esses países desfrutam de uma taxa menor de desemprego entre seus jovens do que países similarmente ricos como os Estados Unidos, Grã-Bretanha, França e Alemanha, que não possuem serviço militar obrigatório.

O que é novo – dramaticamente novo – é o quanto a cultura popular e até as universidades, sempre lentas para acompanhar as tendências, vieram a abraçar os benefícios de um ano sabático. Consideremos Kyle DeNuccio que, aos 18 anos, estava com dificuldades em seu primeiro ano da faculdade. Ele disse a seus pais que deixaria a faculdade depois do segundo semestre. Seu pai o alertou: "Se você sair agora, nunca mais vai voltar."[127] DeNuccio saiu mesmo assim. "Embora minhas notas não fossem ruins a ponto de me pedirem para largar a escola", ele escreveu posteriormente, "eu tinha perdido a motivação para fazer qualquer coisa além das exigências mínimas do curso. Eu me sentia culpado por estar desperdiçando tanto dinheiro, e não conseguia me ver fazendo a mesma coisa por mais três anos".

A reação de DeNuccio a seu primeiro ano não é incomum. Felizmente para ele, seu pai lhe deu a bênção – mas com uma condição. O jovem DeNuccio estaria por sua própria conta, financeiramente. Essa abordagem mais rígida foi crucial (e raríssima vinda de pais ricos), mas exatamente o que o filho precisava. Ele encontrou um estágio na revista *Surf*, dormia em seu carro e tomava banho no mar. Rapidamente viu que estar no fundo da hierarquia de uma revista em dificuldades financeiras, não era o que ele queria para o seu futuro. Mas atravessar essa fase dura sozinho na Califórnia e depois em Porto Rico como lavador de pratos reacendeu um desejo genuíno de voltar para a faculdade, mais velho e mais sábio.

A história de DeNuccio sobre seu ano sabático cheio de aventuras é inspiradora. E pesquisas recentes apoiam os benefícios de tirar um ano para se afastar.

Andrew J. Martin, pesquisando 338 estudantes, descobriu que jovens que tiram um período para se afastar, tendem a estar menos motivados que seus pares *antes* da folga, exatamente como Kyle DeNuccio. Mas *depois* desse ano sabático, a maioria deles encontra nova motivação. Nas palavras de Martin:

"Eles tiveram resultados com melhor desempenho[128], formação da opção de carreira, empregabilidade melhorada e uma variedade de habilidades de vida. O ano sabático pode ser visto como um processo educacional, no qual as habilidades e a reflexão crítica contribuem para o desenvolvimento do indivíduo".

Martin prossegue, sugerindo que tirar um ano sabático melhora o "capital econômico, social e cultural" da pessoa, oferecendo vantagens competitivas no mercado de trabalho e na educação superior. Anos de folga podem revigorar jovens desmotivados – mas apenas se eles estiverem preparados para assumir responsabilidades. O fato de o pai de Kyle DeNuccio se recusar a pagar pelo ano de aventura do filho, pode ter sido a melhor coisa para ele. Kyle foi forçado a assumir a responsabilidade por suas finanças e decisões, dormindo em seu carro e lavando pratos para ganhar dinheiro.

Estudantes que já estão motivados provavelmente não ficarão mais motivados tirando um ano sabático. Mas aqueles defendendo um ano sabático para todos têm um argumento diferente. Missões mórmons, o Corpo de Paz e serviços nacionais obrigatórios acreditam que esses "desvios" profissionais ou educacionais criam indivíduos mais maduros, mais equilibrados e responsáveis.

E as pesquisas sugerem que eles estão corretos. Jovens que tiram um ano sabático devotados ao serviço, seja ele voluntário ou obrigatório, trabalham mais, bebem menos e cometem menos crimes do que seus pares. Segundo a pesquisa nacional de 2015 da American Gap Association, 97% dos participantes responderam que tirar um ano sabático aumentou sua maturidade[129], e 96% afirmaram que aumentou sua autoconfiança. E 84% responderam que isso os ajudou a adquirir habilidades que os levaram a serem mais bem-sucedidos em suas carreiras. Já 75% dos participantes responderam que isso os ajudou a encontrar um emprego. O ex-secretário de Relações Exteriores do Reino Unido, Jack Straw, que promoveu publicamente a ideia de estudantes tirarem um tempo de folga, colocou sua visão desta forma: "Tirar um ano sabático é uma excelente oportunidade[130] para jovens expandirem seus horizontes, tornando-os cidadãos mais maduros e responsáveis. Nossa sociedade só tem a ganhar com essas viagens, que promovem caráter, confiança e habilidades para tomada de decisão."

A defesa do período de afastamento se tornou tão forte que até a mais lenta de nossas grandes instituições para abraçar mudanças, a educação superior, acabou se convertendo e abraçando a ideia. Nos Estados Unidos, nada menos do que 160 faculdades e universidades[131] aceitaram a ideia de um ano sabático, entre elas Harvard, Yale, Princeton, Tufts, Middlebury e Skidmore.

A filha do ex-presidente Barack Obama, Malia, tirou um ano sabático[132] antes de entrar em Harvard, trabalhando para a produtora cinematográfica independente Miramax. A notícia do ano sabático de Malia criou uma tempestade de atenção no Twitter.

Alguns desses intervalos podem ser altamente lucrativos. Mark Mills, um investidor de risco da indústria de *software* e membro sênior do Instituto Manhattan de Nova York, cresceu perto de Winnipeg, no Canadá. Seu pai pensava que Mark deveria aprender uma profissão especializada para que, caso sua educação chique falhasse, ele ainda pudesse ganhar a vida. Mills aprendeu a ser soldador. Ele me contou: "Arranjar um emprego especializado[133] depois do ensino médio ainda faz todo o sentido. Na América do Norte, há um déficit de 500 mil empregos especializados – os empregos existem, mas não há ninguém para ocupá-los. Assim, os salários subiram bastante. Não é incomum que um eletricista, um soldador ou um encanador habilidoso ganhem US$ 100 mil por ano com um pouquinho de hora extra. Você pode ganhar esse tanto de dinheiro aos 20 anos, com dois anos de treinamento que lhe custarão talvez 10 ou 15 mil dólares. É um excelente retorno de investimento. E você pode se demitir e ir para a faculdade quando quiser".

Um cronograma mais gentil de desenvolvimento humano permitiria a existência de um período em que jovens têm a chance de fazer algo desafiador e diferente; um período exploratório para abrir rotas de descoberta tanto para o mundo lá fora quanto para suas capacidades internas. Na corrida atual para o sucesso precoce, contudo, muitos alunos e jovens formandos hesitam em reduzir a velocidade, ou tirar uma folga que precisarão explicar a escritórios de admissão de mestrado ou para potenciais empregadores. Eles temem que possam ficar para trás ou prejudicar seu potencial de renda em longo prazo. Para aqueles que temem abandonar a esteira rolante da carreira profissional, algumas boas notícias podem ajudar a acalmar essa preocupação.

***

Ficamos mais inteligentes e criativos conforme envelhecemos, segundo mostram as pesquisas. A anatomia de nosso cérebro, as redes neurais e habilidades cognitivas podem, na verdade, melhorar com a idade o aumento das experiências de vida. Ao contrário do que diz a mitologia do Vale do Silício, funcionários mais velhos podem ser até mais produtivos, inovadores e colaborativos do que os mais jovens. A ideia de que atingimos um pico cognitivo precoce, seguido por um declínio gradual da habilidade cognitiva

– ou o que Saul Bellow descreveu como um "longo deslizar empoeirado para o túmulo" em *Humboldt's Gift* [O legado de Humboldt, publicado no Brasil pela Companhia das Letras] – simplesmente não é verdade.

A maioria das pessoas, na verdade, têm múltiplos picos cognitivos ao longo de suas vidas.

Esta foi a descoberta radical de Laura Germine (uma pós-doutoranda do Hospital Geral de Massachusetts) e Joshua Hartshorne (pós-doutorando no MIT). O estudo que ambos fizeram em 2015 mediu a capacidade cognitiva de quase cinquenta mil participantes em websites de testes cerebrais, entre eles: testmybrain.org e gameswithwords.org. Eles descobriram que partes diferentes da nossa inteligência atingem picos em idades diferentes: "Em qualquer idade, você está melhorando em algumas coisas, piorando em outras, e está num platô em outras ainda[134]. Provavelmente não existe idade alguma em que você atinja o pico na maioria das coisas, quanto mais em todas", disse Hartshorne.

Os dados mostraram que cada habilidade cognitiva alcançou seu pico em uma idade diferente. Por exemplo, a velocidade de processamento de informação pareceu atingir o pico cedo, em torno de 18 ou 19 anos. A memória de curto prazo continuou a melhorar até por volta dos 25 anos, quando, então, atingiu um platô por mais uma década. A habilidade de avaliar padrões complexos, inclusive o estado emocional de outras pessoas, por outro lado, atingiu seu ápice muito mais tarde, quando os participantes tinham 40 ou 50 anos.

Os pesquisadores usaram um teste de vocabulário para medir a inteligência cristalizada – o acúmulo vitalício de fatos e conhecimento. A inteligência cristalizada atinge o pico mais tarde na vida, exatamente como os psicólogos achavam. Mas os novos dados indicavam que o pico ocorria quando os participantes estavam no final dos 60 ou no começo dos 70 anos, muito mais tarde do que qualquer um havia especulado. Laura Germine resumiu suas descobertas na tabela a seguir:

Idades em que as habilidades cognitivas atingem seu pico

Final da adolescência	velocidade no processo cognitivo
Começo dos 20 anos	aprender e lembrar de nomes
Entre 25 e 35 anos	memória de curto prazo
Começo dos 30 anos	memória de reconhecimento facial
Entre 45 e 55 anos	compreensão social
Acima de 65 anos	conhecimento verbal

O estudo Germine-Hartshorne, "pinta uma imagem diferente do modo como mudamos ao longo de nossa vida", disse Germine. Outros estudos confirmaram que o cérebro humano é notavelmente adaptável ao longo da vida.

No início dos anos 1950, um aluno da Universidade da Califórnia em Berkeley, K. Warner Schaie[135], começou um estudo sobre o desenvolvimento adulto. Agora com 90 anos, Schaie diz que embarcou nesse estudo porque podia fazê-lo enquanto mantinha um emprego noturno em uma gráfica do outro lado da baía, em San Francisco, e porque seu médico de família tinha um consultório geriátrico. Seja lá o que tenha causado o interesse do jovem Schaie no cérebro humano e no envelhecimento, ele escolheu o campo certo. Quando mal tinha completado 21 anos, ele já estava dando palestras em conferências geriátricas internacionais. Posteriormente, como aluno de mestrado na Universidade de Washington, ele lançou o projeto que definiria sua longa carreira: o Estudo Longitudinal Seattle.

Um estudo longitudinal é aquele que acompanha seus participantes por toda a vida. Schaie e sua equipe de pesquisa observaram como eventos da vida, como a morte de um cônjuge ou a recuperação de um contratempo físico, afetavam as habilidades cognitivas das pessoas em idades diferentes. Ele descobriu que muitos fatores podem acelerar o declínio, mas que o declínio também pode ser desacelerado ou até mesmo revertido, como ocorre quando a pessoa se conforma com a morte do cônjuge. A educação contínua e uma curiosidade inquieta também desaceleram a taxa do declínio. Como Schaie disse ao *Seattle Times*:

> "O modo como você vive[136] a sua vida faz diferença quanto a como você vai chegar na velhice. Você não se torna subitamente um membro de uma espécie diferente quando envelhece. É claro que uma pessoa que seja mentalmente ágil e não tenha um modo de pensar rígido tem uma vantagem. As coisas mudam, mas se você é bom na solução de problemas ou cuidou de uma crise pessoal com sucesso quando era mais jovem, provavelmente continuará fazendo isso."

O Estudo Longitudinal de Seattle continua a fazer novas descobertas sobre o quanto nossos cérebros são adaptáveis. A atual líder do estudo, Sherry Willis, descobriu que enquanto os controladores de tráfego aéreo sofrem um declínio lento, mas contínuo, na velocidade do processamento mental e na memória de curto prazo conforme envelhecem, seu desempenho continua intacto. Como isso era possível? Porque o raciocínio espacial e a calma emocional – duas habilidades críticas para controladores de tráfego aéreo – melhoram ao longo da meia-idade. Conforme a Associação Psicológica Americana destacou:

"Parece que a mente, na meia-idade[137], não apenas mantém muitas das habilidades da juventude, como também adquire novas capacidades. O cérebro adulto parece ser capaz de se reprogramar bem depois de entrar na meia-idade, incorporando décadas de experiências e comportamentos. A pesquisa sugere, por exemplo, que a mente de meia-idade é mais calma, menos neurótica e mais capaz de analisar situações sociais. Alguns indivíduos de meia-idade até melhoraram suas habilidades cognitivas."

A neurocientista Patricia Reuter-Lorenz, da University of Michigan, diz: "Existe um potencial duradouro[138] para a plasticidade, a reorganização e a preservação das capacidades".

Isso é uma boa notícia para todos os que desabrocharam mais tarde. O obstáculo é que temos que estar dispostos a isso. Temos que investir em nossa saúde, em nossa curiosidade sobre o mundo ao nosso redor, e em nosso aprendizado. Quando fazemos isso, podemos desfrutar de múltiplos picos cerebrais em nossas vidas e múltiplos florescimentos pessoais.

***

Pesquisas cognitivas revelaram que cada um de nós tem dois tipos de inteligência[139,] a *inteligência fluida* (abreviada como G*f*) e a *inteligência cristalizada* (abreviada como G*c*). A inteligência fluida é a nossa capacidade de raciocinar e resolver novos problemas, independentemente de conhecimento do passado. É a habilidade de identificar padrões abstratos, usar a lógica e aplicar o raciocínio indutivo e dedutivo. G*f* atinge seu pico mais cedo na vida. A inteligência cristalizada, por outro lado, é a capacidade de usar habilidades, conhecimento e experiência. Para a maioria dos adultos, a G*c* inclui conhecimento ocupacional (trabalho), avocacional (*hobbies*, música, arte, cultura popular etc.). Ao contrário da G*f*, as medições de G*c* mostram níveis crescentes de desempenho já com a meia-idade bem avançada e até depois dela.

Phillip Ackerman, professor de psicologia na Georgia Tech, demonstrou, junto com alguns colegas, uma forte ligação entre a idade adulta e os níveis de conhecimento. Adultos mais velhos, francamente, conhecem muito mais do que adultos mais jovens. Segundo Ackerman, a melhor forma de adultos mais velhos compensarem[140] o declínio da G*f* juvenil é escolher trabalhos e objetivos que otimizem sua G*c* – seus conhecimentos e habilidades existentes.

Vamos pensar naquele emprego de controlador de tráfego aéreo. Pode-se presumir que uma G*f* juvenil rápida é útil naquela ocupação. Entretanto, estranhamente, por uma lei parlamentar, não é possível sequer treinar para se tornar um controlador de tráfego aéreo antes dos 31 anos, quando nossa G*f* já está em declínio. Como o estudo de Seattle mostrou, controladores de tráfego aéreo na casa dos 30 aos 50 anos compensam a G*f* em declínio com um raciocínio espacial melhorado e com calma mental. A Administração Federal da Aviação (FAA) força os controladores a se aposentarem aos 56 anos, quando essas habilidades decaem. No entanto, trabalhos que dependem de alto conhecimento e G*c*, como dar aulas, praticar o direito, política, escrita ou consultoria, continuam estáveis ao longo de toda a carreira.

A maioria dos trabalhos, é claro, requer um equilíbrio de G*f* e G*c* para o melhor desempenho, como o de cirurgião e analista financeiro. Embora a G*f* decline com a idade, o aumento do conhecimento do emprego – ou da G*c* – mais do que compensa essa perda, resultando em uma *performance* superior até a meia-idade e para além dela. Tarefas diferentes podem exigir um equilíbrio diferente de habilidades G*f*-G*c*. Na área médica, transplantes de fígado são notoriamente mais complexos do que os de outros órgãos por causa dos vários vasos sanguíneos pequenos que levam ao fígado. Um especialista da Mayo Clinic nesse tipo de transplante admitiu para mim que seus melhores dias como cirurgião tecnicamente habilidoso atingiram o pico no começo dos 50 anos. "Transplantes de fígado são como[141] aquele brinquedo de Acerte a Toupeira", disse ele. "Aparecem sangramentos em todo canto. Você tem que ser rápido." E ainda assim, mesmo enquanto suas habilidades de coordenação óculo-manual (G*f*) decaía, suas habilidades diagnósticas (G*c*) melhoravam e, provavelmente, continuariam melhorando até a casa dos 70 anos. Como, então, um hospital deveria administrar essa alteração no equilíbrio de habilidades? A Mayo Clinic acredita que a solução é parear um cirurgião mais velho e experiente, repleto de conhecimento G*c*, com um cirurgião mais jovem que esteja em seu pico de habilidade técnica G*f*.

Trabalhos como a escrita de códigos para *software* tendem a favorecer inteligência fluida ou G*f* e, portanto, profissionais mais jovens. Essa é uma das principais razões por que tantos funcionários jovens povoam empresas como Google e Amazon. Mas *gerenciar* projetos e empresas de *software* alteram o equilíbrio das habilidades desejáveis, passando de G*f* para G*c*. É por isso que você viu Diane Greene, no começo de seus 60 anos, liderando um dos negócios mais importantes da Google, a Google Cloud. E é por isso que o bilionário Tom Siebel, com mais ou menos 65 anos, está liderando sua mais recente empresa de *software*, a C3, na área altamente competitiva da inteligência artificial e da Internet das Coisas.

Em certo sentido, nossos cérebros estão constantemente formando redes neurais[142] e capacidades de reconhecimento de padrões que não tínhamos em nossa juventude, quando tínhamos grande potência sináptica. Conforme envelhecemos, desenvolvemos novas habilidades e refinamos outras, inclusive percepção social, regulação emocional, empatia, humor, escuta, calibração de risco e recompensa e inteligência adaptativa. Todas essas habilidades aprimoram nosso potencial para desabrochar e redesabrochar.

E a nossa criatividade[143], nossa capacidade de chegar às revelações inesperadas? Mais uma vez, nós retemos essa capacidade por muito mais tempo do que se pensava anteriormente.

Em 2008, Hector Zenil, codiretor do Laboratório de Dinâmica Algorítmica no Instituto Karolinska, na Suécia, estudou a capacidade de se comportar de maneira aleatória de 3.400 pessoas entre as idades de 4 e 91 anos. A ideia é que o raciocínio aleatório[144] – enxergar além do óbvio – está conectado ao pensamento criativo. Quando uma maçã cai da árvore, a pessoa criativa não pensa simplesmente que a maçã devia estar madura; como Isaac Newton, ela vê a maçã cair e imagina a força invisível da gravidade.

Como Hector Zenil e os pesquisadores testaram o raciocínio aleatório? Eles desenvolveram cinco tarefas curtas geradas aleatoriamente por computador, entre elas 12 jogadas de moeda simuladas, dez jogadas de um dado, e arrumar caixas em uma grade. O dever dos participantes era fazer sua sequência de respostas parecer tão imprevisível quanto possível para um programa de computador lógico. Os pesquisadores descobriram que o auge da aleatoriedade (e da criatividade sugerida por ela) ocorre aos 25 anos, conforme esperado. Para a surpresa deles, entretanto, descobriram que a queda na habilidade do raciocínio aleatório é muito leve ao longo do tempo, atravessando a casa dos 60 anos. Elkhonon Goldberg, um neuropsicólogo e neurocientista cognitivo da Universidade de Nova York, autor do livro *Creativity* (Criatividade), de 2018, diz que nosso *rendimento* criativo aumenta com a idade. O Dr. Goldberg acredita que os hemisférios direito e esquerdo de nosso cérebro são conectados por uma "rede de saliências"[145] que nos ajuda a avaliar percepções novas recebidas pelo lado direito comparando-as a imagens e padrões guardados no lado esquerdo. Assim, uma criança tem mais percepções novas do que um adulto de meia-idade, mas lhe falta o contexto que transforma novas percepções em revelações criativas úteis, ou em rendimento criativo.

Mas essas descobertas se traduzem no mundo real? As pessoas ainda são inovadoras conforme envelhecem? Bem, eis aqui outra surpresa, ao menos para mim. Em uma época que a juventude é abertamente celebrada, a maioria dos cientistas, inventores e empreendedores premiados estão ficando mais velhos.

Um século atrás, Albert Einstein e Paul Dirac estavam no meio dos 20 anos quando fizeram os trabalhos que resultaram em um prêmio Nobel para cada um. William Lawrence Bragg ganhou seu Nobel de física em 1915 aos 25 anos pelo trabalho que fez com apenas 22 anos. (Ele foi o pioneiro no uso de raios X para estudar a estrutura atômica de um cristal.) A superioridade presumida dos jovens cientistas era tanta que Dirac escreveu este poema:

Idade é, claro, um temor[146]
febril que todo físico
deve temer.
Ele está melhor morto do que vivo
uma vez passado seu
trigésimo ano.

Agora, contudo, os que produzem trabalhos que levam a prêmios Nobel pela ciência e outras grandes inovações baseadas na ciência são cada vez mais velhos. Um estudo de 2008 feito por Benjamin Jones e Bruce Weinberg, da Universidade de Northwestern, mostrou que a média de idade para descobertas[147] levando a um prêmio Nobel é de 39 anos. Atualmente, alguém com 55 anos tem a mesma probabilidade de produzir um grande avanço científico quanto alguém com 25 anos (ou seja, a grosso modo, a mesma idade de Einstein, Dirac e Bragg). O pesquisador Jones especula que a linha do tempo prolongada das grandes inovações de hoje pode ter a ver com a profundidade de todo campo científico atual. A pessoa simplesmente tem mais a aprender, o que leva mais tempo, antes que possa ser produtiva. Em termos neurocientíficos, é preciso *as duas coisas*, tanto a inteligência Gf dos que desabrocham cedo quanto a Gc dos que desabrocham mais tarde para executar trabalhos do nível do Nobel.

A Fundação de Inovação e Tecnologia da Informação publicou recentemente um estudo que afirma que a idade em que ocorre o pico da inovação[148] é, de fato, ainda maior – no final dos 40 anos, quase uma década depois do que o estudo da Northwestern sugere. Um período de pico da inovação no final dos 40 anos é sustentado pela média de idade dos candidatos a registrar patentes nos Estados Unidos[149], que é de 47 anos.

Para aqueles de nós que não são cientistas nem inovadores, uma questão mais importante é quanto tempo podemos nos manter em um platô elevado depois de atingirmos nossos picos cognitivos. Novas pesquisas e provas incidentais sobre esse assunto também são encorajadoras. O teste de raciocínio aleatório de Hector Zenil descobriu que a criatividade próxima à do pico dura por toda a casa dos 60 anos, uma descoberta que se manifesta paralelamente tanto ao estudo de múltiplos picos feito pela parceria Harvard-MIT-Hospital Geral de Massachusetts quanto ao Estudo Longitudinal de Seattle. Para alguns atípicos, um platô elevado pode muito bem durar até os 80 anos. Para os raros escolhidos, um platô criativo elevado pode durar ainda mais do que isso, como ilustra a incrível história a seguir.

Um componente indispensável tanto em *smartphones* quanto em carros elétricos é a bateria de lítio que armazena eletricidade. Embora você tenha ouvido falar de Steve Jobs e Elon Musk, provavelmente nunca ouviu o nome de John Goodenough. Com a idade relativamente alta de 57 anos, o físico treinado na Universidade de Chicago coinventou a bateria de lítio-íon. Décadas depois, em 2017, Goodenough solicitou o registro de patente de uma nova bateria que o *New York Times* relatou ser "tão barata, leve e segura[150], que revolucionaria os carros elétricos e mataria os veículos movidos a petróleo". Goodenough tinha 94 anos quando solicitou a patente! E ele não conduziu seu trabalho inovador em um centro para idosos aposentados – estava trabalhando com uma equipe da Universidade do Texas em Austin.

A Kauffman Foundation de Kansas City se dedica ao estudo do empreendedorismo – o que faz com que as pessoas deem um salto e comecem seus próprios negócios. Kauffman diz que a média de idade dos empreendedores é de 47 anos[151]. Para as indústrias de crescimento mais rápido, como as de tecnologia da informação e médica, a idade é menor, mas mesmo nesses campos classicamente mais jovens, a média de idade é de 40 anos, não 20 e poucos anos como no folclore popular. Espantosamente, existe o dobro de empreendedores acima de 50 anos do que abaixo dos 25 anos.

A ideia de que os 40 anos são a idade pico de empreendedorismo é sustentada pelo trabalho do psicólogo do desenvolvimento Erik Erikson[152], do século XX. Erikson acreditava que a fase entre, 40 e 64 anos constitui um período único, em que a criatividade e a experiência se combinam com um anseio humano universal para melhorar nossas vidas. E começar uma empresa, é como muitas pessoas buscam o que Erikson chamou "preocupação com a próxima geração", o desejo de construir algo que tenha o potencial de fazer uma contribuição positiva maior do que nossas vidas mortais.

***

Tudo o que sabemos sobre o cérebro humano e o envelhecimento nos diz que temos uma capacidade notável de nos mantermos criativos e inovadores por muito tempo em nossas vidas. Mas essa compreensão ampliada fala sobre uma necessidade de rumos profissionais mais iluminados. Precisamos de formas para começar uma carreira mais tarde, para ter mais flexibilidade no meio da carreira, e de sair da profissão gentilmente, em nosso próprio ritmo, perto do final de nossas carreiras.

Tristemente, a carreira profissional típica de hoje reflete o raciocínio de linha de produção do começo do século XX. Arranjamos um emprego, ascendemos para um nível maior de responsabilidades e salário, depois somos abruptamente forçados a nos aposentar ou somos demitidos por volta dos 60 anos. Empresas de advocacia e contabilidade têm um termo para isso: *para o alto e para fora*. Um cronograma mais gentil para o desenvolvimento humano deixaria essa política de lado e imaginaria a carreira profissional de uma pessoa como um arco. Enquanto entramos em declínio em alguns sentidos (velocidade sináptica, memória de curto prazo), ganhamos em outros (reconhecimento de padrões na vida real, QI emocional, sabedoria). Nossas capacidades criativas e inovadoras continuam fortes e de formas diferentes conforme envelhecemos.

Acredito que, contratantes iluminados têm uma grande oportunidade de serem mais criativos sobre as carreiras profissionais. Passei algum tempo com milhares de executivos em minha carreira jornalística, e todos eles me dizem a mesma coisa: recrutamento e retenção de talentos é uma prioridade. Uma empresa que fracasse nisso, que force seus funcionários porta afora quando chegam a certa idade, não está aproveitando a plena capacidade deles. Se você quer que a sua empresa tenha os melhores funcionários fazendo o melhor trabalho, está na hora de repensar a política do: *para o alto e para fora*.

O problema para funcionários mais velhos não são eles mesmos, mas a típica carreira profissional dentro da maioria das organizações. As empresas recompensam bons funcionários com títulos mais elegantes, mais autoridade e contracheques mais altos, até que venha o dia – e ele sempre vem – em que essa prática não faz mais sentido. Atletas, cirurgiões, especialistas em *software*, pilotos de aeronaves, professores – todos nós atingimos o ápice em algum momento: da nossa capacidade, do tamanho do nosso contracheque, ou da nossa disposição em fazer horas extras. É injusto que o nosso empregador tenha que continuar aumentando o salário daqueles que atingiram seu ápice em eficiência ou produtividade. Custa dinheiro demais e impede a ascensão de funcionários mais jovens para postos de mais responsabilidade. É isso o que motiva os empregadores a demitirem as pessoas que já chegaram ao topo. No entanto, essa é uma perda trágica, tanto para o empregador quanto para o funcionário. O empregador está perdendo um empregado talentoso e experiente a quem educaram ao longo dos anos, e que sabe como fazer as coisas. Esses funcionários ainda têm muito a contribuir. É um desperdício de capital humano demiti-los se ainda estão produzindo um bom trabalho e querem continuar trabalhando.

A prática de: *para o alto e para fora* é uma inimiga do desabrochar humano em muitos níveis. Isso leva a uma ideia radical: em vez de caminhos profissionais em apenas um sentido, *para o alto e para fora*, por que não ver as carreiras como um *arco* (ou uma série de arcos)?

Apenas como hipótese, digamos que as pessoas na indústria X atinjam o ápice aos 40 ou 50 anos. Por "ápice", quero dizer o auge das habilidades técnicas, da montagem de equipe e capacidade administrativa, competência de produtividade e comunicação, além de, disposição para fazer horas extras, viajar para reuniões de vendas por uma semana, e assim por diante.

A trajetória profissional tradicional, *para o alto e para fora*, ditaria: *Você já era depois dos 55 anos. Nós, seus empregadores, não podemos manter você, um funcionário com mais de 55 anos, em nossa folha de pagamentos.* Uma trajetória mais gentil, em arco, reconheceria que quase todos os funcionários atingem o topo em algum momento, mas mesmo os funcionários mais antigos, "pós-ápice", podem fazer contribuições valiosas. Assim, por que não moldar uma trajetória profissional na qual, em algum momento, os aumentos salariais param e o pagamento pode até cair, com os títulos parando de se acumular, evoluindo de "vice-presidente do grupo" para "consultor sênior"?

Um arco de carreira desse tipo não teria uma idade para a aposentadoria forçada. Por que alguém com 65 ou 72 anos não poderia trabalhar, se a pessoa quisesse e se o empregador achasse sua contribuição valorosa, tendo o nível correto de pagamento? (Mensagem para os CEOs: se os seus departamentos legal e de recursos humanos não conseguirem resolver isso, substitua-os por gente que consiga.)

Outro bom motivo para uma trajetória profissional em arco substituir o *para o alto e para fora* é a diversidade etária. Um valioso funcionário mais velho na descida do arco não tem necessidade de defender seu terreno. Eles estariam livres para oferecer conselhos contra intuitivos ou palavras de cautela: "Esta é uma ideia brilhante, mas vamos nos certificar de identificar suas suposições básicas sobre vendas e esclarecer tudo, para não cometermos enganos caros". Essa é uma conversa diferente de uma que comece com um funcionário mais antigo defendendo seu terreno. A pior coisa que uma empresa pode fazer é matar a energia criativa do seu pessoal mais jovem e talentoso. A segunda pior é permitir que os mais jovens caminhem cegamente para armadilhas, que um funcionário mais velho e mais sábio poderia ajudá-los a prever.

***

Cada um de nós merece a oportunidade de desabrochar à nossa própria maneira. Reafirmo: creio que está na hora de pensarmos em um cronograma mais gentil para o desenvolvimento humano, um que não exagere na ênfase aos testes padronizados e que permita que cada um de nós atinja seu pleno potencial.

Precisamos nos dar uma folga. Precisamos reconhecer e celebrar o fato de que somos todos diferentes, com diferentes habilidades, perfis de desenvolvimento e históricos, e que cada um de nós forjará um itinerário diferente para seu desabrochar. Atualmente, porém, fazemos o contrário disso. Nossa sociedade é grosseiramente distorcida, para favorecer indivíduos que demonstrem ser cognitivamente excepcionais e precocemente focados desde cedo. Pedimos a adolescentes e jovens, cujos cérebros ainda estão em desenvolvimento, para que se "provem" conquistando a entrada para as escolas certas, frequentando as aulas certas e conseguindo o emprego certo. Nós admiramos aqueles que são excepcionais, de um modo selecionado e tragicamente limitado.

Então, o que sobra para o resto de nós, aqueles com desenvolvimento mais lento física, cognitiva e emocionalmente, aqueles que não se sobressaem cedo e não desabrocham cedo? Rejubile-se, pois nós, indivíduos de desabrochar tardio, temos nossas próprias (e singulares) vantagens, como o capítulo seguinte explica.

Capítulo 4

Valeu a espera: as seis vantagens de quem desabrocha mais tarde

O lugar mais descolado no *campus* se chamava Ugly, e era lá que meus amigos se reuniam nas noites de segunda a quinta. Ugly era a forma abreviada de Undergraduate Library [Biblioteca Universitária], e o prédio era tão sem graça quanto seu nome, um daqueles blocos de aço e vidro dos anos 1960, que parecia adequado para abrigar a burocracia governamental, não livros. Mas a Ugly era onde os alunos de Stanford iam para estudar, noite após noite. Nós não íamos tanto pelas pilhas de livros, e sim para fugir dos nossos alojamentos e dos nossos colegas de quarto, ruídos de sexo e fofoca, os barulhos das batidas policiais para controlar bebedeiras no gramado lateral, e dos restos de *cookies* na sala. Íamos para a Ugly pelo silêncio e concentração. Em Stanford, tínhamos que separar de 4 a 6 horas para estudar, na maioria das noites íamos a Ugly para isso.

Meu colega de quarto, Bob, ia para a Ugly nas noites em que não jogava vôlei universitário. Ele tinha uma rotina. Guardava um par de garrafas de Pepsi na mochila junto com seus livros, canetas, marca-textos amarelos e cadernos. Movido a açúcar e cafeína, Bob Bunda de Ferro se sentava em uma baia de estudos por horas, esquecido de sua bexiga, e consumia dúzias de páginas de psicologia, economia e textos sobre a lei. Nada parecia abalar sua atenção dos estudos. Quando ele tinha que escrever um trabalho, escrevia à mão 40 páginas em papel pautado amarelo de uma sentada só, na sequência ia ao banheiro, voltava para o nosso quarto, tomava outra Pepsi e digitava o texto todo.

Bob entrou para a fraternidade Phi Beta Kappa em seu terceiro ano. Ele levou seu intelecto e seus hábitos de estudo para a faculdade de direito de Stanford e se formou quase como o melhor de sua classe. Desde então, ele obteve uma carreira de sucesso impressionante como advogado de valores corporativos.

Eu tentei imitar os hábitos de estudo de Bob, e, na superfície, consegui. Levava uma mochila como ele e a recheava de livros técnicos, textos de leitura obrigatória, canetas, cadernos e marca-texto. Às vezes caminhávamos juntos até a Ugly depois do jantar, conversando sobre esportes e mulheres. Em seguida, ele escorregava para sua mesa preferida e metia a mão na massa, e eu procurava uma para mim e tentava fazer o mesmo.

Mas a minha rotina na Ugly era um pouco diferente da de Bob. Bem, talvez muito diferente. Enquanto Bob, Bunda de Ferro, ficava estacionado por horas com seus livros e suas Pepsi e sua atenção inabalável, eu não conseguia parar sentado por 15 minutos. Por uma hora, ou talvez 30 minutos, eu tentava o melhor que podia para estudar as prefeituras japonesas ou o efeito do início da Era Industrial sobre os romances ingleses, mas era em vão.

Mais cedo ou mais tarde deixava a minha mesa e ia para as estantes, onde eram mantidos os arquivos encadernados de revistas. Eu mergulhava em números antigos da *Sports Illustrated*. Passava horas com essa revista, que naqueles dias devotava muitas páginas aos esportes de pista e outras modalidades olímpicas. Eu mergulhava nas histórias de salto com vara na Madison Square Garden e corridas de trenó em equipe em St. Moritz. A *Sports Illustrated* conseguia fazer até *curling* parecer legal. Eu absorvia tudo.

Nem preciso dizer que meus estudos diários das revistas na Ugly não fizeram nada pelas minhas notas. Meu entendimento das prefeituras japonesas continuou fraco. Eu consegui me formar em ciências políticas a tempo, com precisamente o número mínimo de créditos necessários para isso. Obtive uma nota média de 3,1, todas elas B, exceto por um A menos em estética cinematográfica. Os Bs que eu obtive eram mais como Cs gentis. Em Stanford, era possível desistir de uma matéria até duas semanas antes da prova final. Naturalmente, se você estava se encaminhando para um C ou algo pior, você abandonava a matéria e nada de ruim entrava no seu histórico.

Com todos os seus As, Bob foi para a faculdade de direito de Stanford, e com meus Bs falsos eu parti para me tornar um assistente editorial (logo ex-assistente) na *Runner's World*, vigia noturno e lavador de pratos. Claramente, tinha desperdiçado meu tempo nas pilhas de revistas da Ugly e desperdiçado uma oportunidade de ouro. Certo?

Aceleremos para 12 anos depois. A essa altura, meu córtex pré-frontal havia finalmente amadurecido, minha capacidade de função executiva estava funcionando e, embora ambas tivessem desabrochado um tanto tarde, eu estava me saindo razoavelmente como um adulto responsável. Era escritor técnico em um instituto de pesquisa em Palo Alto e redator em uma agência de propaganda no Vale do Silício. Estava casado e era dono de um apartamento, um Volkswagen Jetta, um computador Macintosh e uma impressora a *laser*. Nada mal. Eu estava encaminhado.

Meu amigo Tony estava sedento por muito mais. Ele era bem mais ambicioso do que eu, declaradamente. Ele trabalhava como agente de empréstimos no Silicon Valley Bank e estava frustrado pelo progresso lento de sua carreira. Ele queria ser o vice-presidente do banco, depois um investidor de risco bem-sucedido ou um empreendedor rico. Queria fama e poder, e estava com pressa. Ele me confidenciou várias vezes que queria ser um *player* do Vale do Silício. Certo dia, Tony, olhando para os *newsletters* que eu produzia em meu Mac para vários clientes do Vale do Silício, perguntou se era possível projetar uma revista em um Mac, usando um programa de paginação como o Quark Xpress, algumas fontes do Adobe e uma impressora a *laser*. Sim, eu disse. É possível.

"Vamos fazer uma revista de negócios do Vale do Silício", Tony disse. "As pessoas vão ter que prestar atenção na gente." Ele estava falando sério. Ele me fez projetar alguns leiautes e os levou para seu amigo de infância, um jovem investidor chamado Tim Draper. Tony conseguiu um financiamento de US$ 60.000 com Tim, o bastante para largar seu emprego no Silicon Valley Bank, e um ano depois lançamos a primeira revista de negócios do Vale do Silício, a *Upside*.

Tony era o homem de negócios que levantava financiamento e vendia espaços de propaganda, e eu era o editor e *designer*. Nossa primeira prioridade foi decidir o que a *Upside* devia ser. Meu palpite era de que as revistas de negócios precisavam de um choque. Elas precisavam ser mais empolgantes, captar o risco, a coragem, e a natureza extremamente competitivas das *startups*, do capital de risco, das empresas de investimento, de abrir o capital, de toda a luta frenética por glória e riqueza. *Aha*, pensei um dia. Revistas de negócios deveriam ser mais parecidas com as revistas de esportes. A *Upside*, eu decidi naquela mesma hora, deveria ter a aparência e o texto de uma *Sports Illustrated*.

Naquelas estantes da Ugly, uma dúzia de anos antes, eu tinha lido todos os números atrasados da *Sports Illustrated* desde seu nascimento, em 1954, até os dias atuais, e continuava sendo um fã. Na verdade, eu tinha lido várias edições repetidas vezes, e reparei em algumas coisas. Eu reparei na boa escrita de George Plimpton, Dan Jenkins, Anita Verschoth e Frank Deford. Notei os tipos de fontes e as legendas espertas da *SI*. Notei a excelente fotografia e ilustração. Um dos meus truques favoritos de *design* da *SI* era o seu uso de caricaturas feitas por ilustradores como Arnold Roth e Ronald Searle. Nenhum fotógrafo podia transmitir o suor nervoso de um jogador de golfe tentando acertar uma tacada curva de 1,80 m na descida para ganhar um dos principais torneios, do jeito que um bom caricaturista conseguia. Eu amava caricatura, e senti que ela resolveria um imenso problema para mim na *Upside*. Um dos grandes motivos pelos quais as revistas de negócios não são tão divertidas quanto as esportivas é que a ação dos negócios não ocorre em um estádio, diante de fãs barulhentos e das câmeras de TV. Nos esportes, os momentos cruciais em que uma disputa é vencida ou perdida estão logo ali, para os fãs verem. São observados por cronistas esportivos e registrados por câmeras para a posteridade. Mas, qual é a cara de um movimento crucial em uma negociação? Será quando uma grande venda é fechada ou perdida? Quando um funcionário essencial sai pela porta com todas as melhores ideias em sua cabeça e funda uma empresa concorrente?

O único jeito de mostrar esses momentos de virada, pensei, era permitir que um caricaturista os recriasse. E, então, resolvi que a *Upside* teria o visual e o texto semelhantes aos da *Sports Illustrated*, sem as fotos dos jogos, é claro, mas com todo o resto, inclusive os desenhos e caricaturas contando histórias. Eu sabia exatamente o que queria, porque tinha visto aquilo anos antes, nas prateleiras da Ugly.

Meu palpite sobre a *Upside* estava correto. Um ano depois do lançamento, eu tinha o CEO de aparência pueril da Sun Microsystems na capa, caricaturado como a escultura anatomicamente detalhada de O *Davi*, de Michelangelo. Encomendei um longo artigo investigativo sobre a Oracle, com o fundador Larry Ellison como Gêngis Kan, conspirando com seus senhores de guerra, cabeças decepadas a seus pés. Coloquei o CEO da Apple, John Sculley, como O Pequeno Lord em um cercadinho de areia, com alguém chutando areia sobre ele. Dois anos depois de seu lançamento, todo mundo nas áreas de tecnologia e capital de risco estava prestando atenção nela. Bill Gates, da Microsoft, me deu 4 horas de entrevistas. A *Forbes* cogitou nos comprar. Em vez disso, Steve Forbes me contratou e me deu uma carreira maravilhosa.

No final, minhas muitas horas mergulhado nas estantes de revistas da Ugly não foram desperdiçadas. Elas podem ter arrasado minhas notas, mas, curiosamente, construíram minha carreira.

***

Até aqui, me concentrei nos problemas enfrentados por aqueles que desabrocham tardiamente – ou seja, a tendência crescente de escolas e empresas que supervalorizam as realizações precoces, e consideram o desabrochar tardio como uma reflexão posterior, ou uma deficiência. Esse viés pode ter consequências vitalícias para as pessoas que desabrocham mais tarde. Quando tantas pessoas acreditam ser inferiores com base em algumas medições tacanhas feitas quando elas ainda eram crianças, a sociedade como um todo sofre. Então, vamos nos voltar para o mundo copioso dos pontos fortes de quem desabrocha mais tarde, uma área que não recebe a atenção que merece.

Curiosidade é a primeira vantagem desses indivíduos. Todas as crianças sadias têm curiosidade aos borbotões[153], mas a esteira rolante do gênio precoce nos Estados Unidos não se impressiona com isso. Ela quer que cresçamos depressa e troquemos nossa curiosidade juvenil por um foco resoluto. Ela não quer que saiamos da esteira rolante e façamos desvios ineficazes para visitar, digamos, as pilhas de revistas da biblioteca, quando o custo disso é tirar um B em vez de um A. Ela quer que a gente separe nossos interesses extracurriculares, indo de recreação desfrutável para atividades que demonstrem liderança quando nos candidatarmos a uma faculdade ou um emprego.

Será que os indivíduos que desabrocham mais tarde têm mais curiosidade do que os que desabrocham cedo? As pesquisas não sabem nos dizer, mas empiricamente os tardios parecem reter uma parcela maior de sua curiosidade infantil, exatamente como retêm mais de todos os atributos infantis. A retenção infantil não ajuda os que desabrocham tardiamente logo no começo, e conforme a esteira rolante do sucesso precoce ganha velocidade e primazia como um mecanismo de classificação, a curiosidade infantil se torna um risco aos olhos de administradores escolares e empregadores. Somos treinados a nos afastar das pilhas de revistas e a voltar à mesa de estudo. Somos instados a abafar nossa curiosidade, concentrando-a nos itens básicos essenciais e tomar jeito.

Mas acontece um negócio engraçado durante nossos 20 anos. O córtex pré-frontal do cérebro completa seu desenvolvimento (ver Capítulo 3), e a função executiva começa a se fazer sentir. A impulsividade vai sumindo e nós pensamos mais em consequências de longo prazo. Em resumo, em algum ponto dos nossos 20 anos – no começo deles para alguns, mais para o final no caso de outros – nós nos tornamos reconhecidamente adultos, prontos para lidar com responsabilidades adultas.

Nesse ponto, quem está numa posição melhor para obter o sucesso, a realização, a felicidade e a riqueza? O gênio precoce superastro da esteira rolante que aprendeu a suprimir a curiosidade infantil em favor do foco? Ou a pessoa que desabrochou mais tarde e reteve mais curiosidade infantil e agora, finalmente, tem a função executiva para dar uma direção a essa curiosidade?

Na edição de 2017 da sua lista anual de "100 melhores empresas para se trabalhar", a revista *Fortune* perguntou a vários CEOs que atributos eles mais queriam em seus funcionários. Bill Anderson, da líder em biotecnologia Genentech, optou, inicialmente, por "curiosidade, uma paixão[154] pela área, e o desejo e motivação para realizar algo grandioso". Brad Smith, CEO da Intuit, disse: "Gente que viva os valores de nossa empresa, que trate fracassos como oportunidades de aprendizado, e que lidere com seu quociente emocional e seu quociente de curiosidade, em vez de lidar apenas com seu quociente de inteligência". Os consultores empresariais Michael Hvisdos e Janet Gerhard afirmam que a curiosidade é a "chave ignorada[155]para a inovação empresarial". Em *Inc.*, o consultor global de marketing Don Peppers foi ainda além:

> "As pessoas deveriam considerar[156] uma obrigação moral a curiosidade a respeito das coisas. Não ser curioso não apenas significa ser intelectualmente preguiçoso, mas demonstra um desprezo voluntário pelos fatos. Se você não quer saber a verdade sobre alguma coisa, quão moral você pode afirmar ser?"

A curiosidade, contudo, também é um ato de rebeldia, e como tal requer coragem moral.

A inovação não pode ocorrer em nenhuma área sem curiosidade, e sem inovação, sua empresa pode fechar as portas muito precocemente. Mas ser curioso sobre as coisas representa nada menos do que uma rejeição de seja lá que explicação inadequada existia antes, é uma busca por uma resposta melhor. Por sua própria natureza, a curiosidade demonstra uma independência da mente.

Todo o capítulo, ou o livro, poderiam ser escritos sobre o papel central que a curiosidade desempenha na inovação. Mas a curiosidade também tem outros atributos que melhoram a vida, entre eles a motivação. A revista científica *Cube*, com sede em Londres, afirma que a "curiosidade é um processo cognitivo[157] que leva ao comportamento percebido como motivação. Da perspectiva humana, a relação entre curiosidade e motivação cria um *feedback*; quanto mais curiosa a pessoa fica a respeito de algo, mais motivada ela estará, e quanto mais motivado se está, mais se aprende, e mais curioso se fica". A curiosidade é uma dose de dopamina, diz a *Cube*.

Contudo, ao contrário das drogas que engolimos ou injetamos, a curiosidade é a dose de dopamina que não acaba nunca – e vai melhorando ao longo de nossas vidas. Segundo os Institutos Nacionais de Saúde, a curiosidade tem benefícios duradouros à saúde, desempenhando "um importante papel na manutenção[158] da função cognitiva, saúde mental e na saúde física em adultos mais velhos". Nossa curiosidade infantil, então, acaba sendo um dom imensamente valioso, uma chave para praticamente tudo que vale a pena ter em uma vida longa e que continue a florescer, inclusive a própria capacidade de florescimento. Portanto, para retornar à pergunta que fiz anteriormente: é melhor ser o gênio precoce que foi ensinado a trocar sua curiosidade por foco, depois descobrir no meio dos 20 anos ou mais além que eles (e seus empregadores, assim como todo mundo), que gostaria de ser menos empenhado? Ou será melhor desabrochar tarde, ser ignorado inicialmente, mas reter a curiosidade infantil, depois ser grato por ter um fator X tão potente pelo resto da vida?

***

Compaixão é o segundo ponto forte dos que desabrocham tardiamente, a habilidade de nos colocarmos no lugar dos outros e, fazendo isso, compreender os desafios deles e qual a melhor forma de ajudá-los. A compaixão inclui tolerar sentimentos difíceis. A empatia é a habilidade de sentir as emoções do próximo[159], mas a compaixão vai além da empatia para gerar ações que ajudem o próximo. (Jeff Weiner, CEO do LinkedIn, faz uma distinção semelhante.) Com a empatia, sentimos a dor do outro, e ambos ficamos com essa dor como resultado. Com a compaixão, nós nos envolvemos, expressamos e agimos. Poucos duvidariam da importância da compaixão em nossas vidas públicas e pessoais, especialmente em áreas como saúde, educação e justiça. Entretanto, é muito comum que a compaixão seja sacrificada em nossa corrida para o sucesso precoce. Na batalha feroz pelas pontuações mais altas ou por mais riqueza, muitos de nós perdemos de vista a importância da bondade e da compaixão. Entre universitários[160], a preocupação com o bem-estar dos outros vem despencando desde o início da década de 1990, e está agora no ponto mais baixo dos últimos 30 anos. A esteira rolante para o sucesso precoce criou uma crise de compaixão.

Ao enfrentar os altos e baixos da vida, muitos indivíduos que desabrocham tardiamente ganham um maior senso de compaixão. Eles demonstram mais raciocínio reflexivo[161], menos egocentrismo e um reconhecimento maior dos desafios enfrentados pelos outros — o que os psicólogos chamam de um comportamento pró-social maior. Comportamento pró-social leva a uma compreensão mais profunda de contradições, imperfeições e aspectos negativos da natureza humana, tornando muitos de nós mais clementes, compreensivos e compassivos. Os que desabrocham mais tarde, ao tomar a "rota mais panorâmica" e experimentar os equívocos, obstáculos e hematomas da vida, ganham revelações e perspectivas conectivas. E são motivados a utilizar essas revelações para compreender e auxiliar outrem. A compaixão oferece benefícios para eles mesmos e para as pessoas ao seu redor.

Um pesquisador caracteriza essa evolução baseada na experiência como: uma "redução do egocentrismo"[162]. Daniel Goleman, autor de *Inteligência Emocional* [publicado no Brasil pela Objetiva] chama isso de "ter um horizonte mais amplo"[163]. Independentemente de como você defina, a compaixão aumentada nos abre a possibilidade de compreender melhor as pessoas com quem interagimos, trabalhamos e até lideramos.

A compaixão soa altruísta, mas também oferece muitas vantagens para quem a oferece. Daniel J. Brown, em seu livro *The Boys in the Boat*, de 2013 [publicado no Brasil como *Meninos de Ouro* pela Sextante], conta a história do time de remo norte-americano[164] das Olimpíadas de 1936, composto por oito homens: jovens da era da Depressão da Universidade de Washington, que não era uma potência tradicional do remo, e se uniram em torno de um técnico nada convencional. (O livro lembra o filme *Carruagens de Fogo*, de 1981, sobre um corredor de pista britânico da Universidade de Cambridge que contrata seu próprio técnico, violando um código tácito do esporte amador nos anos 1920.) Na pesquisa para esse livro, Brown descobriu que um dos remadores, Joe Rantz, cresceu em uma família tão pobre que ele foi expulso de casa aos 12 anos – não havia comida suficiente para todos. O menino foi deixado à própria sorte. Brown descobriu isso conversando com a irmã ainda viva de Joe Rantz. Mais de 70 anos depois de Joe ser expulso de casa, sua irmã caiu em soluços ao descrever a dor de vê-lo sair porta afora com apenas um saco de pano com seus pertences.

A história do sofrimento de Joe Rantz se tornou a vertente mais profunda em *Meninos de Ouro*. Como o menino sobreviveu? Quais as cicatrizes emocionais que ele carregou? Como ele aprendeu a confiar de novo e se tornou parte de uma equipe de remo, cuja habilidade necessária é construída à base de confiança, de aprender a remar juntos como uma unidade?

Brown começou a trabalhar em *Meninos de Ouro* quando já saía da casa dos 50 anos, e aos 62 anos o livro foi publicado. Ele chegou à lista de *best-sellers* do *The New York Times*, onde permaneceu por dois anos seguidos. "Eu não poderia ter escrito esse livro com 30 ou 40 anos", disse ele. "Teria sido um livro diferente. Ele não teria tantas camadas." Essas ricas camadas emocionais brotaram de sua compaixão pelo sofrimento do jovem Joe Rantz.

Alguns acreditam, erroneamente, que ter compaixão pelos outros sugere que somos fracos ou excessivamente emocionais. Ela pode oferecer um benefício tangível para artistas e escritores como Brown, dizem, desdenhosamente – gente que ganha a vida recriando a experiência humana –, mas não no mundo cru dos negócios. A realidade, entretanto, é que compaixão é difícil. Requer coragem demonstrar uma compaixão verdadeira com frequência, exige tomar decisões difíceis e encarar duras realidades.

Muitos de nossos líderes mais eficazes – nos negócios, na área militar, na política – têm o tipo de compaixão aumentada que deriva de seguir uma trajetória não convencional. Shimul Melwani, da universidade da Carolina do Norte, descobriu que gestores e empresários compassivos são percebidos como líderes melhores. Líderes compassivos parecem ser mais fortes[165], têm níveis maiores de engajamento e mais gente disposta a segui-los.

Um estilo de gestão que combine compaixão, autenticidade e integridade melhora a retenção de funcionários[166] e o desempenho – fatores que melhoram diretamente os lucros. Um estudo de 2012 descobriu que a liderança compassiva tinha uma correlação direta com uma redução em 27% das licenças médicas[167] e de 46% em aposentadorias por invalidez.

Outra equipe de pesquisa, revisando numerosos estudos de caso, concluiu que "CEOs perspicazes, tolerantes, humanos[168] e práticos geravam um retorno de 758% ao longo de dez anos, contra 128% gerados por aqueles da lista 500 da S&P". Kim Cameron, professor da Universidade de Michigan, explica que líderes compassivos "alcançam níveis consideravelmente mais altos de eficiência organizacional[169] – incluindo aí desempenho financeiro, satisfação do cliente e produtividade".

A compaixão oferece dividendos muito reais. Um benefício de ser alguém que desabrocha mais tarde é que nós conquistamos um senso mais profundo de compaixão – ao longo dos anos de tentativas e erros, enganos e recomeços – que melhora nosso pensamento crítico. Isso nos permite enxergar o quadro maior e tomar decisões melhores. Nos torna artistas mais afiados, líderes melhores e proprietários de negócios mais eficientes. Isso é algo que merece celebração – e algo que mais corporações, departamentos de recursos humanos e organizações fariam bem em ter em mente. Emma Seppälä, autora de *The Happiness Track* [A trilha da felicidade], professa que a "compaixão é boa para os lucros[170], ótima para seus relacionamentos e inspira lealdade duradoura. Além disso, a compaixão estimula sua saúde".

***

Aos 8 anos, Michael Maddaus sofreu um trauma que não é raro nos lares mais pobres. Quando era pequeno em Minneapolis, sua mãe trabalhava em dois empregos como garçonete enquanto a avó cuidava dele. Os três moravam em um apartamento no segundo andar de um prédio residencial de tijolos antigos. A vida já era bem desafiadora, "mas aí a coisa degringolou"[171], diz Maddaus. "Minha avó morreu e nos deixou num vazio. Foi quando meu padrasto chegou, e foi nesse momento que o alcoolismo surgiu."

A mãe dele começou a beber a qualquer hora do dia, ficando deitada por semanas, convocando o filho pequeno a trazer comida e outra bebida. O padrasto ficava sentado na cozinha com um coquetel, olhando pela janela. "Eu tinha perdido minha mãe para essa vida de alcoólatra. Foi quando eu comecei a morar nas ruas e a me meter em encrencas." Como adolescente, Maddaus andava com um grupo que assaltava lojas e roubava carros. Ele foi preso 24 vezes antes de fazer 18 anos.

Rick Ankiel[172], em comparação, levava uma vida perfeita como adolescente. No terceiro ano do ensino médio em St. Lucie, na Flórida, era o astro de seu time de beisebol na posição de lançador. Ganhou 11 jogos e perdeu apenas 1, com uma média de corridas limpas de 0,47. De forma quase inimaginável, ele acertava uma média de 2,2 batidas por entrada, ou 20 eliminações para cada 9 entradas. Em 1997, foi nomeado o jogador do ano no ensino médio pelo *USA Today*. Ao se graduar no ensino médio, o time St. Louis Cardinals o contratou por US$ 2,5 milhões. Nas ligas inferiores, ele foi uma sensação imediata, votado como o melhor jogador da liga inferior em 1999. Aos 20 anos, ele deu um salto para as superiores e se tornou o lançador titular do St. Louis. Ajudou a levar os Cardinals para a disputa da Divisão Nacional da Liga Central, em 2000, e ficou em segundo na votação para o Novato do Ano.

Apesar disso, sua carreira no beisebol desmoronou. Não foi um ferimento, doença ou abuso de drogas que acabou com ele. O que destruiu sua brilhante e jovem carreira como lançador da liga superior foi a enfermidade mais misteriosa de todas. De súbito, não conseguia mais lançar a bola para onde queria que ela fosse.

A espiral descendente começou nas finais de 2000. O gerente do Cardinals, Tony La Russa, escolheu Ankiel para começar o jogo contra o Atlanta Braves. Por duas entradas, ele arremessou com maestria. Na terceira entrada, porém, ele cedeu quatro *walks* (base por bolas), lançou cinco *wild pitches* (arremessos ruins) e cedeu quatro corridas. Ankiel foi o primeiro lançador de liga superior a fazer cinco *wild pitches* (arremessos ruins) em uma entrada desde 1890.

No intervalo pós-temporada, os médicos do time examinaram Ankiel, mas não encontraram nenhuma doença física. Ele começou a temporada de 2001 com a esperança renovada, mas essa esperança logo se dissipou.

Ele continuava a ceder *walks* e a fazer *wild pitches*. Foi transferido do time principal dos Cardinals para as ligas inferiores, onde seus problemas se agravaram. Em apenas 4 1/3 entradas, ele cedeu 17 *walks* e fez 12 *wild pitches*. Os Cardinals jogaram seu prodígio milionário para o último degrau da escada, a liga dos novatos, a mais baixa no beisebol profissional. Rick Ankiel virou uma piada na ESPN e nas rádios esportivas.

Janet Schneider[173] nasceu em uma família operária em South River, Nova Jersey, e foi a primeira da família a frequentar a faculdade. Ela se formou em artes, mas logo se casou, teve dois filhos e se dedicou à educação deles. Aos 30 e poucos anos, decidiu escrever o Grande Romance Americano, mas depois de terminar três manuscritos, ficou desanimada ao descobrir que nenhuma editora os queria. Uma amiga sugeriu que ela tentasse romances de amor. Os dois primeiros não encontraram uma editora. Ela, então, arranjou emprego como digitadora temporária e trabalhou ali por 7 meses, quando descobriu que uma editora tinha comprado seu segundo romance erótico por US$ 2.000. Ela deu a si mesma o pseudônimo de Steffie Hall, porque soava como o nome de uma autora de romances. Janet escreveu mais 11 romances e começou a desfrutar de algum sucesso.

Quando parecia que estava atingindo o sucesso, Janet ficou entediada com o gênero. Escrever cenas clichê de sexo já não lhe interessava mais; ela queria escrever livros policiais e de ação. Sua editora discordou e, assim, Janet, já na casa dos 40 anos, tirou um ano e meio de folga para decifrar como se escrevia um livro policial.

Um adolescente de Taiwan fracassou[174] duas vezes no vestibular, o que decepcionou amargamente o pai dele, um professor universitário. O adolescente estava mais interessado em arte. Depois de completar o serviço militar obrigatório, se mudou para os Estados Unidos e estudou cinema e teatro na Universidade de Illinois em Champaign. Ele queria ser ator. Entretanto, como lutava com a dicção na língua inglesa, voltou sua atenção para a direção de filmes, onde mostrava uma centelha de promessa.

Depois da Universidade de Illinois, ele seguiu sua futura esposa, que estava fazendo pós-graduação em biologia molecular, na Universidade de Nova Yorque. Ali ele se matriculou na Tisch School of the Arts da NYU. Seu talento na direção cinematográfica começou a ser reconhecido e ele ganhou prêmios por dois de seus curtas, *Shades of the Lake* e *Fine Line*. E, então, a William Morris Agency assinou contrato com ele. O novo diretor cinematográfico parecia estar no rumo certo. E, então,... nada. Hollywood, pelo visto, não estava interessada no sujeito de Taiwan, que já não era mais jovem. Aos 36 anos, ele era pai, dono de casa e um cineasta frustrado, enquanto sua mulher sustentava a família com seu emprego de bióloga molecular.

Agora as boas notícias. Essas histórias de fracasso e aparente desespero têm finais mais felizes. Michael Maddaus, o delinquente juvenil de Minneapolis, atualmente é o diretor de cirurgia torácica na Universidade de Minnesota. Rick Ankiel, depois de labutar como a piada nas ligas inferiores de beisebol por vários anos, ressurgiu quase com 30 anos como astro da defesa externa e um rebatedor potente para os St. Louis Cardinals. Janet Evanovich dominou a habilidade de escrever romances policiais durante seus 18 meses afastada das histórias de amor, e se tornou a escritora policial mais bem-sucedida da história nos Estados Unidos, com sua série *best-seller* Stephanie Plum. O taiwanês Ang Lee finalmente conseguiu sua chance aos 36 anos, e como celebrado diretor cinematográfico, seus créditos incluem *O Banquete de Casamento, O Tigre e o Dragão* e *Brokeback Mountain*.

***

O terceiro ponto forte que os indivíduos que desabrocham mais tarde tendem a exibir em abundância é a *resiliência*. Conforme a revista *Psychology Today* define: "resiliência é aquela qualidade inefável[175]que permite a algumas pessoas serem derrubadas pela vida e voltarem mais fortes do que nunca". Morton Shaevitz, um psicólogo clínico na Universidade da Califórnia em San Diego, acrescenta que a resiliência não é uma qualidade passiva, e sim "um processo contínuo de reagir à adversidade com ação coordenada"[176].

As pessoas que desabrocham tardiamente têm mais resiliência do que as que desabrocham cedo? Elas certamente têm mais familiaridade com as adversidades. E com a idade, as pessoas adquirem mais ferramentas e perspectiva para reagir às adversidades e seguir em frente. Adam Grant, professor de administração e psicologia na Wharton School, acredita que, no que diz respeito ao desenvolvimento da resiliência, a regulação de emoções dá às pessoas maduras uma vantagem em comparação às mais jovens: "Existe um conjunto de comportamentos que podem ser aprendidos naturalmente e que contribuem para a resiliência[177]. Esses são os comportamentos para os quais nós gravitamos cada vez mais conforme envelhecemos".

Reestruturar as adversidades nas histórias de vida que contamos a nós mesmos é outra estratégia essencial que as pessoas tendem a aprender ao longo do tempo. Um estudo de Harvard mostrou que estudantes que reconheceram as adversidades que enfrentaram e reestruturaram seus desafios como oportunidades de crescimento, obtiveram um desempenho melhor e mantiveram seus níveis de estresse físico mais baixos do que estudantes que foram treinados para ignorar suas adversidades[178].

Indivíduos que desabrocham cedo desfrutam de muitas vantagens nas sociedades influentes. Mas uma imensa desvantagem que eles enfrentam é que, em razão de sua juventude e suas realizações, eles dão o crédito por seu sucesso a si mesmos, mais do que o resto de nós dá. É compreensível: adolescentes e jovens tendem a ser egocêntricos[179]; é um ponto de passagem necessário na evolução de uma infância centrada nos pais para uma fase adulta independente e madura. O problema surge quando as pessoas que desabrocham cedo enfrentam um obstáculo: ou eles colocam toda a culpa em si mesmos e caem na autocondenação e na paralisia, ou culpam todo mundo, menos eles. Quem desabrocha mais tarde costuma ser mais circunspecto; eles são capazes de ver seus próprios papéis nas adversidades que enfrentam, sem sucumbir à autocondenação ou à transferência de culpa. Carol Dweck, professora de psicologia em Stanford, me disse que seus alunos calouros de 2018 são mais "frágeis"[180] do que os de 2008. Eles são jovens que desabrocharam bem cedo, e fiéis à sua idade e situação elevada, com frequência são bem arrogantes. Mas são o oposto de resilientes. Qualquer lasca retirada de sua autoimagem ameaça despedaçar toda a miragem do *wunderkind*.

Quem desabrocha mais tarde, em termos de resiliência, tem redes de apoio maiores fora de seu próprio círculo. Adolescentes tendem a seguir as direções de seus pares, competindo com eles por *status* social e medindo-se em comparação a eles. Uma perda de *status* pode ser intolerável e talvez permanente dentro de seu círculo social, limitando sua habilidade ou desejo de procurar especialistas em busca de ajuda para encarar uma adversidade. Os que desabrocham mais tarde, nessa mesma situação, tendem a já terem sofrido muitas rejeições sociais e, assim, constroem pontes com comunidades de apoio, obtendo ferramentas que os gênios precoces não tiveram que desenvolver.

***

Entre aqueles que desabrocham cedo e se encontram na esteira rolante para pontuações estratosféricas no SAT, projetos de verão nas Ilhas Galápagos, cartas de admissão para o MIT e Princeton e estágios na Goldman Sachs, não se encontra gente com nomes como Tammie Jo.

Essa Tammie Jo cresceu em um rancho nos arredores de Tularosa[181], Novo México, a cerca de 80 km de Trinity Site, onde a primeira bomba atômica foi testada em julho de 1945. Tularosa, uma cidade seca e varrida pelo vento, tem uma população de 2.900 pessoas e sua estrutura mais alta é um pistache de estuco de 9 metros de altura. Tammie Jo Bonnell frequentou o ensino médio em Tularosa, depois foi para uma faculdade pequena no Kansas, na Universidade Nazarena da América Central. O *U.S. News & World Report* classificou a NNU como a 75ª melhor universidade regional no Centro-Oeste Americano. Ela não faz parte da esteira rolante para o sucesso precoce. Depois de se formar na NNU, Tammie Jo foi para a Universidade do Novo México Ocidental, escondida na obscuridade da ponta mais ao sul da Floresta Nacional Gila. No *ranking* mais recente das 141 universidades regionais do oeste do *U.S. News & World Report*, a WNMU nem constava na lista[182].

A primeira tentativa de Tammie Jo Bonnell para sair dos moldes fracassou. Enquanto ainda estava na NNU, ela se candidatou a entrar para a força aérea e foi recusada. Na WNMU, tentou a marinha e foi aceita na escola para candidatos a oficiais da Naval Air Station Pensacola. E começou a treinar para voar, foi onde descobriu seu dom e sua paixão. Ela começou a desabrochar.

Em *The Right Stuff* [A Coisa Certa, sem tradução no Brasil], de 1979, o livro-marco de Tom Wolfe sobre pilotos de caça e os astronautas originais do Projeto Mercúrio, Wolfe descreveu o "zigurate"[183] ascendente de habilidade e coragem necessário para atingir o pináculo do voo militar, para ser um piloto de caça. Tammie Jo tinha essa habilidade, coragem e disposição, e, eventualmente, se tornou uma das primeiras mulheres a pilotar o jato de caça F/A-18 Hornet. Durante a Guerra do Golfo em 1991, as mulheres não tinham permissão para pilotar em combate, por isso, Tammie Jo teve que se satisfazer em pilotar missões de treino como piloto agressor, envolvendo-se em escaramuças simuladas com os rapazes.

A essa altura talvez você já tenha adivinhado que Tammi Jo Shults, seu nome de casada, é a piloto da Southwest Airlines que ficou famosa em 2018 por aterrissar um avião comercial 737 lotado de passageiros com o motor esquerdo demolido, um buraco aberto na janela do avião e um passageiro mortalmente ferido. O avião da Southwest, com a pressurização comprometida pela janela destroçada, mergulhou de 9.500 metros de altitude para 3.000 metros em menos de 5 minutos; passageiros gritavam e vomitavam. Quando a capitã Shults aterrissou o avião em segurança, a imprensa mundial a aclamou por seu comportamento calmo e seus "nervos de aço"[184] ao longo da emergência em pleno voo. Ela foi comparada a Chesley "Sully" Sullenberger, o piloto da Us Airways que aterrissou um avião comercial no rio Hudson depois de se chocar com uma revoada de pássaros, o que incapacitou os dois motores.

A capitã Shults tinha 56 anos quando executou sua façanha de calma. Sully tinha 58 anos. Suas histórias ilustram outro ponto forte dos que desabrocham mais tarde. A melhor descrição que posso pensar para isso é *equanimidade*. Equanimidade significa "uma calma mental, compostura e uniformidade de temperamento, especialmente em uma situação difícil". Como a equanimidade é um ponto forte de quem desabrocha tarde? Será genuinamente um atributo que melhora com a idade?

Nossos cérebros são levados a buscar a calma conforme envelhecemos. Heidi Grant, psicóloga social da Universidade de Columbia, afirma que a calma é essencial para a felicidade. Conforme envelhecemos, diz ela, "A felicidade se torna menos parecida[185] com a experiência energizante e de total entusiasmo de um adolescente festejando enquanto seus pais estão fora, e mais a experiência tranquila e relaxante de uma mãe exausta de trabalhar que estava sonhando com aquele banho quente de imersão o dia todo. O segundo não é menos 'feliz' do que o primeiro – é uma forma diferente de compreender o que é a felicidade".

Cassie Mogilner, Sepandar Kamvar e Jennifer Aaker, psicólogos da UCLA e de Stanford, relatam que o entusiasmo e a euforia[186] são as emoções que movem o ponteiro da felicidade para as pessoas mais jovens, enquanto a tranquilidade, a calma e o alívio são as que o movem para os mais velhos.

Os estudos já estabeleceram há muito tempo que líderes calmos são mais eficazes. Elizabeth Kirby, uma pós-doutoranda na Universidade da Califórnia em Berkeley, criou o gráfico a seguir para mostrar como o desempenho ótimo rapidamente se degrada[187] quando as emoções correm descontroladas.

Desempenho *versus* Emoção

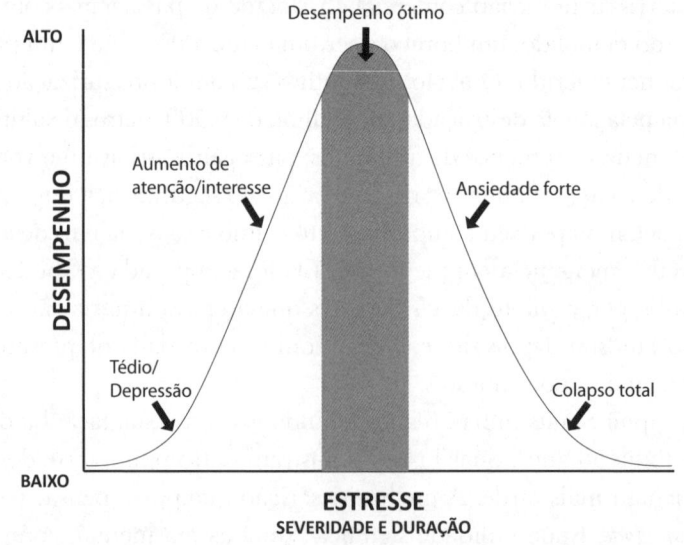

Gráfico em forma de curva (sino) com:
- Eixo vertical: DESEMPENHO (ALTO / BAIXO)
- Eixo horizontal: ESTRESSE (SEVERIDADE E DURAÇÃO)
- Topo da curva: Desempenho ótimo
- Lado esquerdo subindo: Aumento de atenção/interesse
- Lado direito descendo: Ansiedade forte
- Base esquerda: Tédio/Depressão
- Base direita: Colapso total

Travis Bradberry, autor do *best-seller Inteligência Emocional* [publicado no Brasil pela HSM], destaca que resolvemos melhor os problemas quando estamos calmos – e somos melhores ouvintes também[188]. O ex-fuzileiro naval Brent Gleeson diz que, sob condições de estresse[189], as pessoas gravitam para o líder calmo. Esses benefícios não são surpreendentes. A equanimidade se iguala a calma mental, compostura e uniformidade de temperamento. É uma mente em equilíbrio. Isso é uma vantagem para qualquer líder, piloto, fuzileiro naval ou pessoa sob pressão extrema – é uma vantagem que nós, que desabrochamos mais tarde, desenvolvemos naturalmente.

***

Pelos padrões convencionais[190], o técnico de futebol de 36 anos tinha feito uma escolha estúpida na carreira. No ano anterior, ele havia sido técnico dos *running backs* (jogadores de ataque) dos Oakland Raiders, mas sempre quis ser o técnico principal. E agora, finalmente, ele era o técnico principal, mas seu time não estava na Liga de Futebol Nacional (NFL). Em vez disso, estava em uma liga semiprofissional recheada de astros do ensino médio que tinham atingido o auge cedo e nunca se sobressaíram na faculdade. A maioria dos jogadores do San Jose Apaches ganhava 50 dólares por jogo e complementava sua renda como professores de educação física, vendedores de seguros, operários na construção civil e seguranças de bar. Os Apaches jogavam em um campo oferecido por uma faculdade júnior, contra times como: o Sacramento Buccaneers, o Eugene Bombers e o Victoria B. C. Steelers. A liga da Costa Oeste na qual jogavam tinha cheiro de joelheiras usadas e candidatos descartados.

Os Apaches treinavam em um campo empelotado em San Jose, perto de um ginásio de ensino médio. Certo dia, no final de um treino, o técnico dos Apaches passou perto do ginásio, ouviu gritos e um assovio e entrou. A equipe de basquete do ensino médio estava no meio de um treino usando a quadra inteira. O treinador dos Apaches, levemente intrigado, se sentou nas arquibancadas.

No basquete, um trabalho de pressão na quadra toda é uma estratégia agressiva, em que o time que estiver na defesa tenta evitar que a equipe oposta receba a bola e a passe da linha que assinala a metade da quadra. A pressão começa intimidando o jogador que vai passar a bola ao movimentar os braços na frente dele. Se o passe ainda assim é bem-sucedido, a pressão prossegue, com os jogadores da defesa tentando prender o atacante com a bola atrás da linha do meio da quadra. Essa estratégia de pressão na quadra toda é física e mentalmente exaustiva. Geralmente, apenas equipes que estão perdendo no final de um jogo tentam aplicá-la como meio de forçar a roubada de bola.

Às vezes, ela funciona por causar pânico. Mas um ataque que esteja preparado para a pressão na quadra toda, geralmente, derrota essa estratégia, usando bloqueios e tocos para criar e uma abertura para passar a bola para outro jogador. O técnico de futebol americano dos Apaches sentado nas arquibancadas assistiu ao treino de pressão na quadra toda com interesse, percebendo algo novo, porém familiar. Uma revelação saltou a seus olhos: e se fosse possível criar um passe *no futebol americano*, que operasse como um time de basquete tentando passar a bola contra uma pressão de quadra toda?

Foi assim que Bill Walsh germinou a ideia para a maior revolução do futebol americano profissional dos últimos 50 anos: o chamado ataque de alto percentual da Costa Oeste, passes curtos que espalham o ataque por todo o campo. Quinze anos depois daquela revelação no ginásio, Walsh a empregou para vencer o Super Bowl, com um *quarterback* magrelo que alcançou a excelência esportiva primeiro como jogador de basquete. Ele se chamava Joe Montana, e a equipe vencedora era o San Francisco 49ers.

Bill Walsh foi um indivíduo que floresceu mais tarde, talvez o maior exemplo na história dos técnicos esportivos profissionais. Sua maior força – é uma que está disponível, especialmente, para os que desabrocham mais tarde – foi a *percepção*.

O que é a percepção? Na crença popular, a percepção chega com um lampejo súbito de revelação, como aparentemente ocorreu com Walsh naquele ginásio de ensino médio. Porém, a percepção é mais do que uma nova revelação, chegando a ser um momento de gênio. De fato, nossas percepções são o resultado de nossa biblioteca mental cheia de experiências, padrões e contexto, convertendo-se em uma ideia de valor extraordinário. Para uma explicação mais completa, vamos nos voltar para Elkhonon Goldberg, o neurocientista e neuropsicólogo de 72 anos da NYU.

Em seu livro de 2018, *Criatividade*, Goldberg desmascarou a noção popular de que a criatividade reside no hemisfério direito do cérebro (enquanto o hemisfério esquerdo é um repositório para o raciocínio). A história real é mais complicada e interligada. O hemisfério direito amadurece na infância; o desenvolvimento do esquerdo é consistente com o desenvolvimento do córtex pré-frontal, que só se encontra totalmente maduro por volta dos 25 anos, segundo a estimativa de alguns cientistas, e "entre os 30 e 35 anos aproximadamente"[191] segundo a experiência de Goldberg. O hemisfério direito é o lar do reconhecimento visual e da habilidade de processar novidades; o hemisfério esquerdo arquiva memórias, padrões e linguagem. O esquerdo também é "gerador" – ele pode criar o que Goldberg chama de "memórias do futuro", imaginando novas coisas a partir de padrões já existentes. A linguagem em si é geradora. Um escritor pode criar uma história a partir de letras, palavras e estrutura gramatical, mesmo que não exista nenhuma memória da história no cérebro.

Entretanto, embora o lado esquerdo possa criar coisas novas a partir de memórias e padrões já existentes, as novidades só podem ser compreendidas pelo lado direito. Como, então, o cérebro processa e prioriza as novidades? O que acontece a uma nova percepção depois de ser percebida pelo hemisfério direito? Goldberg acredita que uma rede intercerebral intermedia os hemisférios esquerdo e direito; ele a chama de "rede saliente". O que a saliência faz é ajudar o cérebro esquerdo a atribuir importância às novas percepções recebidas. (Para compreender como isso acontece, vale a pena ler as descobertas que Goldberg apresenta em *Criatividade*.)

O que fica implícito no trabalho de Goldberg está muito claro. Conforme envelhecemos, nossos cérebros se tornam juízes mais astutos de que novas percepções são realmente úteis para nós, à medida em que elas são priorizadas pela nossa rede saliente na comunicação incessante entre os hemisférios direito e esquerdo. Nossos cérebros analisam tudo o que sabemos – nossa biblioteca mental de memórias e padrões – para nos ajudar a priorizar essas percepções. Em outras palavras, crianças, adolescentes e jovens podem ter mais percepções novas do que terão posteriormente na vida, mas sua habilidade para discernir quais novas percepções são úteis ou salientes, e quais são apenas efêmeras e divertidas, não está plenamente desenvolvida ainda. Solte uma criança de 6 anos na Disneylândia para ver como isso funciona; enquanto isso, a mãe e o pai dessa criança estão olhando para o mapa da Disneylândia, calculando a rota mais eficiente pelo parque e julgando que passeios e áreas temáticas têm mais probabilidade de interessar às crianças.

Na época em que estava lendo os números antigos da *Sports Illustrated* nas estantes da Ugly, a imersão me fez mais mal do que bem, já que me afastou de meus estudos. E minhas notas sofreram como consequência. Somente após 12 anos que eu tirei uma revelação valiosa de minhas lembranças queridas do tempo "desperdiçado" nas estantes. Por que isso levou tanto tempo? Nesse ínterim, aprendi um pouco sobre o Vale do Silício e o mundo turbulento e confuso das *startups*, as rodadas de capital de risco, e os caminhos para as ofertas públicas iniciais. Também aprendi um pouco sobre revistas de negócios. De fato, eu concluí que a maioria delas era entediante.

Aquela revelação – de projetar uma revista de negócios para parecer e ter uma leitura semelhante à de uma revista esportiva – me ocorreu apenas quando uma memória antiga da *Sports Illustrated* foi comparada com as percepções e experiências mais recentes. Como um contador de histórias, consegui utilizar os poderes geradores do cérebro esquerdo e criar uma "memória futura" de uma revista de negócios que tivesse a aparência e texto semelhantes aos da *Sports Illustrated*.

Assim, será a percepção um ponto forte dos que desabrocham tardiamente? Embora as pessoas que desabrocham cedo, desde Mozart até Mark Zuckerberg, podem ter (e têm) revelações valiosas, a conversão das novas percepções em revelações úteis tende a aumentar conforme nosso hemisfério esquerdo amadurece. Noutras palavras, nossa produção de revelações úteis melhora com a idade, dando uma vantagem distinta aos que desabrocham mais tarde. É por isso que acredito que a percepção seja outro ponto forte e fundamental desses indivíduos.

***

Por muito tempo, e em todas as culturas, a *sabedoria* tem sido considerada o ponto mais alto da conquista humana. Desde a antiguidade, esse elusivo conceito tem figurado com destaque em textos filosóficos e religiosos. Na verdade, a palavra grega *filosofia* significa "amor pela sabedoria". Séculos antes da antiga cultura grega, as tradições religiosas da Índia e da China – hinduísmo, budismo e taoísmo – contemplavam a ideia da sabedoria, enfatizando a noção de equilíbrio emocional. E, ainda assim, continuamos a questionar: o que, exatamente, é a sabedoria? E a isso eu acrescentaria: *como a sabedoria se manifesta nas pessoas que desabrocham mais tarde?*

A despeito do fascínio da humanidade pela sabedoria, ela apenas se tornou um objeto de estudo empírico há 40 anos. Como mestranda nos anos 1970, Vivian Clayton – uma neuropsicóloga em Orinda, Califórnia – começou a estudar a literatura antiga e moderna num esforço para quantificar e definir a sabedoria[192]. Seu estudo a levou a pensar na sabedoria como um comportamento ponderado, usualmente envolvendo situações sociais. Ela depois refinou essa ideia de sabedoria para incluir o comportamento nascido do conhecimento e inserido com ponderação e compaixão. Seus primeiros trabalhos têm servido como base para pesquisas subsequentes sobre a questão da sabedoria.

Nos anos 1980, outros psicólogos começaram a abordar a sabedoria e sua aplicação na vida. Muitos especularam que nós obtemos a sabedoria através da experiência de vida, associando-a com o envelhecimento. Também nos anos 1980, os psicólogos alemães Paul Baltes e Ursula Staudinger, começaram o Projeto Sabedoria Berlim, um esforço pioneiro para decifrar a natureza da sabedoria. Staudinger, que atualmente é diretora do Centro Columbia para o Envelhecimento. Robert N. Butler, da Universidade de Columbia, disse que o projeto cresceu de "um interesse na sabedoria[193] [como] um ponto final no desenvolvimento humano". O projeto veio a definir a sabedoria como "um sistema de conhecimento especializado, no que diz respeito à pragmática fundamental da vida".

O recente tesouro de pesquisas acadêmicas sobre a sabedoria ecoa o que Julie Sweet, líder empresarial e CEO da Accenture North America, me disse em 2018: "Grandes executivos sabem como[194] gerenciar a ambiguidade". Isso, para mim, funciona soberbamente como uma definição de sabedoria.

A sabedoria, segundo atestam as extensas pesquisas, não é algo com que nascemos ou que se desenvolva em poucos anos. Ela não vem com a pontuação perfeita no SAT ou com a graduação em uma universidade de elite. E para a amolação da sociedade moderna, não vem de uma conta bancária na casa dos milhões, e muito menos com uma multidão de seguidores no Instagram.

Em vez disso, a sabedoria emerge através[195] de um padrão complexo de características pessoais e traços de experiências, que se aglutinam conforme superamos os desafios da vida. Ela vem de anos de altos e baixos. Acumula-se ao longo de uma vida enfrentando novos desafios. Ela reúne a soma de nossos conhecimentos, experiências e intuição. Como me disse o escritor Daniel J. Brown, sabedoria é a capacidade de enxergar as camadas da vida que são mais difíceis de dividir quando se é mais jovem.

A sabedoria *aumenta* com a idade e a experiência, em vez de diminuir. Embora nossa velocidade cognitiva pura possa se deteriorar, assegura Staudinger, "o que não diminui[196] é o raciocínio e cognição baseados em conhecimento e experiência". E, talvez, essa seja a definição perfeita de sabedoria: raciocínio e cognição baseados em conhecimento e experiência.

A pesquisa sobre a sabedoria ao longo dos últimos anos, revelou que pessoas de meia-idade são muito mais especializadas em várias interações sociais – como julgar as intenções reais de terceiros e moderar as reações emocionais – do que as pessoas mais jovens. Isso atinge seu ápice entre os 40 e os 50 anos, para permanecer em platô elevado até os últimos anos de vida. Essa especialização induzida pela experiência traz consigo vários benefícios comprovados, entre eles a habilidade de tomar decisões melhores, um foco aumentado no lado positivo, melhor habilidade para lidar com as situações, um senso de equanimidade ampliado e a habilidade de interpretar padrões de forma mais rápida e apurada.

Faz sentido que quanto mais informações temos guardadas em nosso cérebro, mais facilmente possamos detectar padrões familiares. Ao contrário de ideias comuns sobre envelhecimento e criatividade, muitos adultos mais velhos discernem padrões mais depressa, determinando o que é importante e o que é trivial, saltando, em seguida, para a solução lógica. Elkhonon Goldberg, o neurocientista da NYU, já disse que os cérebros mais velhos desenvolvem "modelos cognitivos"[197] baseados em reconhecimento de padrões e formam a base para um comportamento sábio e para tomar melhores decisões.

Segundo ele observou em *The Wisdom Paradox*, Goldberg começou a perceber que, conforme envelhecia, ficava cada vez mais hábil em um tipo de "mágica mental". "Algo deveras intrigante estava acontecendo em minha mente, algo que não acontecia antes", escreveu ele. "Frequentemente, quando eu me deparo com o que pareceria um problema desafiador para alguém de fora, a excruciante computação mental de alguma forma é contornada, tornando-se, como se por mágica, desnecessária. A solução surge sem esforço, intuitivamente, e, aparentemente, por conta própria. Eu pareço ter ganhado uma capacidade para revelações instantâneas, quase injustamente fáceis. Seria isso, por acaso, aquele cobiçado atributo: – a sabedoria?"

Thomas Hess, psicólogo na Universidade Estadual da Carolina do Norte, fez vários estudos em "especialização social"[198]. Com base em como interpretamos eventos no mundo social, a especialização social parece atingir seu pico na meia-idade, quando somos muito melhores do que os mais jovens em julgar o caráter dos outros e em decifrar experiências sociais. Nossos cérebros, ao longo de anos construindo conexões, se tornam excepcionais em reconhecer padrões, mesmo que vagamente similares, e em chegar às conclusões apropriadas. "É atordoante como[199] o cérebro pode reconhecer bem os padrões", comentou John Gabrieli, um neurocientista do MIT. "E particularmente na meia-idade, temos pequenos declínios, mas temos ganhos imensos" em nossa habilidade de enxergar conexões.

Conforme envelhecemos, coletamos e armazenamos informações. Isto é, o contrário de uma "memória confusa", é parte do motivo para levarmos mais tempo para lembrar de alguns fatos. Nós simplesmente temos mais coisas para lembrar. Pessoas mais velhas têm muito mais informações em seus cérebros do que as mais jovens, de modo que recuperá-las naturalmente leva mais tempo. Some-se a isso a qualidade da informação nos cérebros das pessoas mais velhas, dos quais possuem mais nuances. Enquanto os mais jovens se sobressaem em testes de velocidade cognitiva, um estudo descobriu que as pessoas mais velhas demonstram "mais sensibilidade a diferenças sutis"[200].

Considerando a celebração que nossa cultura *wunderkind* faz da supremacia cognitiva dos que florescem mais cedo, é justo perguntar de onde vêm essas vantagens de quem desabrocha mais tarde. Como os pesquisadores descobriram, um neurocircuito específico de sabedoria[201] pode se desenvolver ao longo de anos de experiência. Dilip Jeste, diretor do Instituto Sam e Rose Stein de Pesquisas sobre o Envelhecimento na Universidade da Califórnia em San Diego passou décadas pesquisando o envelhecimento cognitivo e o desenvolvimento da sabedoria. O córtex pré-frontal do cérebro, especula-se, pode ser parte de uma rede de regiões do cérebro responsáveis pela sabedoria.

Para compreender a sabedoria e seus possíveis fundamentos neurológicos, Jeste e seus colegas primeiro fizeram uma extensa pesquisa da literatura existente sobre a sabedoria e suas definições. Em seguida, reuniram as opiniões de especialistas em uma lista de características da "sabedoria". Por intermédio desse trabalho, identificaram seis componentes da sabedoria, entre eles: um conhecimento pragmático da vida; a habilidade para regular emoções; comportamento pró-social, o que implica em compaixão, altruísmo e empatia; e conhecer os próprios pontos fortes e limitações. Depois, a equipe de Jeste observou estudos com imagens do cérebro, genética, neuroquímica e neuropatologia mirando os componentes individuais da sabedoria.

As provas são convincentes. "Com base em todos esses estudos, com imagens do cérebro, sugerimos que exista um neurocircuito da sabedoria", disse Jeste. O circuito envolve diferentes partes do córtex pré-frontal (que controla nossas funções mais elevadas), o cingulado anterior (que mede conflitos entre partes do córtex pré-frontal) e o estriado com amídala (parte do circuito de recompensa). A sabedoria, diz Jeste, vem de um equilíbrio de atividade nessas regiões. "De alguma forma, a sabedoria é equilíbrio. Se você for muito pró-social, e der tudo para as outras pessoas, você não vai sobreviver. Mas é claro, se você não der nada para os outros, a espécie não vai sobreviver. É preciso ter equilíbrio."

Por que a sabedoria cresce com a idade? O processo do envelhecimento é associado a uma alteração na atividade cerebral. Considere algo chamado Redução de Assimetria Hemisférica em Adultos Mais Velhos[202] (HAROLD, em inglês), a metade do córtex pré-frontal que é menos ativa na juventude aumenta em atividade conforme envelhecemos. Isso, por sua vez, aumenta a atividade geral no córtex pré-frontal. E adultos mais velhos tendem a usar ambos os hemisférios do cérebro – algo chamado bilateralização – para tarefas que ativam apenas um hemisfério em adultos mais jovens[203]. Os adultos mais velhos[204] com melhor desempenho têm mais probabilidade de exibir bilateralização. Adicionalmente, durante a meia-idade a atividade se transfere dos lobos occipitais, que regulam o processamento sensorial, para o córtex pré-frontal, que controla funções cerebrais mais elevadas como o cálculo de probabilidades, a regulação de emoções e a imposição de metas. Pesquisadores chamaram essas mudanças e o equilíbrio aumentado de "integração cerebral"[205].

Um dos pesquisadores mais apaixonados da sabedoria é George Bartzokis, neurocientista da UCLA. E acredita que a integração cerebral – e o aumento em julgamento, especialização e sabedoria, que decorre dela – acontece naturalmente conforme passamos para a meia-idade. Quando envelhecemos, perdemos massa cinzenta e ganhamos massa branca. Embora a massa cinzenta – que compõe as redes cognitivas básicas – seja crucial, a massa branca – que mantém as redes juntas – pode ser o que nos dá a verdadeira vantagem. Muitos pesquisadores, Bartzokis incluso, acreditam que é nossa quantidade de massa branca que nos permite desenvolver habilidades complexas como a da linguagem. Ela é composta de mielina, o gorduroso revestimento externo de trilhões de fibras nervosas. A massa branca age como isolamento em um fio, fazendo as conexões neurológicas funcionarem com mais eficiência.

Bartzokis crê que seja a mielina que aumenta na meia-idade. Depois de escanear os cérebros de 70 homens de idades entre 19 e 76 anos, ele descobriu que em duas áreas do cérebro, os lobos frontais e os temporais, a mielina continua a aumentar bem depois do início da meia-idade. Esse isolamento, segundo Bartzokis, dá ao cérebro "uma banda mais larga". Ele acrescentou: "Eu mesmo estou com 50 anos, e percebo que vejo as coisas com uma visão muito mais ampla. Eu vejo o quadro geral muito mais facilmente. Essa é a formidável, a incrível maturidade do cérebro na meia-idade. Isso é sabedoria."

Há muito suspeitávamos que a idade, o desenvolvimento neurológico e a sabedoria estivessem conectados, mas só agora estamos demonstrando isso na ciência. Existe um motivo para que as empresas de aluguel de carros relutem em alugar para adultos com menos de 25 anos. Existe um motivo para a Constituição dos Estados Unidos ditar que você deve ter ao menos 35 anos para ser presidente. Mesmo dois séculos atrás, os fundadores da nação compreendiam o valor de um cérebro mais velho e mais sábio.

Uma última boa notícia vinda das pesquisas para os que desabrocham mais tarde: o desenvolvimento da sabedoria não tem nada a ver com o desabrochar precoce tão cobiçado pela sociedade. Monika Ardelt, pesquisadora da sabedoria da Universidade da Flórida, criou a hipótese de que as características da personalidade madura no início da fase adulta teriam um impacto positivo no grau de sabedoria dessa pessoa ao atingir a terceira idade. Seu estudo longitudinal mostrou que ela estava enganada: a maturidade precoce – ou o desabrochar precoce – não tem nenhuma relação com a maturidade[206] e a sabedoria dos adultos mais velhos. A sabedoria, no final, não é herdada. É conquistada.

***

Embora a cultura *wunderkind* atual favoreça os que desabrocham cedo e pareça criar barreiras desnecessárias para os que desabrocham mais tarde, na verdade nós, da turma tardia, temos nossos próprios pontos fortes incríveis que levam ao sucesso e à realização. E essas qualidades – curiosidade, compaixão, resiliência, equanimidade, percepção e sabedoria – são conferidas apenas pelo tempo.

Por necessidade, nós que desabrochamos depois, estamos numa trajetória diferente e mais desafiadora. Enquanto vagamos pela vida, encontramos obstáculos como a pressão pela conformidade, a opressão do pensamento grupal, e as dores da insegurança. Porém, como aprenderemos ao longo deste livro, em todos esses desafios, como encontramos nosso tesouro escondido e descobrimos nossa individualidade? Vemos que um caminho para a excelência, para alcançar nosso potencial verdadeiro, está disponível para todos nós. Dentro desses desafios jaz o nosso poder verdadeiro, nossos talentos encobertos e vantagens secretas como indivíduos de um desabrochar mais lento.

Nós descobriremos tudo isso... com um pouquinho de paciência.

Capítulo 5

Crie sua própria cultura saudável

A mania pelo desabrochar precoce, com sua definição cada dia mais estreita de sucesso, tem suas raízes na testagem de QI e nas eras da administração científica do início do século XX (ver Capítulo 2). No entanto, nossa obsessão moderna com essa questão nasceu durante os anos 1980, com o *boom* do computador pessoal e a chegada de heróis ainda na casa dos 20 anos, como Bill Gates e Steve Jobs, os quais derrubaram a velha guarda e enriqueceram extremamente rápido.

Enquanto Jobs parecia um Messias glamuroso para os observadores, Gates era o típico estereótipo do *nerd*. O jovem cofundador da Microsoft tinha crescido em subúrbios elegantes de Seattle, era socialmente conectado e, enquanto frequentava a escola particular Lakeside Prep, pontuou 800 no SAT de matemática (e 790 na parte escrita), e assim, obteve as melhores notas. Por diversão, à noite e nos finais de semana Gates passava centenas de horas em um laboratório de computação da Universidade de Washington, do outro lado do lago, em frente à sua casa. Lá escreveu um *software* para coletar dados de tráfego e também invadiu os históricos de notas da Lakeside Prep. Ele estava praticamente destinado a entrar em Harvard, e para lá ele foi. Seu único ato de rebeldia quando jovem foi deixar Harvard um ano antes do que deveria e cofundar a Microsoft, em 1975. Em duas décadas, Gates estaria entre as pessoas mais ricas do mundo.

Steve Jobs deu ao mundo produtos mágicos, mas Gates nos deixou com um mapa que diz: *Aqui está o que você deve fazer para se tornar bem-sucedido muito cedo. Arrase nos SAT, brilhe nas notas e se sobressaia em um projeto extracurricular.* A cultura algorítmica e hipermeritocrática em que vivemos hoje é a cultura de Bill Gates. Se Steve Jobs aspirava deixar sua marca no universo, Bill Gates realmente conseguiu, dobrando a forma como a sociedade percebe o sucesso e os marcos para jovens. Se quisermos fazer um grande sucesso, e desejamos que nossos filhos também o façam, Gates nos mostrou como chegar lá.

Mais do que Jobs – mais do que qualquer político ou figura *pop* –, Gates ajudou a moldar o *zeitgeist* de hoje, literalmente, o espírito de nossa era. A obsessão com a realização precoce e mensurável é uma parte imensa de nossa cultura. Assim, vamos agora examinar essa cultura, porque ela nos encoraja a nos conformar e, como isso, afeta nossas percepções dos indivíduos que desabrocham mais tarde.

* * *

Nossa cultura – a influência de nossa família, pares e sociedade – pode nos elevar, nos derrubar, celebrar nossos esforços ou nos manter empacados. Usualmente, ela faz tudo isso. Nossa cultura também nos transmite expectativas. Podemos não as perceber no nível consciente, mas elas podem moldar nosso pensamento e comportamento por décadas. Essas expectativas são ditas e tácitas, amiúde comunicadas de formas sutis. Elas têm um impacto inegável em como nos vemos e o que imaginamos ser possível.

Para os que desabrocham tardiamente, a cultura é uma questão séria, e eis o porquê: se achamos que não desabrochamos por completo ainda – ou seja, ainda não descobrimos nosso destino e realizamos nosso potencial –, então devemos examinar nossas influências culturais para ver se algumas delas estão nos atrasando. Eu já identifiquei um míssil apontado diretamente para os indivíduos que demoram a desabrochar: a insistência da sociedade na realização precoce. Vamos analisar outras influências culturais que ajudam a moldar quem somos agora e o que podemos nos tornar.

Nossas impressões culturais começam com nossas famílias. Até as melhores famílias podem introduzir normas que causam tanto mal quanto bem. Esse foi o caso de Erik Wahl, um artista performático conhecido mundialmente. Segundo ele conta, os valores familiares e culturais que o pressionaram a ser bem-sucedido ainda jovem acabaram saindo pela culatra. Eles o levaram à beira do desastre.

"Eu fui criado em um sistema de meritocracia[207], realização e sucesso. A mensagem enquanto eu crescia era: tire notas boas. Notas *perfeitas*. Entre em uma faculdade de elite. Arranje um emprego fantástico. Ganhe muito dinheiro. Seja um homem importante.

Logo que saí da faculdade, comecei a trabalhar para uma agência de entretenimento que agendava artistas e alguns palestrantes. Assim, se uma feira de comércio quisesse contratar Mariah Carey ou os Beach Boys, eu fazia a intermediação. Virei sócio da empresa em um ano. Era jovem, empolgado e estava com a corda toda.

E aí veio a crise. As empresas pararam de contratar artistas para feiras de comércio. Em poucas semanas, eu perdi tudo o que tinha..., tudo pelo que tinha trabalhado tanto e no que havia depositado toda minha identidade. Tinha 30 anos e nenhuma realização para mostrar.

Me senti humilhado, envergonhado e inútil. Eu não queria sair em público, também não sabia o que queria fazer com o resto da minha vida. Apenas me encolhia no canto do meu banheiro, chorando.

Tive que encarar os fatos. Meu antigo sistema de crenças não funcionava mais. Tive que descobrir outro caminho. Fui criado pelos meus pais e minha cultura para acreditar que: quando as coisas ficam duras, os durões se viram. Mas isso não estava funcionando para mim. E fiquei furioso. Furioso com o mundo dos negócios. Furioso com os analistas de ações que não tinham previsto isso. Furioso com tudo ao meu redor que estivesse associado a dinheiro. Eu havia depositado tanta fé e tanta confiança nesse conceito de dinheiro e riqueza, e isso tinha me decepcionado por completo.

Desde então, tive muitas conversas com gente que sofreu contratempos. O meu calhou de ser financeiro, mas algumas pessoas passam por contratempos em seus relacionamentos, outros na saúde, onde são abalados com algo tão substancial que procuram por qualquer coisa para amortecer a dor. Existem muitos rumos nocivos que poderia ter seguido para isolar a dor.

Eu entendo. Entendo por que a dor é esmagadora demais, e por que nós voltamos para distrações que nos entorpecem. Tive sorte. Minha solução, por acaso, foi a arte. Eu saí e passei algum tempo com artistas.

Acho que me voltei para a arte porque era o oposto dos negócios. Artistas, filósofos e livres-pensadores não são apegados a posses materiais e coisas desse mundo. Eu só queria ir passar meu tempo com eles. E, enquanto fazia isso, fiquei fascinado com seus pontos de vista, fiquei fascinado com seus talentos. Descobri que tinha que fazer isso.

No começo, minhas pinturas eram ruins em comparação com esses outros artistas, que vinham praticando há muito mais tempo. Mas aprendi muito rapidamente os elementos do desenho de modelo vivo, sombreado, equilíbrio e valor. Foi como se um mundo novo tivesse se aberto para mim. E comecei a ver tudo de novo pela primeira vez.

Todas as coisas que eu tinha ignorado na minha vida, porque estava trabalhando para ganhar mais dinheiro, subitamente comecei a ver com outros olhos. Meu novo mundo girava em torno da beleza, pores do sol, flores, cores e luz. Todas essas coisas realmente se abriram para mim pela primeira vez, quando realmente as vi.

A cultura em que Erik cresceu o orientou para o sucesso e a riqueza precoces. Mas a pressão para se conformar o distanciou de seus dons mais elevados e acabou lhe trazendo sofrimento. Depois de sua crise, sua reavaliação dos valores culturais o levou a atravessar um campo minado emocional, mas foi algo que ele precisava fazer, e ele conseguiu chegar ao outro lado. Curiosamente, Erik ganha mais dinheiro agora como artista performático do que ganhava quando era empresário e investidor.

Se ainda não desabrochamos em nosso potencial pleno, ou se sentimos que estamos no caminho errado, é natural perguntar o porquê. Natural, mas difícil. Quem quer lançar um olhar crítico às normas sociais para ver o que poderia estar sabotando nossas oportunidades para florescer? Quem quer considerar como nossos próprios pais, amigos e professores podem ter nos colocado em uma caixinha onde era impossível desabrochar? Entretanto, evitar discutir a cultura em nossas vidas é nos desviar de uma das forças mais intensas a moldar nossas crenças, nossas naturezas e nossos destinos. Assim, vamos tentar identificar e refletir sobre essas expectativas culturais que podem estar nos impedindo de florescer. Minha intenção é me concentrar em como a nossa cultura – a soma de família, comunidade e sociedade – molda nossas jornadas individuais.

***

O primeiro nível de cultura que encontramos é a família. Embora alguns desafortunados sofram uma vida doméstica de pobreza, negligência ou abuso, a maioria de nós cresceu em famílias que não eram perfeitas, mas também não eram horríveis. Elas eram funcionais e solidárias ao mesmo tempo em que nutriam ao menos algumas qualidades nada úteis: pensamento irracional, vieses tacanhos, sistemas de crença nocivos e equívocos parentais.

Meus próprios pais tiveram educação universitária, mas tinham também graves pontos cegos. O ponto forte de minha mãe era a empatia, mas não o raciocínio. Apesar de ter sido a oradora da turma no ensino médio e ser filha de um professor de cálculo, mamãe ainda assim era atraída para explicações loucamente místicas de coisas e eventos. Quando ouvia cascos, ela pensava em zebras, não em cavalos. Meu pai foi um atleta incrível no ensino médio que se tornou professor de educação física, treinador e diretor de atletismo do ensino médio. Ele era o rei dos esportes do ensino médio na minha cidade e no estado, mas não sabia nada sobre negócios e ficava intimidado pelos homens financeiramente bem-sucedidos da cidade. Eu podia ver seu desconforto perto de médicos, advogados, donos de concessionárias, petroleiros e dos membros do *Country Club*. Eu só processaria o significado disso mais tarde, mas agora posso ver que o misticismo irracional de minha mãe e a ansiedade que o *status* gerava em meu pai eram forças de ignorância em uma família que, tirando isso, era amorosa e cuidadora. Meu próprio desabrochar tardio se deve em parte a, simplesmente, não entender o que não sabia – e, realmente, na época, não tinha nenhum motivo para que eu soubesse. Muitos de nós crescem com vãos similares no conhecimento.

Para florescer totalmente, devemos declarar independência de nossas famílias. Isso não significa que devemos rejeitar seu amor, dar as costas à influência deles ou nos rebelarmos contra suas expectativas. Significa apenas que devemos tirar nossas próprias conclusões sobre o que apoia ou não o nosso desabrochar. Lealdade à família é uma coisa. Conformar-se cegamente às expectativas familiares é outra e, provavelmente, nos impedirá de realizar nosso potencial. Dito isto, declarar uma independência verdadeira de nossas famílias não é fácil.

Nossas famílias são nossos primeiros professores das normas culturais. Nossos pais desempenham um papel fundamental[208] em nos ensinar sobre o mundo lá fora e como nos relacionarmos com ele. Eles nos ajudam a formar nossas identidades tanto como indivíduos quanto como membros de um grupo. Moldam nossas expectativas a respeito do mundo e nos mostram como agir, e influenciam nossas prioridades e nossas decisões sobre faculdade, carreira, amigos e cônjuge. Algumas famílias encorajam uma vasta gama de futuros possíveis, outras não.

O diretor cinematográfico Robert Zemeckis, cujos créditos incluem *De Volta Para o Futuro* e *Forrest Gump*, cresceu em uma família operária no South Side de Chicago. Quando tinha 12 anos, ele contou aos pais sobre seu desejo de estar nos filmes algum dia. Pode-se imaginá-lo como um menino despejando seus sonhos. A reação de seus pais, porém, foi menos do que entusiasmada. "Para a minha família e meus amigos e o mundo em que eu cresci"[209], ele se recorda, "esse era o tipo de sonho realmente impossível."

Meus pais ficavam ali sentados e diziam: "Você não está vendo de onde saiu? Você não pode ser diretor de filmes."

Como criancinhas, observamos e internalizamos os valores e expectativas da nossa família. O que psicólogos, sociólogos e pesquisadores de ciências sociais chamam de "socialização" tem um papel importante na formação de nossas identidades – no desenvolvimento de uma noção de si mesmo. Ela inspira em nós os valores e crenças das pessoas que nos cercam. Durante a infância até a fase adulta, testamos e voltamos a testar nosso comportamento socializado. E temos a tendência de nos comportar como nossos familiares – com frequência sem nem sequer perceber.

Gostemos disso ou não, nossas famílias nos afetam de forma positiva e negativa. E definem nossos primeiros limites, muitos deles bons para nós: "Não ande com a molecada que fuma e bebe". Mas os limites também podem..., bem, nos limitar: "Você nunca vai ser feliz ou bem-sucedido se entrar para os negócios". Ou: "Seu pai sempre quis ir para a faculdade de medicina, mas não podia pagar. Nós nos sacrificamos para que você possa ir".

***

Conforme crescemos, começamos a passar de socializados por nossa família para indivíduos buscando aceitação e identidade com a comunidade ao redor. Aristóteles foi o primeiro a definir a palavra *comunidade*, (ou *polis* no grego antigo), como um grupo estabelecido por pessoas com valores em comum.

A comunidade de alguém pode incluir um círculo social, um grupo, uma panelinha, uma etnia ou uma tribo; pode se identificar fortemente com um local, como fazem os habitantes da Nova Inglaterra ou os Sulistas; uma comunidade pode ser composta por pessoas de mentalidades semelhantes situadas em uma cidade, município ou bairro específico; e pode ser um grupo étnico com uma subcultura distinta. Comunidade inclui tudo, desde um grupo de pares na escola, até colegas de trabalho, passando por membros de um grupo semanal de crochê. Comunidades se formam até em torno de certos produtos, como motocicletas (lembre-se da Harley-Davidson) e revistas em quadrinhos (as Comic Cons); com base em jogos de futebol, *shows* do Grateful Dead e clubes do livro da Oprah Winfrey; em torno de séries de TV antigas como *Jornada nas Estrelas, Buffy, a Caça-Vampiros* e *Dr. Who;* e também em torno de canais de TV que se alinhem a nossas visões políticas, como a Fox News para os conservadores e a MSNBC para os liberais.

Será que nossas comunidades moldam quem somos? Absolutamente! Elas influenciam nossas realizações, saúde, renda, comportamento e bem-estar[210]. Todos querem sentir que fazem parte de algo. Todos somos influenciados por amigos, colegas de trabalho e membros de organizações das quais somos membros, desde igrejas até clubes de leitura, desde times de *softball* até clubes de tiro.

Essa ânsia de se encaixar, de fazer parte de algo além de nossa família e maior do que nós mesmos, começa na adolescência. Independentemente de onde ou quando crescemos, a maioria de nós pode se lembrar da pressão que sentíamos vindo de nossos pares na adolescência – para calçar uma certa marca de tênis, ouvir um tipo específico de música, para se conformar de várias formas. Durante essa época, nossos pares – e suas percepções de nós – têm um poder maior sobre nossas atitudes e comportamentos do que nossos pais, como todo pai sabe e teme. Jovens com frequência participam de comportamentos arriscados como bebedeiras, uso de drogas ilegais e direção imprudente para impressionar seus pares. Mas a pressão dos pares não termina em nossa adolescência[211]. Conforme entramos na fase adulta, continuamos a ser influenciados por nossos pares, nos cercando de gente semelhante a nós mesmos. Se a maioria de nossos amigos conquistou uma graduação avançada, provavelmente cogitaremos fazer o mesmo para poder permanecer como parte do grupo. Se a maioria das pessoas que conhecemos estão comprando casas, tendo filhos e trabalhando para subir na hierarquia profissional, provavelmente vamos integrar essas atividades em nossas próprias vidas. Fazer isso permite que nossos relacionamentos continuem, com uma compreensão mútua, histórias compartilhadas e conversas.

Na verdade, adultos são tão sujeitos à pressão dos pares quanto crianças e adolescentes. Sempre que um grupo nos empurra a nos adequar a um comportamento ou traje, estamos passando pela pressão dos pares. E quando seguimos uma tendência infeliz de moda ou rimos de uma piada que não entendemos (ou da qual não achamos graça), estamos sinalizando que desejamos fazer parte do grupo. Parte dessa influência pode ser sadia e positiva, como quando nos juntamos a um clube de caminhada ou nos inscrevemos em algum programa para deixar de fumar. Mas nem todo empurrão dos pares leva a uma versão melhor de nós mesmos; nem todas as comunidades apoiam o crescimento e a mudança positiva.

Como J. D. Vance escreveu em *Era Uma Vez um Sonho*, certas comunidades no Rust Belt e nas montanhas Apalaches se tornaram tão disfuncionais que perderam a habilidade de cultivar o sucesso individual. "As pessoas falam sobre trabalho duro o tempo todo em Middleton"[212], escreveu Vance. "[Mas] você pode atravessar uma cidade em que 30% dos homens jovens trabalham menos de 20 horas por semana e não encontrar uma única pessoa consciente de sua própria preguiça." Para desabrochar apesar dessas condições, as pessoas em comunidades com dificuldades – sejam elas rurais, no centro da cidade ou em subúrbios deteriorados – têm que superar uma série de críticas. Libertar-se dessas influências requer uma disposição para declarar independência da comunidade. Não é fácil.

A pobreza na infância tem correlação[213] com várias medidas de saúde física, realizações e comportamentos, como já demonstrado por vários estudos, livros e relatórios. A consistência dessas associações é impressionante. Em termos de saúde física, crianças que crescem em famílias pobres têm taxas 1,7 vezes maiores de baixo peso ao nascer, 3,5 vezes maiores de envenenamento por chumbo, 1,7 vezes maiores de mortalidade infantil e 2,0 vezes maiores de precisar de um curto período de internação do que seus equivalentes mais privilegiados. Em termos de realizações, as correlações são igualmente desoladoras. As crianças que crescem na pobreza têm o dobro de chance de repetir uma série ou abandonar o ensino médio do que seus colegas de classe mais ricos, e 1,4 vezes mais chance de sofrer de algum distúrbio de aprendizado. Os jovens de histórico econômico inferior têm mais problemas emocionais e comportamentais, e são envolvidos em crimes violentos com mais frequência do que aqueles que vêm de um histórico financeiro mais seguro.

É tentador dizer que as pessoas mais pobres sofrem atrasos simplesmente pela falta de recursos financeiros, especialmente hoje, quando a desigualdade financeira entre ricos e pobres[214] é a maior desde os anos 1920. Mas é mais complicado do que isso. Como Vance destaca, os problemas nas comunidades pobres também são culturais. As poucas pessoas capazes de mobilidade social na comunidade com frequência vão embora e, assim, privam a comunidade de modelos para o sucesso. Muitos dos que ficaram para trás caem em um fatalismo que leva às drogas e ao álcool. Quando os empregadores vão embora citando a falta de funcionários qualificados, a confiança da comunidade desmorona, e com ela uma noção esperançosa do futuro. Contra essa gravidade cultural, é difícil para qualquer um reunir empenho para trabalhar e investir a longo prazo. A raiva e o desafio tomam conta, de modo que uma comunidade pode considerar até mesmo o ato de comparecer para trabalhar em um emprego que exija pouca habilidade, uma "traição".

Entretanto, mesmo comunidades bem-sucedidas – inclusive aquelas em cidades e subúrbios com altas expectativas e alto desempenho – deixam marcas indeléveis em nós, nem sempre boas. Em alguns sentidos, as culturas de alto desempenho podem ser um tipo especial de armadilha, forçando as crianças até um ponto de ruptura. Elas são criadas para serem ambiciosas e motivadas, verbal e matematicamente ligeiras, entrar nas escolas de elite e seguir em carreiras bem-remuneradas. Mas essas crianças com frequência têm pouco tempo e espaço para a exploração de si mesmas. Elas são conduzidas à esteira rolante, movidas em um sentido apenas, sem nenhum encorajamento de outros interesses ou opções de carreira. A esteira rolante as leva por um caminho de sucesso estreito e definha suas oportunidades de autodescoberta.

Shilagh Mirgain, psicóloga da saúde, destaca: "A pressão dos pares pode fazer parecer que precisamos manter o mesmo ritmo dos Jones, pressionados a um estilo de vida que não é autenticamente o nosso, levando a nos esforçarmos por um 'sucesso' que é definido por outra pessoa"[215]. As pessoas que recebem esse tipo de pressão são com frequência indivíduos que desabrocham "prematuramente", como Erik Wahl, que conhecemos no início deste capítulo. Eles têm todas as características para o sucesso, mas implodem por terem se aplicado a algo que não os empolga ou não representa seus verdadeiros dons, paixões e missões.

Para além das circunstâncias materiais – pobreza ou afluência combinada à alta pressão –, as normas culturais de uma comunidade podem apresentar obstáculos. Até culturas que são em sua maior parte positivas podem ter suas peculiaridades.

Consideremos minha própria cultura, os luteranos escandinavos residentes em Minnesota e Dakota do Norte. Expressar emoções e pedir pelas coisas é considerado algo estranho. Quando fui para a Califórnia para frequentar a faculdade, achei todo mundo barulhento, fanfarrão e descaradamente carente. Objetivamente, a Bay Area era uma cultura diferente, com diferentes meios de expressão. Só agora, olhando para trás, eu vejo como o estoicismo silencioso da minha cultura regional, ao mesmo tempo em que inculcou muitos bons valores como o reconhecimento pelo esforço no trabalho e pela resistência, também agiu contra mim. Minha modéstia do Centro-Oeste limitou minhas possibilidades no contexto da Califórnia e bloqueou meu caminho para o progresso. Ao contrário da minha experiência em Dakota do Norte, aprendi que na Califórnia fazer perguntas é normal e imensamente útil. Não é rude. Na verdade, acelera o aprendizado. Aprendi que a autopromoção não é gabolice, desde que feita corretamente.

Uma coisa é clara: todas as comunidades transmitem crenças que nos impedem de desabrochar. Frequentando uma escola preparatória de elite ou crescendo em um centro urbano devastado pelo crime ou uma cidade deprimida nos confins rurais, cada comunidade põe sua marca em seus habitantes, exercendo pressão para que eles se conformem às suas expectativas.

***

O terceiro estrato da cultura é a sociedade, aquele grande grupo social que divide o mesmo território geográfico ou social e está sujeito ao legado político comum e às expectativas culturais dominantes. A sociedade já foi definida como "o mais culturalmente elevado agrupamento de pessoas[216] e o nível mais amplo de identidade cultural". A sociedade em que vivemos fornece[217] nosso conjunto mais persistente de padrões culturais, costumes, expectativas e comportamentos. Ela determina nossa identidade nacional. Cria vieses tácitos e expectativas implícitas que tocam quase todas as dimensões da vida, entre elas: política, gênero, raça, religião, sexualidade e saúde, além das noções de sucesso e dinheiro. Essas são crenças que nós internalizamos. A sociedade norte-americana, por exemplo, promove tanto ideais positivos (a crença na oportunidade, na regência das leis, e no jogo justo) e ideais menos positivos (imagens corporais irreais, a obsessão com o sucesso precoce e o *status* mantido pelo materialismo). Saibamos nós ou não, esses padrões e expectativas exercem uma influência tremenda sobre as nossas escolhas e comportamentos.

A maioria das pessoas sente isso até certo ponto, mas é com frequência ignorante do quanto essas influências são difusas.

Nos Estados Unidos, segundo a empresa Nielsen de pesquisa em mídia, passamos quase 11 horas por dia[218] assistindo TV, navegando pela internet, usando um app em nosso celular, ouvindo rádio e lendo em diversos aparelhos. Isso mesmo, quase metade de cada dia. Todos esses meios são conduítes para mensagens sociais sobre no que acreditar, como se comportar e como moldar sua aparência. Claro, algumas pessoas escolhem conscientemente desafiar essa influência e tentar seguir seu próprio rumo, buscando seus próprios interesses. Porém, para a maioria de nós, essa pressão social onipresente é surpreendentemente poderosa. Afeta nossas expectativas, nossas esperanças, nossos sonhos e a nossa autoimagem. E molda nossa própria autopercepção.

Talvez a pressão social mais penetrante e insidiosa venha da mídia de massa – jornais, revistas, livros, rádio, *vídeo games*, filmes e televisão[219]. Embora o impacto das redes sociais esteja em crescimento e finalmente chame a atenção crítica que merece, a televisão ainda influencia criancinhas e seu desenvolvimento social muito mais do que todas as outras mídias. Pelo fato de a televisão não ser interativa – nós simplesmente absorvemos o que ela nos diz, sem nenhuma chance de refutação ou debate (gritar para a telinha não conta) – tem um impacto imenso no desenvolvimento cognitivo. O estudante típico de ensino médio nos Estados Unidos[220] passa mais tempo passivamente assistindo à TV do que sentado em salas de aula ou se encontrando socialmente com amigos. Mesmo bebês entre 0 e 2 anos, assistem em média uma hora e meia de TV por dia. Os lares norte-americanos têm em média dois aparelhos de TV, e quase 40% das casas têm três aparelhos ou mais.

Apesar de as mídias de massa parecerem relativamente benignas – um fluxo de conteúdo que escolhemos e absorvemos passivamente –, elas têm o poder de ditar como descobrimos o que está acontecendo no mundo. E nos mostram como interagir apropriadamente uns com os outros e moldam o tipo de pessoas que nos tornamos. Podem ter um impacto profundo sobre nosso ponto de vista e nossas aspirações, ajudando a construir nossa realidade social.

E mais, a mídia em massa apresenta um tipo próprio de socialização, "reforçando valores preexistentes[221] e servindo como fonte de normas e valores". Qualquer um assistindo aos noticiários no fim da noite ou programas de comédia do mesmo horário, percebe que valores são considerados bons ou ruins. A maioria das informações que as pessoas recebem agora são baseadas no que elas assistem e leem na mídia, ao invés de na experiência pessoal.

Atualmente, a mídia cada vez mais nos empurra a nos identificarmos com certas normas grupais. Os fãs da Fox News promovem sua autoestima comparando sua identidade social às normas e atitudes da audiência da MSNBC. Fãs do programa de Jimmy Kimmel se sentem superiores aos fãs do programa de Jimmy Fallon. A mídia oferece aos espectadores muitas oportunidades similares para desenvolver e manter suas identidades sociais. Usamos a mídia para aprender sobre grupos de inclusão e exclusão. Por exemplo, adolescentes com frequência assistem a dramas para aprender lições sociais sobre como flertar, começar e terminar relacionamentos, ou que tipos de humor são apropriados. A mídia fornece aos usuários o que os psicólogos chamam de "gratificações de identidade social".

Mas dicas para flertes e molduras de referência para piadas aceitáveis não são as únicas coisas que a mídia de massa pode comunicar. Ela também promove vieses culturais, raciais ou de gênero, seja por meio de papéis e comportamentos estereotipados, ou pela sub ou super-representação de minorias. E a exposição repetitiva ao conteúdo midiático pode levar os espectadores a começar a aceitar os retratos feitos pela mídia como representações da realidade. Em algo que os pesquisadores chamam "cultivo"[222], ao longo do tempo, telespectadores assíduos podem vir a crer que o mundo real é semelhante àquele apresentado na TV. A exposição pesada da mídia cultiva essa crença.

Uma pessoa que assiste muita televisão pode começar a acreditar, por exemplo, que mais de 1 em cada 10 homens trabalham na área da aplicação da lei. Na realidade, apenas 1 em cada 100 trabalham nessa área. As representações na mídia de corpos femininos do tipo magro podem levar as mulheres a ver esse tipo de corpo como o ideal, além do normal e esperado, e também como padrão de atratividade. Pesquisadores estão particularmente preocupados com o cultivo de estereótipos raciais, étnicos e de gênero, além de atitudes a respeito da violência. Outra pesquisa mostrou que, ao familiarizar os indivíduos com grupos diferentes do seu, a mídia também pode oferecer oportunidades para o aprendizado positivo que ajudam a superar estereótipos e preconceitos. O viés racial em curso durante a era da luta pelos direitos civis foi muito auxiliado por programas populares na TV como: *Os Destemidos* e *Julia* [sem lançamento no Brasil]. No começo dos anos 2000, a aceitação das pessoas *gays* deu grandes passos adiante com programas como: *Ellen* e *Will e Grace*, que tinham astros *gays* e estrelas lésbicas.

Some-se à influência das mídias de massa sobre nós ao longo dos últimos 75 anos as redes sociais, que alcançaram quase que a onipresença. As mídias sociais criaram rapidamente uma nova cultura de comparação – algo como uma automídia em massa – na qual pessoas de todas as esferas apresentam seu eu, mas um eu podado, até mostrar apenas o melhor ângulo possível. Embora esses eus idealizados estejam com frequência longe da realidade, eles lotam nossas linhas do tempo e se somam à enxurrada de normas, atitudes e crenças alimentadas pela mídia que consumimos em quantidades cada vez maiores e com mais regularidade.

***

O que isso tudo tem a ver com o desabrochar tardio?

O problema para os que desabrocham mais tarde é que muitos dos padrões e expectativas empurrados pela mídia de massa e social pode trabalhar contra nós. Ainda que nós mesmos sejamos imunes às influências midiáticas – se, digamos, não tivermos uma TV –, vivemos em uma sociedade em que normas que nos afetam diretamente foram alteradas pela mídia. Portanto, a mídia afeta como definimos o sucesso, que tipos de carreira e relacionamentos são desejáveis ou mesmo aceitáveis, e quando os marcos da vida deveriam ocorrer. Assim, a cultura social dominante pode criar a dúvida, ou mesmo a autoaversão, entre aqueles que não seguem a norma. Nós sentimos que não nos encaixamos. A pessoa que é virgem aos 20 anos acaba se sentindo como se tivesse algo a esconder de seus amigos e pares. A pessoa de 25 anos que vai desabrochar mais tarde e está trabalhando em empregos meia-boca enquanto descobre seu rumo profissional, acaba sendo forçada a se sentir uma perdedora. Nosso valor como pessoa pode ser colocado em dúvida quando seguimos um caminho mais lento ou não tradicional.

A mídia atual exagera loucamente em sua celebração do sucesso juvenil. É difícil superestimar a influência que isso exerce sobre nossos filhos, nossos pares e nós mesmos. Comentando sobre esse lado mais sombrio da sociedade, o psicólogo francês Adolphe Quetelet famosamente declarou: "A sociedade prepara o crime, e os culpados são apenas o instrumento para sua execução". As mídias de massa nos pedem para comparar o formato de nosso corpo, vida sexual, casamento, casa, carro, família e comunidade a versões televisivas de uma perfeição inatingível. As redes sociais nos pedem para comparar nossa realidade comum ou até entediante contra os relatos controlados de como a vida de outra pessoa é absolutamente maravilhosa – gente que nós conhecemos! Viciados em recuperação têm um ditado muito útil: não compare o seu lado de dentro com o lado de fora dos outros. É um bom conselho. Mas as redes sociais fazem com que seja quase impossível seguir esse conselho. Por que tem que ser tão difícil? Nós temos livre arbítrio, não temos? Para compreender por que a pressão para nos conformar dificulta seguir nosso próprio juízo, vamos dar uma olhada no que os sociólogos chamam de normas sociais.

***

Normas sociais são as regras tácitas de uma sociedade[223], sem validade jurídica. Em toda sociedade, as normas exercem grande parte do controle social e ajudam a regular a conduta. Elas são a fundação de tudo, desde a linguagem até interação social, culinária, amor, sexo, casamento, preconceitos e expectativas materiais. Elas fundamentam interações aparentemente naturais, como abrir a porta para alguém mais velho ou abrir mão de seu assento para uma pessoa com deficiência. Elas até influenciam preferências pessoais como de que música gostamos, que livros lemos e que políticas apoiamos. Na verdade, é difícil enxergar como a sociedade humana poderia funcionar sem normas sociais. Precisamos de normas para guiar e dirigir nosso comportamento, para fornecer ordem e previsibilidade nas relações sociais, e para compreender o sentido das ações uns dos outros.

A ideia das normas é fundamental para compreender o que os pesquisadores chamam "influência social normativa", o que explica uma característica humana quase universal, nossa tendência à conformidade.

O imenso poder da influência social normativa vem precisamente da nossa necessidade de sermos aceitos. Nós, seres humanos, somos, no final das contas, seres sociais com uma forte necessidade de pertencer a um grupo, de sermos aceitos, e de possuir fortes elos sociais. Isso significa que tendemos a agir e pensar como as pessoas em nossas famílias, comunidades e nossa sociedade mais ampla.

Quanto é poderosa essa influência social normativa? Vamos dar uma olhada. Imagine que lhe pediram[224] para fazer parte de um estudo de pesquisa psicológica. Na data especificada, você e outros sete participantes chegam no local da pesquisa. Todos estão sentados à mesa em uma salinha.

A pesquisadora chega e conta a vocês que o estudo a seguir pretende explorar os julgamentos visuais das pessoas. Ela coloca duas cartas em diante de vocês. A carta à esquerda contém uma linha vertical. A carta à direita mostra três linhas de extensões variadas. Juntas, as duas cartas têm essa aparência:

Carta 1

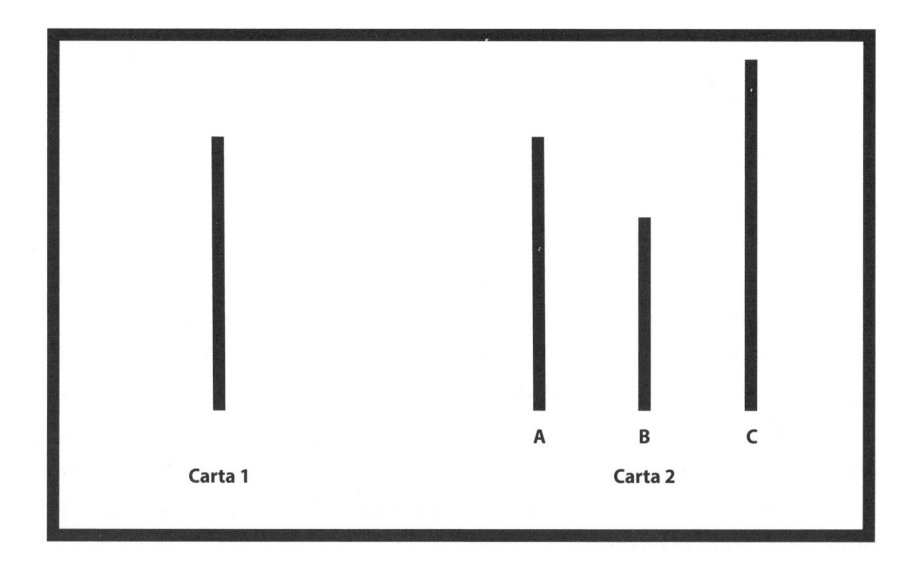

A B C
Carta 2

Ela então pede a cada um de vocês, um por vez, que escolha qual das três linhas na carta à direita tem a mesma extensão da linha na carta à esquerda. Embora você não saiba, a pesquisadora combinou tudo com os outros participantes. Em outras palavras, eles são confederados. O comportamento deles segue um roteiro. Você é o único participante real da pesquisa. A tarefa é repetida várias vezes, com cartas diferentes. Em algumas ocasiões, os outros participantes, que votam antes, escolhem unanimemente a linha errada. É óbvio que eles estão errados, mas todos deram a mesma resposta. Você acompanha a opinião da maioria? Ou confia no seu próprio julgamento?

A resposta pode surpreendê-lo.

Solomon Asch, psicólogo social, criou esse experimento, agora clássico, em 1951. Se o participante desse uma resposta errada, seria claro que isso ocorria em razão da pressão do grupo. Asch completou o teste com 50 estudantes de Swarthmore College, colocando cada um dos participantes em uma sala com cinco a sete participantes falsos. Foram 18 rodadas no total. Os participantes falsos davam a resposta errada em 12 das rodadas. Até Asch se surpreendeu com os resultados. Nas 12 rodadas com a resposta errada, 75% dos participantes deram a resposta errada e se conformaram à maioria ao menos uma vez.

Por que eles estavam tão prontos a seguir o fluxo quando a resposta estava tão claramente errada? Quando entrevistados, alguns participantes disseram que eles realmente acreditaram que as respostas do grupo estivessem corretas.

A maioria, entretanto, admitiu que não acreditava nas respostas dadas, mas que acompanharam o grupo por medo de serem julgados "peculiares". Eles estavam buscando aceitação e evitando a desaprovação. Vários estudos subsequentes[225] resultaram em taxas ainda maiores de conformidade do que o de Asch – chegando até a 80%.

Este é o poder da influência social normativa.

Os pesquisadores voltaram-se então para investigar a extensão em que as pessoas conseguiam detectar a influência das normas sociais sobre seu próprio comportamento. Quando rimos daquela piada sem graça, damos uma resposta obviamente errada para demonstrar solidariedade com um grupo ou decidimos que veganismo é o jeito certo de nos alimentar apesar de adorarmos hambúrguer, reconhecemos quanto de nosso comportamento se deve à influência social e quanto é baseado em nossa própria escolha – em nosso próprio livre-arbítrio?

Estudo após estudo demonstrou que a maioria de nós não faz a menor ideia[226] no que tange a compreender por que nos adequamos tão rapidamente. As pessoas são mais responsáveis ambientalmente – poupando energia e aumentando a reciclagem – em virtude da influência social normativa do que a qualquer outro fator. Colocamos nossas latas de materiais recicláveis para recolher porque nossos vizinhos também o fazem. No entanto, nesses mesmos estudos, os participantes colocaram a influência social normativa como o fator menos importante quando avaliaram o motivo pelo qual mudaram seu comportamento. Mensagens normativas aumentaram a reutilização de toalhas em quase 30% nos hotéis e foram bem-sucedidas em reduzir a embriaguez pesada entre alunos universitários.

As descobertas realizadas em dúzias de estudos sobre a influência social normativa são claras: a influência social normativa é uma alavanca de persuasão muito potente. Mesmo assim, nós consistentemente não reconhecemos ou admitimos. A maioria das pessoas é incapaz de identificar a verdadeira causa de seu comportamento. De acordo com Robert Cialdini, professor de psicologia: "Considerando-se a ubiquidade e a força[227] da influência social normativa, é surpreendente como as pessoas notam pouco essa potente forma de influência quando, como observadoras, elas decidem como interpretar as causas de suas próprias ações".

É isso o que torna a influência social normativa tão poderosa – e possivelmente em guerra com nossas tentativas de desabrochar mais tarde na vida. Ela é invisível. É uma força que não vemos, não podemos sentir, e sequer queremos acreditar que exista. Todavia, ela influencia quase todos os nossos comportamentos, escolhas e opiniões.

As normas sociais têm uma imensa influência sobre nossas expectativas para nós mesmos, convencendo muitos de nós que existe um único jeito de aprender, crescer, realizar e suceder. E hoje isso significa ser bem-sucedido cedo. Psicólogos chamam isso de "pensamento normativo".

***

O pensamento normativo cria a crença[228] de que o caminho certo é aquele seguido pela pessoa que vemos como um membro normal do nosso grupo social. Existem, é claro, aspectos bons nisso. A vida é complicada. Com frequência é mais fácil observar e copiar nosso comportamento segundo o modelo dos outros para navegar nas situações complexas que encontramos ao longo da vida. Mas o pensamento normativo também cria desafios. Muitos de nós queremos acreditar que existe um mapa para explicar como nossas vidas deveriam se desenrolar. A realidade, contudo, é que não existe um único caminho "certo" para o desenvolvimento humano – física, cognitiva, moral ou profissionalmente. Essa realidade expõe algumas desvantagens claras do pensamento normativo.

Primeiro, o pensamento normativo cria barreiras sociais informais que nos segregam por renda, classe, raça, religião, gênero e educação. Essas barreiras se aproveitam de nosso medo normal de exclusão, muito humano. Pense em grupos que só podem ser acessados por aqueles que "estiverem por dentro", aqueles que possuem a informação certa, pertencem ao grupo social certo, ou têm dinheiro suficiente. Para se sentir confortável, você tem que entender as pistas ou sinais certos, conhecer as pessoas adequadas, e compartilhar das mesmas convicções. Se você falhar em alguma dessas etapas, a mensagem é: *Você não é um de nós. Você simplesmente não se encaixa aqui.*

A segunda desvantagem é que o pensamento normativo leva a um processo de comparação aparentemente infinito – e destrutivo. Nós comparamos a progressão de nossas vidas contra o que vemos como as referências normais. Seja pensando em nós mesmos ou em nossos filhos, medimos nosso crescimento e nosso sucesso segundo os marcos normais. Esses marcos podem envolver andar, ler, as notas obtidas, resultados em testes, graduação, ingresso na universidade, primeiro contracheque, a carreira certa, casamento ou aquela primeira casa. Nós nos comparamos a nossos pais – como é que eles estavam aos 40 anos? Aos 50 anos? –, a nossos amigos e irmãos. Nós comparamos nossos filhos aos filhos de nossos amigos. Quando passamos dos marcos, nós nos preocupamos. Será que estamos lentos demais? Será que nossos filhos estão atrasados em seu desenvolvimento? Eu sou um fracasso? Nós tememos que esse desvio da norma possa indicar um problema sério.

É um processo autoderrotista. Em todos os aspectos da nossa vida há várias formas, todas elas igualmente válidas, de alcançar um resultado positivo. Sempre temos diversas maneiras para atingir uma meta, ganhar conhecimento ou encontrar o sucesso. Nos esportes ou na música, isso é fácil de ver. Um músico de *hard rock*, cantor de *country*, um *rapper* e uma diva da ópera podem todos alcançar o sucesso na área musical. Assim como, também ocorre com um jogador de futebol abaixo da altura normal e um pivô gigantesco da NBA na área esportiva. Mas não é tão fácil enxergar os múltiplos caminhos para o sucesso na maioria das iniciativas. Como eu posso conseguir um primeiro emprego no Google? Como eu posso explicar para um entrevistador que abandonar o emprego para me tornar um pai em tempo integral fez de mim um gestor melhor? Qual a melhor forma de investir em apartamentos, se eu não fiz isso? Confusos, nós apelamos para seguir as normas e tomar o mesmo caminho que todo mundo está tomando. O problema para quem desabrocha mais tarde, porém, é este: essa estrada está lotada lá adiante de gente que floresceu cedo! Quando nós, que desabrochamos mais tarde, chegamos lá, os caminhos para a oportunidade se encontram fechados. Atrasados de novo, a história da nossa vida! Isso pode nos fazer sentir marginalizados – ou até envergonhados.

***

Então, por que não há mais de nós nos rebelando contra essas expectativas culturais? Por que não pulamos o "normal", desconsideramos o convencional e alegremente pegamos a estrada menos utilizada? Porque o fato é que, no que diz respeito às normas culturais, a separação é difícil.

Somos criaturas sociais. Essa é a coisa mais culturalmente importante sobre a nossa espécie. Nossa noção de nós mesmos é fundamentada e moldada por nossas conexões e afiliações sociais. Falando num sentido evolucionário, nós somos, como espécie, "um povo". Como disse Jane Howard, biógrafa da antropóloga Margaret Mead: "Chame de clã, chame de rede[229], de tribo, de família: seja lá como você chamar, seja lá quem você for, você precisa de um".

Em um dos estudos mais influentes da neurociência aplicada à conformidade ao grupo, o cientista Gregory Berns e sua equipe de pesquisadores da Emory University examinaram os efeitos fisiológicos do desvio[230] de uma norma utilizando ressonância magnética funcional (fMRI) para escanear os cérebros dos participantes. Os pesquisadores estavam interessados em examinar a atividade cerebral ocorrida quando eles estavam sob pressão para se adequar à maioria do grupo. A amídala, associada às emoções negativas, foi ativada quando participantes buscaram se livrar da influência da maioria. Em outras palavras, resistir à influência social normativa – mesmo quando a opinião da maioria está claramente errada – pode levar a consequências fisiológicas negativas. Ou seja, isso demonstra que estamos programados cognitivamente para nos adequar à opinião do grupo, não importa o quanto essa opinião seja errônea.

Quase nada se compara ao intenso ódio dirigido às pessoas que dão as costas a um grupo. Nós os chamamos de vira-casacas e traidores, desertores e judas. Na política norte-americana atual, as disputas mais virulentas, com frequência, não são entre democratas e republicanos, mas internas; entre os republicanos e entre os democratas para decidir o que constitui o pensamento correto e normal dentro de seus partidos. A ideia do que é normal pode fomentar um tirano ou um ditador. Todas as culturas e grupos sociais criaram consequências para dissidentes. Elas variam de um dar de ombros e revirar de olhos para apelidos depreciativos para a perseguição física e até mesmo aprisionamento e morte. Uma das punições mais disseminadas é o ostracismo social – identificando a não conformidade como uma perversão, originalidade como esquisitice e singularidade como um comportamento aberrante.

Este é o punho secreto e férreo da cultura. É a maré esmagadora das normas criadas pela família, a comunidade e a sociedade. É a pressão para se adequar exigida através da influência social normativa, do pensamento normativo e da cognição cultural. O que, então, aqueles que receberam talentos diferentes, que operam com seu cronograma pessoal de desenvolvimento – nós, que desabrochamos mais tarde, em outras palavras – podemos fazer? Como os curiosos e criativos, os pesquisadores e exploradores, saltamos para fora da esteira rolante da cultura dominante e começamos a moldar nossos próprios destinos?

Para encontrar a resposta, continue lendo.

Capítulo 6

Desista! Conselhos subversivos para quem desabrocha mais tarde

Desista.

Isso mesmo. Simplesmente desista.

Eu fechei o capítulo anterior perguntando: "como os curiosos e criativos, os pesquisadores e exploradores, saltaram para fora da esteira rolante da cultura dominante e começaram a moldar seus próprios destinos?" Nós fazemos isso desistindo. Desistindo do caminho em que estamos. Desistindo do emprego chinfrim. Desistindo da aula que detestamos. Desistindo dos amigos e colegas que nos magoam mais do que ajudam. Desistindo da vida da qual nos arrependemos.

Como vimos no último capítulo, nossa cultura e nossas normas sociais criam poderosas leis tácitas sobre o que é o pensamento correto e comportamento aceitável. Discordar da nossa cultura e de suas normas sociais não é fácil. Porém, nós que desabrochamos tardiamente, devemos nos preparar e fazer isso de qualquer forma. Por quê? Simplesmente porque, como pessoas que tiveram seu florescer tardio, nossa cultura e normas sociais não nos servem muito bem. Nossas regras não escritas, neste momento da história, estão desequilibradas a favor dos que desabrocham cedo.

Considere a opinião da nossa cultura sobre desistir. As regras tácitas são as seguintes: *desistir mostra que você não consegue aguentar a pressão; você não suporta o estresse. Falta-lhe força interior, falta-lhe força de vontade. Quem desiste nunca vence, e vencedores nunca desistem. Se você desiste, nunca será bem-sucedido.*

Nossa cultura nos inunda com a ideia de que persistir em alguma coisa, perseverar ao longo de todos os desafios, superar todos os obstáculos e, acima de tudo, nunca desistir, é o segredo para o sucesso. E sim, a persistência é, indubitavelmente, uma virtude. Nos contaram uma infinidade de histórias sobre pessoas que obstinadamente alcançaram o sucesso no final. A ideia de que a tenacidade é essencial para o sucesso e a felicidade está profundamente entranhada em escritos populares *e* científicos. Se queremos ser bem-sucedidos, precisamos trabalhar com o máximo de afinco. Precisamos estar dispostos a nos sacrificar, até a sofrer. Devemos ser ferozmente determinados.

Uma profusão de livros exalta os benefícios da determinação e glorificam as vantagens da perseverança[231], desde: *O Poder do Hábito*, do jornalista Charles Duhigg, até *Discipline Equals Freedom* [Disciplina = Liberdade], do ex-fuzileiro naval Jocko Willink, até *The Willpower Instinct* [O Instinto da Força de Vontade], de Kelly McGonigal, até *Arrume a sua cama*, de William H. McRaven, passando pelo incrivelmente popular *12 Regras para a vida*, de Jordan Peterson. Cada um desses títulos, a seu próprio estilo, aplaude a primazia da disciplina, força interior e determinação. Muitas das teorias desses autores certamente são válidas em certas situações. Mas, atualmente, a tenacidade e a determinação são louvadas como *a forma* de atingir o sucesso.

A tenacidade é valiosa, sem dúvida. Como Samuel Johnson escreveu: "Grandes obras são realizadas não pela força, mas pela perseverança." E como veremos posteriormente neste livro, a persistência tem seu valor no arsenal do indivíduo que desabrocha mais tarde, desde que aplicada corretamente, com paciência e propósito. Mas eu acredito que nossa obsessão atual com a determinação implacável ultrapassa o alvo.

Embora a perseverança possa produzir sucesso, e o faça, existe um outro lado para essa história: às vezes, desistir é a decisão certa. De fato, desistir, quando é pelas razões corretas, pode nos tornar imensamente bem-sucedidos. Daniel J. Brown escreveu seu *best-seller* internacional *Meninos de Ouro* já depois dos 60 anos. No começo da vida, ele teve que tomar algumas decisões bem difíceis sobre qual caminho seguir – decisões que aborreceram as pessoas mais próximas e mais importantes para ele.

A primeira grande desistência de Brown foi o ensino médio. Ele explicou: "Antes mesmo dos 17 anos, eu tive problemas com a ansiedade[232]. Eu tinha crises de pânico na escola e muita ansiedade em torno de ir para a escola. Naquela época, realmente não se entendia os distúrbios de ansiedade muito bem. Esperava-se que eu simplesmente aguentasse até o fim.

Eu sofri assim por vários anos. Estava realmente miserável. E, então, veio o dia. Eu estava no penúltimo ano do ensino médio, no laboratório de biologia. Não me lembro o que precipitou o momento, mas eu estava simplesmente *consumido* pela ansiedade.

Não eram as aulas. Eram as coisas sociais na escola, sobre me encaixar. Eu simplesmente me levantei, atravessei a rua e entrei no meu Chevy Impala

1963. Fui para casa. Disse para a minha mãe que eu não ia voltar nunca mais. Isso gerou muitas emoções. Ela ficou muito chateada. Não zangada, mas muito chateada. Meu pai ficou atônito quando chegou em casa e eu lhe disse isso. Mas eu estava absolutamente determinado que iria assumir o controle da minha vida.

Não sabia o que fazer, só sabia que não podia continuar aguentando as coisas. E assim a minha mãe, bendita seja, conversou com a escola. Eles arranjaram para que eu fizesse cursos por correspondência. O acordo era que eu deveria passar oito horas por dia na biblioteca da Cal Berkeley completando esses cursos por correspondência. Esses créditos seriam aplicados no ensino médio. Eu acabaria recebendo meu diploma do ensino médio assim. Foi uma mudança imensa na minha vida, porque eu comecei a ir ao campus de Cal todos os dias, para visitar a biblioteca. Os cursos por correspondência não exigiam muito. Eu tipicamente terminava minha carga em duas horas. Mas aquilo me colocou em um *campus* universitário, entende? Foi isso o que mudou minha vida. Eu estava em meio aos livros em uma biblioteca de primeira classe".

Daniel J. Brown foi um desistente no sentido normal? Faltava-lhe coragem? Faltava-lhe ambição? Será que ele deveria ter aguentado o ensino médio, sofrendo, excluído e, talvez, condenado a um colapso mental? Eu argumentaria que desistir foi a melhor opção possível para o jovem Dan Brown. Ao dizer não às expectativas dos outros, inclusive de seus pais, ele colocou sua vida em um rumo muito mais saudável.

Mais tarde, Brown executou outro ato de desistência desafiador. Ao fazer isso, ele teve que abandonar as expectativas de seu pai:

"Meu irmão foi capitão na Força Aérea. Em seguida ele foi para a faculdade de direito e se tornou professor de direito. Eu estava dando aulas de redação em meio período na San Jose State – mal conseguia pagar meu aluguel. Foi quando meu pai morreu. Ele deve ter morrido pensando: *Será que o Dan algum dia vai ser alguma coisa?* Não que meu pai fosse uma pessoa que realmente medisse as pessoas assim. Não era. Mas ele nunca me viu casado, com filhos e razoavelmente bem-sucedido. Então isso é uma pena.

Meu pai teve que largar a faculdade de direito por causa da Depressão. Não sei se meu irmão Rick se sentiu pressionado por isso, mas acho que ele sabia que ganharia a aprovação do nosso pai. Cheguei a tentar fazer o mesmo – ir para a faculdade de direito e ganhar a aprovação do meu pai. Esse foi outro passo em falso que eu dei, me matriculei na faculdade de direito e a frequentei por um total de três dias. Aquela questão da ansiedade que me fez abandonar o ensino médio voltou de imediato. Eu me dei conta, após o terceiro dia na faculdade de direito, que estava no lugar errado.

Liguei para os meus pais e contei a eles. Eu estava com 26 anos. Disse que sentia que iria decepcioná-los. Tinha me mudado para frequentar a faculdade de direito. E disse: "Eu não vou fazer isso. Eu simplesmente não quero fazer isso de verdade".

Me senti mal. Depois, porém, percebi que tinha feito a coisa certa. Eu tinha começado numa direção e rapidamente [percebido] não, não é o rumo certo, vou encontrar outro caminho.

Vou ser honesto. Não é que uma parte de mim se sentisse livre. Parte de mim também se sentia culpada. "Uau, você está desistindo de alguma coisa de novo." Então me sentia meio: "Ah, meu Deus. Eu vou desistir de novo. O que é que o papai vai pensar disso?"

Ninguém quer se tornar um desistente em série, o tipo de pessoa que renuncia ao primeiro sinal de adversidade. Mas há uma defesa da desistência que recebe pouca atenção, e que pode servir especialmente bem aos que desabrocham mais tarde. Na era atual do Ideal *Wunderkind*, do adolescente super bem-sucedido, nós negligenciamos ou banimos culturalmente a ideia de desistir. No entanto, essa é uma estratégia que nós, que desabrochamos tardiamente, carregamos com sucesso para os negócios, para a inovação, para quase todos os aspectos de nossas vidas. Os resultados serão não apenas libertadores – desistir propositalmente pode ser uma forma de saltar adiante na direção de nossas metas.

***

Apesar de nosso entusiasmo cultural pela determinação, existem situações em que a perseverança é, na verdade, inadequada. Pesquisas apontam três verdades embaraçosas sobre nossa determinação em não desistir: 1. a tenacidade, ou força de vontade, é um recurso limitado; 2. desistir pode ser saudável; e 3. a desistência, não a obstinação, com frequência produz resultados melhores.

O primeiro problema com a nossa obsessão cultural pela determinação é, que aplicar a obstinação focada em algo que você não acredita de verdade acaba deixando-o menos eficaz. A tenacidade, quando aplicada erroneamente, erode nossa habilidade de reunir força de vontade ou persistência quando realmente precisamos. Esse raciocínio jaz por trás do conceito psicológico de esgotamento do ego, um termo popularizado nos anos 1990 com uma série de experimentos imensamente influentes liderados por Roy F. Baumeister, um pioneiro no campo da psicologia social. Em 1996, junto com seus ex-colegas da Case Western Reserve Universitu Ellen Bratlavsky, Mark Muraven e Dianne Tie, Baumeister examinou os efeitos de resistir a comidas tentadoras sobre a força de vontade dos participantes.

Para começar o teste, Baumeister manteve os participantes do estudo em uma sala cheirando a *cookies* de chocolate recém-saídos do forno. Em seguida, lhes mostrou os *cookies*, junto com outras delícias de chocolate. Alguns dos participantes tinham permissão para comer esses petiscos doces. O resto deles, contudo, foi forçado a comer rabanetes crus. Esses eram os participantes cuja força de vontade e obstinação estavam sendo testadas.

Surpresa – os comedores de rabanetes não ficaram exatamente felizes com a troca. Segundo Baumeister escreveu, muitos dos participantes comedores de rabanete "exibiram claro interesse nos chocolates[233], ao ponto de ficarem olhando cobiçosamente para o arranjo de chocolates e, em alguns casos, até pegarem os *cookies* para sentir o cheiro deles".

Depois que todos terminaram seus petiscos designados, Baumeister deu a todos os participantes um quebra-cabeças para resolver de forma a testar sua persistência. Quanto tempo eles perseverariam na tentativa de resolver o quebra-cabeça, depois de sua força de vontade já ter sido testada com o veto aos *cookies*? Os resultados foram impressionantes: aqueles forçados a comer apenas rabanetes devotaram menos de metade do tempo à tentativa de solução dos quebra-cabeças, comparados aos que tiveram permissão para comer os *cookies* (além de um grupo de controle, que participara apenas na fase de resolução do quebra-cabeça). Aparentemente, aqueles que resistiram aos doces não conseguiam mais invocar a força de vontade em força total para se envolver em uma segunda tarefa que exigisse a persistência.

Eles tinham esgotado sua determinação. Usaram toda sua resolução. A descoberta reveladora do estudo de Baumeister foi que o autocontrole – e seus análogos, como a força de vontade, a determinação e a perseverança – podem se esgotar. A determinação não é apenas uma habilidade a ser dominada ou um hábito a ser desenvolvido. Em vez disso, assim como pode ocorrer com o excesso de exercícios, levando um músculo ao ponto de se ferir, a tenacidade pode nos fadigar e nos destruir. Nossa determinação "parece ser surpreendentemente limitada", escreveu Baumeister. Ao resumir os resultados de seu famoso estudo, ele chamou a força de vontade de "um recurso precioso e escasso". O esgotamento do ego representava "uma constrição potencialmente grave à capacidade humana de controle".

A noção de que o autocontrole depende do gasto de um recurso limitado, na verdade foi prevista por Sigmund Freud ainda nos anos 1920. Freud acreditava que o ego (o eu controlado) precisava de algum tipo de energia mental ou psicológica para resistir aos impulsos do id (o eu instintivo) e o superego (a internalização das regras culturais). Freud utilizou a analogia de um cavalo e seu cavaleiro para descrever esse relacionamento. O cavaleiro (o ego) geralmente está no controle[234] da condução, mas, às vezes, não consegue evitar que o cavalo (o id e o superego) vá para onde ele quer. Esse reconhecimento inicial criou a base da descoberta de Baumeister: quando o cavaleiro fica cansado, o cavalo assume as rédeas.

***

A história da incrível carreira de Bill Bowerman como técnico, ilustra um ponto fundamental sobre os limites da determinação humana. A tenacidade em excesso pode nos exaurir, até nos adoecer. Bowerman foi técnico dos corredores de pista e *cross country* na Universidade do Oregon desde os anos 1950 até os 1970, e cofundador da gigante Nike. Como se lê na biografia de Bowerman, "Ao longo dessa carreira, treinei 31 atletas olímpicos[235], 51 atletas All-Americans, 12 recordistas norte-americanos, 22 campeões da NCAA e 16 corredores a atingir 4 milhas abaixo de um minuto", entre eles o lendário corredor Steve Prefontaine.

Que Bill Bowerman tenha ficado famoso por treinar corredores de média e longa distância, já é por si só notável, pois Bowerman não tinha conhecimento de primeira mão em corrida à distância. Ele tinha sido jogador de futebol americano e velocista na faculdade. Nos esportes, talvez não exista nenhuma separação maior, tanto física quanto mental, do que entre os tipos musculosos e agressivos do velocista no futebol americano (atletas de contração rápida) e aqueles estoicos de aparência faminta que compõem as fileiras dos corredores de média e longa distância (atletas de contração lenta). Bowerman deixou sua marca treinando aqueles do extremo oposto ao seu, os estoicos magrelos.

Como ele conseguiu atravessar esse fosso? Em uma viagem à Nova Zelândia em 1962, ele conheceu um técnico autodidata que desabrochou tarde, Arthur Lyniard. Ele havia desenvolvido ideias altamente heterodoxas sobre o treinamento de corredores de média e longa distâncias. Lydiard desafiava diretamente a ideia popular na época de que o treinamento de alta intensidade intercalado, realizado todos os dias, era a fundação para o sucesso. Segundo o que ele observara, treinamentos de pista intervalados, como correr os 400 m com muito afinco, seguidos por um descanso de dois minutos, seguidos por outros 400 m puxados – repetidos 10 ou 20 vezes – produzia sucesso rápido, mas aí os corredores atingiam um platô depois de alguns meses. Aumentando ainda mais a intensidade do treinamento intervalado, o método aceito para tirar os corredores desse platô, funcionava para alguns corredores, mas a maioria se machucava ou adoecia. Lydiard achava que o culpado fosse um fator baixo de pH no sangue. O treinamento intervalado de alta intensidade, executado diariamente, deixava o corredor com ácido lático em excesso, desconfiava Lydiard, o que abaixava o nível do pH do sangue do corredor e sua imunidade de modo geral. Corredores saturados de intervalos, notou Lydiard, ficavam exaustos pela sessão de treinamento diário, mas não conseguiam dormir bem naquela noite.

O que é impressionante é que Lydiard não tinha nenhum treino formal, fosse como técnico ou como cientista. Ele simplesmente experimentou, observou, fez anotações, anotou pulsações, observou as curvas de tendência e fez ajustes. Nenhuma organização lhe pagou para fazer isso. Para sustentar o começo de sua carreira como técnico amador, ele arranjou emprego como entregador de leite.

Mas o leiteiro estava conseguindo resultados extraordinários com seus métodos nada ortodoxos. Ele colocou todos os seus corredores, desde os que corriam 800 metros, como Peter Snell, até os maratonistas como Barry McGee, em um treinamento aeróbico de longa distância por vários meses. O objetivo era atingir 160 quilômetros por semana, incluindo uma corrida de 32 quilômetros ou mais no domingo, mas a um ritmo lento o suficiente para manter uma conversa durante o exercício.

Tendo estabelecido uma base aeróbica, Lydiard então passava seus corredores para dias alternados de treinamento em subidas para aquisição de força, e corridas fáceis de longa distância para expelir o ácido lático dos treinamentos em subidas para restaurar um pH saudável ao sangue. Finalmente, logo antes e durante a temporada de corridas, ele "afiava" seus corredores com *sprints* e alguns intervalos de alta intensidade, mas sempre equilibrando o trabalho de velocidade com corridas lentas e tranquilas em dias alternados. Seu método funcionou espetacularmente. Nas Olimpíadas de 1960, em Roma, seus corredores venceram as provas masculinas de 800 e 5.000 m e ficaram em segundo na maratona. Nova Zelândia, com uma população de 2,4 milhões de pessoas em 1960, dominou a corrida à distância masculina pelos 20 anos seguintes. Isso não é exatamente verdade. Foi um ex-leiteiro que dominou: Arthur Lydiard.

Bill Bowerman, o norte-americano que estava atordoado pelo sucesso de Lydiard, e voltou para os Estados Unidos com cadernos cheios.

Como destaca Kenny Moore, o biógrafo de Bowerman: "Bowerman começou a incentivar[236] seus corredores do Oregon a terminar os treinos 'eufóricos, não exaustos'. Ele analisava a postura deles, agarrando a garganta dos corredores para medir sua pulsação. Checava o brilho no olhar deles, mandando os tensos e cansados para as duchas, e, especialmente, aqueles cuja pulsação não voltasse rapidamente para as 120 batidas por minuto. Seu credo era que: é melhor pecar pela falta do que pelo excesso".

Moore nota também que a rebelião de Bowerman contra o culto à dor não caiu bem na fraternidade dos técnicos. "Quando Bowerman articulou pela primeira vez o método 'com força-com calma', ele foi desprezado. O hino para a maioria dos treinadores era: 'quanto mais você força, mais você obtém'. Quando Bowerman os repreendeu – 'Ah, que é isso, a maior melhoria é conquistada por aquele que trabalhar com mais inteligência' – eles ficaram moralmente ofendidos. Seus dias de calma foram ridicularizados. A mensuração intencional do estresse ao indivíduo foi chamada de mimo."

Meu objetivo ao citar a história de Bowerman é este: saudar os benefícios da tenacidade só faz sentido até certo ponto, porque cada um de nós tem uma certa quantidade de determinação, tanto mental quanto física. Se as normas sociais nos encorajam a aplicar nossa determinação em excesso, ou à iniciativa errada, vamos apenas esgotá-la. A perseverança aplicada para cumprir as expectativas dos outros – sejam eles família, comunidade ou sociedade – vai consumir nossas reservas de força de vontade. Vamos terminar nossos dias exaustos, mas incapazes de dormir. E aí, quando realmente precisarmos de determinação e força de vontade, talvez não nos reste o bastante para seguir um novo rumo ou uma paixão genuína.

***

A ideia de que podemos, de alguma forma, fortalecer nosso "músculo" da força de vontade é enganadora no melhor dos casos, e prejudicial no pior.

A sabedoria convencional sugere que se fizermos certos exercícios ou praticarmos certos hábitos, podemos fortalecer esse músculo. Mas a ciência e as pesquisas nos dizem que isso não é verdade. Não podemos simplesmente aplicar determinação, como uma geleia, a tudo o que fazemos em nossas vidas – nós chegaríamos à estafa. Quando nos forçamos a fazer coisas que não temos a inclinação natural para fazer, ou que não se encaixam em nossa paixão ou propósito na vida, pagamos por isso com motivação e garra reduzidas.

Em seu livro, *O Design da sua Vida*, os autores Bill Burnett e Dave Evans falam de uma mulher que tinha acabado de ser promovida a sócia em uma empresa de advocacia[237]. Vamos parar por um minuto e examinar o que isso significa. A mulher tinha se saído excepcionalmente bem na faculdade – apenas notas A, graduando-se *summa cum laude* – para entrar em um dos dez melhores programas de direito que sua poderosa empresa de advocacia analisa quando recruta advogados recém-formados. Na faculdade de direito, ela tinha que terminar perto dos melhores. Em seguida, como advogada associada em sua empresa, precisou trabalhar 80 horas por semana ou mais por pelo menos 5 anos, antes de ser elegível para ser sócia da empresa. São muitos anos consecutivos de trabalho, estresse e horas mínimas de sono. Era de se esperar que ela gostasse da promoção. Mas não gostou. Depois de virar sócia – depois de escalar muitas montanhas de garra para chegar lá –, ela estava exausta. Em vez de desfrutar de seu novo *status* de sócia e sua renda na casa do milhão, ela chorava até dormir toda noite em um estado de exaustão e desespero. Seu reservatório de garra estava vazio.

No que diz respeito à nossa "conta" de força de vontade, podemos fazer alguns saques, mas não temos saques ilimitados. Precisamos escolher com sabedoria.

O segundo problema com o culto à tenacidade: é que desistir é, na verdade, algo saudável a se fazer de vez em quando[238]. Muitas das coisas que desejamos – graças em grande parte à cultura – são inalcançáveis. As pesquisas demonstram que quando desistimos de obter metas inatingíveis, ficamos mais felizes, menos estressados e até adoecemos com menos frequência. Isso mesmo, desistir é fisicamente bom para você.

Vários estudos acompanhando participantes que vão da adolescência até a juventude e à fase adulta mais velha demonstraram que o rompimento com o objetivo – a desistência – afeta a saúde física de forma forte e positiva. Três estudos descobriram que as pessoas que conseguiram desistir de obter metas inalcançáveis tinham padrões hormonais mais saudáveis e maior eficiência no sono. *Não desistir*, estava associado com níveis mais altos de depressão, estresse e transtornos emocionais. Esses sintomas podem modificar os processos biológicos em nossos sistemas endócrino e imunológico de maneiras que aumentam nossa vulnerabilidade a problemas de saúde como a asma e nos deixam mais suscetíveis às doenças. Em outras palavras, a tenacidade mal aplicada pode, na verdade, nos deixar doentes.

O terceiro problema com nossa obsessão pela determinação é que, simplesmente, desistir com frequência funciona. Um dos meus exemplos preferidos é o grande CEO do final do século XX, Andy Grove e sua empresa, a Intel[239]. Eu conheci Grove pessoalmente. Ele era tão cheio de garra quanto é possível imaginar. Nascido Andras Grof na Hungria, ele fugiu do governo comunista cruzando uma cerca de arame farpado depois que os tanques soviéticos esmagaram a rebelião democrática em 1956. Chegando em Nova York aos 20 anos, sem dinheiro nem conexões, ele passou com sucesso estrondoso em suas aulas na Faculdade da Cidade de Nova Yorque (na época, a CCNY era gratuita) e ganhou uma bolsa de estudos para estudar engenharia química na Universidade da Califórnia em Berkely. Grove rapidamente se destacou e chamou a atenção de um ex-aluno de Berkeley e famoso tecnólogo do Vale do Silício, Gordon Moore, que lhe ofereceu um emprego na Fairchild Semiconductor.

Em 1968, Moore e seu colega Robert Noyce deixaram a Fairchild para fundar a Intel, e levaram consigo Andy Grove como o funcionário número três da Intel. Ao longo dos anos 1970, a Intel ganhava a maioria de sua renda e quase todos os seus lucros vendendo *chips* de memória. Em 1971, ela lançou um novo produto promissor, o microprocessador, mas por mais revolucionário que ele fosse, sua contribuição financeira aos lucros da Intel durante os 1970 foi pequena. Os *chips* de memória eram o ganha pão da Intel.

No final dos anos 1970, porém, as empresas japonesas e sul-coreanas entraram no mercado dos *chips* de memória e ultrapassaram a Intel com seus preços mais baixos. No início dos anos 1980, a Intel estava em crise financeira. Grove sugeriu uma solução radical: a Intel deveria largar a área dos *chips* de memória e apostar seu futuro no microprocessador. Houve uma discordância acalorada. Bob Noyce achava que abandonar os *chips* de memória era como perder. Grove, contudo, persistiu. Como ele contou anos depois: "Eu perguntei ao Gordon [Moore][240], sabe, o que aconteceria se alguém nos comprasse? O que o cara novo faria? Ao que Gordon respondeu:

'O novo dono se livraria da gente (risos) e sairia da área de memória." A Intel fez exatamente isso. Abandonou uma área em declínio e inútil para se focar no futuro.

Qualquer fundador de *startup* de tecnologia lhe dirá o quanto é crítico saber quando desistir. Negócios bem-sucedidos como a Intel desistem de projetos e negócios o tempo todo. O empreendedor e bilionário Richard Branson é um desistente em série. Pense nos negócios que ele encerrou quando não funcionaram conforme o esperado: Virgin Cola; Virgin Digital; Virgin Cars e Virgin Brides.

No Vale do Silício existe um mantra: "Fracasse com frequência para chegar ao sucesso mais rápido". Mas para fracassar, você tem que tentar. E aí você tenta com mais afinco. Em algum ponto, no entanto, vendo que a situação é irremediável ou que há usos melhores de tempo, talento e dinheiro, você passa para a próxima oportunidade. É realmente contraproducente rotular um indivíduo que dá as costas para uma tarefa perdida como desistente, quando empreendedores são celebrados exatamente pela mesma coisa. Um general que fizesse o mesmo seria elogiado por sua retirada estratégica ou suas táticas flexíveis.

***

Obviamente, desistir não é fácil. É duro. Quando desistimos, ficamos cheios de culpa. Sentimos vergonha. Desistir significa superar as expectativas culturais e ignorar as pressões sociais. Mas a popularidade da tenacidade imbatível como norma cultural – uma norma que nossa sociedade criou, apoiou e enfatizou – às vezes, resulta em pessoas exaustas e infelizes com a direção atual de sua vida. Somos bombardeados com histórias de obstinação levando ao sucesso, mas ouvimos falar pouco dos lados positivos de abandonar um projeto ou um caminho que não faz mais sentido.

Como parte de nossa obsessão pelo sucesso precoce, transformamos a desistência em algo pejorativo, um insulto que corta diretamente nossa noção de valor próprio. E isso não é apenas injusto, é destrutivo. Em um impulso para suprimir a individualidade e reforçar as normas culturais, a sociedade transformou uma das ferramentas mais eficazes para a autodescoberta em um tabu. Isso é um taylorismo em seu pior aspecto, reforçando a mensagem: continue na esteira rolante culturalmente aceita para o sucesso a qualquer custo.

A resistência cultural à desistência é um problema muito real, mas não é a única fonte de raciocínio falho. Todos nós temos vieses cognitivos que atrapalham nossa capacidade de abandonar um emprego que nos traz sofrimento ou alguma atividade infrutífera. Esses vieses podem ser definidos por meio de dois conceitos econômicos: a *falácia do custo irrecuperável* e *custo de oportunidade*. O primeiro, custo irrecuperável, diz respeito ao passado. Custo irrecuperável é o dinheiro[241], tempo ou esforço que já depositamos em um projeto ou direção na vida. Quanto mais e por mais tempo investimos em algo, mais difícil é abrir mão desse algo. A falácia do custo irrecuperável[242] é quando dizemos a nós mesmos que não podemos desistir por causa de todo o tempo ou dinheiro que já gastamos nisso.

O segundo conceito econômico é o custo de oportunidade[243]. Ao contrário do custo irrecuperável, esse conceito diz respeito ao futuro. Ele significa que, para cada hora ou dólar que gastamos em uma tarefa ou direção, estamos desistindo da oportunidade de gastar aquela hora ou dólar em uma tarefa ou direção diferente, melhor. Em outras palavras, em vez de concentrar nossos esforços em alguma coisa que não está funcionando ou que não nos faz felizes, poderíamos estar voltando nossas energias para algo que poderia nos deixar mais felizes, que se encaixe melhor ao nosso estilo de vida, ou nos ajude a ganhar mais dinheiro – isso se não estivéssemos tão preocupados com o custo irrecuperável.

É nisso que reside a pegadinha: nós, humanos adultos, temos muita dificuldade em nos libertarmos da falácia do custo irrecuperável. Não deveríamos cair nesse engodo, mas caímos, o tempo todo. Hal Arkes, um psicólogo da Universidade do Estado de Ohio, junto com sua colega Catherine Blumer, descobriu o quanto somos ruins em estimar o custo irrecuperável. A maioria dos adultos, eles descobriram, são (vergonhosamente) piores em estimar o custo irrecuperável do que crianças e cães. Sim, cães. É o quanto estamos ligados à falácia do custo irrecuperável[244].

Por quê? Aparentemente, segundo Arkes e Blumer, tomamos uma regra que aprendemos quando pequenos – não desperdice – e exageramos em sua aplicação. Quando desistimos de algo, sentimos que desperdiçamos todo aquele tempo e esforço que dedicamos aprendendo piano, nos preparando para a faculdade de medicina ou perseguindo um sonho para agradar nossos pais. Para entender melhor essa dinâmica, considere um cenário do estudo de Arkes e Blumer:

Suponhamos que você tenha gastado[245]US$ 100 em uma passagem para uma viagem de final de semana para esquiar no Michigan. Várias semanas depois, você compra uma outra passagem de US$ 50 para uma viagem de final de semana para esquiar em Wisconsin. Você acha que vai desfrutar mais da viagem ao Wisconsin do que a de Michigan. Enquanto está guardando sua passagem recém-comprada para Wisconsin na carteira, você repara que a viagem para Michigan e a outra, para Wisconsin, são para o mesmo final de semana. É tarde demais para vender uma das passagens, e você não pode devolver nenhuma delas. Tem que usar uma passagem e não a outra. Em qual viagem você embarca?

Que passagem *você* usaria? A viagem que custou mais, ou aquela que acredita que vai ser mais divertida?

Mais da metade dos participantes disse que preferiria ir na viagem de esqui da qual desfrutaria menos – a viagem a Michigan. Por quê? Porque o investimento tinha sido maior (custo irrecuperável), e, portanto, abandoná-la parecia um desperdício maior. Vários outros experimentos apoiaram a ideia de que evitar o desperdício era um fator imenso nas decisões das pessoas em honrar o custo irrecuperável, não abandonando uma rota de ação fadada ao fracasso.

No contexto da falácia do custo irrecuperável, abandonar um rumo que está fracassando parece desperdiçar os recursos que já gastamos. Para os que desabrocham mais tarde, isso seria o sentimento de que todos aqueles anos buscando um Ph.D., uma sociedade na empresa de advocacia ou aquela carreira no mundo da moda seria um desperdício de tempo, dinheiro, esforço e lágrimas se desistíssemos agora.

A falácia do custo irrecuperável é um dos grandes impedimentos para fazer mudanças positivas e, posteriormente, viver uma vida melhor. Existem fatores psicológicos adicionais, no entanto, que nos impedem de desistir das coisas de modo a sermos mais felizes ou mais bem-sucedidos. Segundo Dan Ariely, autor do *best-seller* de 2008, *Previsivelmente Irracional*, um estado mental chamado "dissonância cognitiva"[246] nos dificulta em relação à desistência. Ariely diz que se agimos de certa forma ao longo do tempo, vamos acabar justificando exageradamente nosso comportamento. Se dedicamos 10 anos a um trabalho – mesmo que desprezemos esse trabalho diariamente –, nós nos convenceremos de que o amamos. Além disso, Ariely sugere que nós realmente gostamos de sofrer pelas coisas que amamos. De fato, gostamos tanto que se sofrermos por algo, decidimos que devemos amar esse algo! Ariely aponta que fraternidades e irmandades, o serviço militar e as equipes esportivas utilizam essa tendência psicológica quando fazem seus participantes sofrerem uma iniciação ou dificuldades extremas. Ao transformar indignidade em comprometimento, esses processos combinam nosso intenso desejo de nos encaixarmos com nosso intenso desejo de justificar nossas ações.

Entretanto, recusar a abandonar nosso investimento em uma graduação, um emprego ou em um caminho que não é o melhor para nós, pode ser custoso. Para cada momento a que redobramos nossos esforços em algo que não está funcionando, estamos abrindo mão de outras oportunidades potencialmente valiosas. Como a psicologia e a economia comportamental nos mostram, o desperdício real não está em sacrificar nosso passado ao desistir de uma iniciativa que está fracassando. Está em sacrificar nosso futuro, deixando de buscar algo melhor.

***

Chame de retirada estratégica. Pense nisso como uma virada ou um renascimento. Para aqueles de nós que jogam cartas, pense nisso como "saber quando deixar o jogo". O fato é que, é tão importante saber quando largar algo e mudar de direção, assim como, saber quando continuar com alguma coisa. Todos nós já nos arrependemos de não desistir de um emprego sem futuro, ou não terminar um relacionamento tóxico ou infeliz antes. Quando desistimos das coisas que não estão funcionando para nós, libertamos nossa força de vontade e perseverança para as coisas que realmente importam. Todos nós temos uma quantidade limitada de tempo e atenção.

Desistir não significa necessariamente que sejamos fracos ou preguiçosos. Desistir também significa que estamos sendo honestos conosco. Desistir é realmente o processo de dizer não. Com frequência, dizer não pode ser a melhor coisa a se fazer para melhorar nossas vidas, seja dizendo não para *e-mails* que chegam tarde da noite, a um emprego, uma cidade ou uma meta inatingível. Se realmente pensarmos a respeito, toda pessoa bem-sucedida ou extraordinária era um desistente. Seth Godin, em *O Melhor do Mundo: Saiba quando insistir e quando desistir,* declara que as pessoas verdadeiramente bem-sucedidas são "desistentes espertos"[247], que mudam de direção quando se dão conta de que seu caminho atual não os aproximará de seus objetivos finais. Limitar suas perdas permite a essas pessoas bem-sucedidas realocar seu tempo e energia para as coisas que continuam a movê-las adiante. Saber quando desistir dessas ações que não funcionam "lhe dá uma sensação de empoderamento", diz Godin.

Existe alguma pegadinha em desistir? Sim. A desistência que é uma afirmação de nossos verdadeiros eus e verdadeiros talentos, inerentemente requer que tomemos responsabilidade pessoal. Ela reconhece que estamos cientes de nossos próprios limites, assim como de nosso potencial. Para a maioria de nós, esse tipo de arbítrio pessoal é um nível potente de consciência. Quando precisamos da força para mudar de rumo – quando nos descobrimos seguindo a estrada errada –, a habilidade de desistir é o poder necessário para fazer nossas vidas darem uma virada.

E essa é a chave: desistir é poder.

Desistir, quando é pelos motivos certos, não é largar mão. Não é se sujeitar ou jogar a toalha. É dizer que esse emprego simplesmente não é o adequado para nós. É tentar algo e não gostar. Nesse sentido, desistir é, na verdade, parte do processo de descoberta. Nós definimos quem somos desistindo, seja de um clube, uma escola, um emprego ou *hobby*. A aderência forçada ou a devoção inquestionável leva à atrofia – a uma morte lenta. Mas desistir é o processo de crescer, de viver.

Como Steven Levitt, coautor de *Freakonomics*, explica:

"Se eu tivesse que dar uma única explicação importante[248] para como eu consegui o sucesso contra todas as probabilidades no campo da economia, foi por ser um desistente. Que desde o começo, meu mantra foi "falhe depressa". Se eu começo com cem ideias, tenho sorte se duas ou três dessas ideias algum dia se transformarem em artigos científicos. Uma das minhas maiores habilidades como economista tem sido reconhecer a necessidade de falhar depressa e a disposição em descartar um projeto assim que eu percebo que ele, provavelmente, vai fracassar."

Tenha em mente que desistir, para muitos de nós que desabrocham mais tarde, não é necessariamente para sempre. Muitos de nós abandonam a escola, depois voltam. É por isso que os anos de folga (ver Capítulo 3) se tornaram tão populares. Nesse sentido, desistir é uma forma de paciência. É o nosso corpo e nossa mente nos dizendo – e nós, como indivíduos de desabrochar tardio –, escutando que não estamos prontos ainda para um desafio ou uma certa fase da vida. Esse tipo de paciência mostra que desistir é, muitas vezes, uma progressão ou um estágio, não o resultado final. Por meio da desistência, um indício de fervor se metamorfoseia em uma paixão verdadeira: a fotografia leva à cinematografia, a poesia se torna edição, a faculdade de direito se torna agência de manutenção da lei, uma época sofrida na faculdade de medicina se transforma em uma longa carreira em enfermagem.

Como podemos descobrir nossas verdadeiras paixões se não tentarmos – e, por consequência, desistirmos de – várias coisas?

Não podemos.

Essa realidade levanta uma questão importante: como sabemos o momento certo para abandonar algo? Essa é uma pergunta que não tem uma resposta fácil. Desistir é uma decisão pessoal, mas algumas dicas válidas vagam pela esfera das pesquisas. Steven Levitt, famoso pelo *Freakonomics*, disse certa vez: "Eu desisti de praticamente tudo em que sou ruim"[249]. Segundo Hal Arkes, o especialista em custos irrecuperáveis, "a primeira coisa é: você tem que[250] arrancar esse *Band-Aid*, e precisa arrancar rápido". Arkes acredita que as pessoas realmente bem-sucedidas em deixar um emprego ou fazer uma virada importante são as que tomam a decisão rapidamente e agem imediatamente. "Acho que essa ideia de não olhar para trás", disse ele, "eu sei que é um clichê, mas tanta gente que conseguiu seguir adiante simplesmente foi." E, pessoalmente, eu acredito que você deve desistir quando tem uma ideia clara do seu plano B, quando você tem uma imagem do seu renascimento. Como abandonar um mau hábito, desistir de um caminho de vida malsucedido é mais fácil se você tem algo para colocar em seu lugar.

Todavia, a lição mais importante sobre a desistência – e eu espero que você guarde essa ideia – é que ela é um ponto forte, não uma falha. Nós precisamos superar nossa tendência natural pela falácia dos custos irrecuperáveis. Precisamos enxergar a desistência pelo que ela é realmente, uma virtude – a habilidade de "fracassar depressa", e dar a volta por cima com agilidade.

O fato é que todo mundo desiste. As pessoas que desabrocham mais tarde e são bem-sucedidas simplesmente são melhores nisso.

Capítulo 7

O superpoder chamado insegurança

A maioria de nós permite muita insegurança em nossas vidas. Isso é verdade tanto para quem desabrocha tarde quanto para os que o fazem cedo. Todavia, para os indivíduos mais tardios e esperançosos, a insegurança pode parecer um fardo mais pesado. Enquanto a atual esteira rolante para o sucesso nos separa em categorias de gênios precoces e perdedores, mais a insegurança surge. Em nossa era de dados e análise onipresentes, todos nós sabemos como o jogo funciona, seja em notas, salários ou *likes* no Facebook. A transparência tem suas virtudes, mas também pode ser um vento que sopra na direção de sentimentos ruins sobre nós mesmos.

Somando-se a isso, a cultura (examinada no Capítulo 5) criou padrões nos quais devemos nos encaixar. Podemos ter vindo de uma família marcada pelo conflito e a raiva, excessivamente crítica ou com expectativas irreais. Talvez tenhamos tirado uma pontuação medíocre nos testes, frequentado a faculdade "errada" ou obtido a graduação "errada". A cultura atual nos alerta que, se sairmos da via expressa, vamos pagar um preço. Se fizermos algo que contrarie a norma, enfrentaremos julgamento. Caia da esteira rolante para o sucesso precoce e a primeira coisa que você terá serão os hematomas.

Finalmente, muitos de nós, que desabrochamos mais tarde, nos vemos passando por transições indesejadas na vida, seja um divórcio, doença ou a morte de um cônjuge. Como resultado, nossa mentalidade pode ser abalada. Podemos ter a responsabilidade de cuidar de um filho, um problema relacionado ao cuidado com os mais velhos, um problema de saúde inesperado. Ou, talvez, a vida simplesmente tenha nos golpeado e nós tivemos que dar um tempo em nossa trajetória profissional. Essas forças podem ser paralisantes. Muitas mulheres lutam com a insegurança por causa do que pesquisadores chamam "impulsos em disputa" – gravidez, cuidado com os filhos e outras responsabilidades familiares. Esses impulsos tendem a adiar o preparo e o avanço na carreira, podem demandar uma abordagem incomum à educação e resultar em sucesso profissional em uma idade maior do que se esperava. A insegurança pode crescer quando vemos nossos colegas de escola ou ex-colegas de trabalho avançarem em suas carreiras enquanto nós, em virtude de qualquer desses fatores, sentimos que ficamos presos.

Vamos fazer uma pausa aqui. Como indivíduos de desabrochar tardio, nossos caminhos para o sucesso são necessariamente não convencionais. Ao não aceitar essa verdade, muitas vezes, começamos de um ponto mais baixo, subvalorizando nossas habilidades e contribuições. Esse tipo de insegurança inflige muitos tipos diferentes de dor, desde o embaraço até o pânico e a paralisia. Mas os danos em longo prazo da insegurança são ainda piores do que a dor inicial. Quando ela fica ali apodrecendo, a insegurança leva à passividade e à autossabotagem vitalícias. A insegurança não administrada nos impede de realizar todo o nosso potencial.

Essa é a má notícia. Qual é a boa notícia?

A boa notícia é que a insegurança, por mais estranho que isso soe, é na verdade uma arma secreta para o desabrochar. Quando gerenciada da forma adequada, ela é uma fonte de informação e motivação. Como resultado, pode ajudar a combater a complacência e a melhorar nosso preparo e nosso desempenho. Ela nos impele a questionar resultados, experimentar com novas estratégias e a nos manter abertos a formas alternativas de resolver problemas – e isso tudo são táticas que se relacionam com os pontos fortes dos indivíduos que desabrocham mais tarde, como a curiosidade e a resiliência. Mas a insegurança não é apenas um impulsionador do desempenho; ela é também uma receita para ser um líder, professor, pai e amigo mais sábio. Aceitar a própria insegurança nos torna mais compassivos e nos dá maior compreensão de nós mesmos e dos outros.

A habilidade de transformar a insegurança em informação e motivação é crucial. Essa alquimia não acontece por acaso. Indivíduos de desabrochar tardio devem aprender a utilizar algumas técnicas diferentes, para transformar esse ponto fraco em um manancial de força. Eles devem aprender a administrar as sensações inevitáveis e aleatórias de insegurança. A melhor estratégia para isso é a honestidade compassiva. Precisamos aprender a reconhecer nossa insegurança e a vê-la de outra forma, mais saudável e construtiva. Precisamos aprender a ver a insegurança como o que ela realmente é: informação – nada mais, nada menos.

Vista como informação, pura e simples, a insegurança pode passar de uma inimiga perpétua a uma conselheira confiável, que pode nos ajudar a alcançar nossas metas e, em última análise, desabrochar.

***

O que, exatamente, nos faz duvidar de nós mesmos? A palavra *dúvida* vem do latim *dubitare*, "oscilar, hesitar e ficar incerto". Do ponto de vista evolucionário, a dúvida é algo bom[251]. Ela é instilada em cada ser humano como uma característica para a sobrevivência. Nossos ancestrais "oscilavam e hesitavam" antes de resolver atravessar um rio revolto. A dúvida deles os ajudavam a sobreviver. Em nossos dias, nós podemos nos sentir "incertos" sobre transferir dinheiro para possíveis golpistas. Isso é algo bom. A dúvida a respeito de situações perigosas e propostas suspeitas é uma característica de sobrevivência; e também é algo essencial para nosso progresso como espécie.

A dúvida a respeito de nós mesmos, portanto, significa[252] oscilação, hesitação e incerteza sobre nossas próprias capacidades. É a falta de confiança em nós mesmos, em nossas habilidades e nossas decisões. Isso pode ser bom – questionar nossa capacidade pode ser útil. Porém, quando levado ao extremo, esse tipo de insegurança pode nos roubar oportunidades ou desperdiçar nosso potencial. Nossa insana obsessão cultural com a comparação e o ranqueamento faz com que muitos indivíduos esperançosos de desabrochar tardio lutem com a dúvida. Ficar preso a padrões que somos incapazes de alcançar – ou escolhemos não alcançar – nos torna suscetíveis a desconsiderarmos nossas capacidades singulares.

Como a maioria das pessoas lida com essa insegurança? Nem sempre muito bem. Muitos de nós prejudicamos a nós mesmos, ou sabotamos nossa chance de sucesso. Criamos na imaginação um obstáculo, exatamente antes de qualquer teste verdadeiro de nossa habilidade. Desse jeito, se fracassarmos, temos uma justificativa perfeitamente aceitável e podemos proteger nossas crenças interiores sobre nosso talento e habilidade: *Eu bebi demais na noite antes do grande teste, então é claro que não me saí tão bem como poderia.* A procrastinação é uma das formas mais prevalentes de se prejudicar para os indivíduos que desabrocham mais tarde: *Eu só fui conseguir escrever meu currículo no último minuto – foi por isso que eu não consegui o emprego.* Ou: *Meu tempo está todo tomado de serviço, graças ao meu chefe, então eu não consegui fazer aquela apresentação importante. Foi por isso que ficou uma droga. Se pelo menos eu tivesse mais um ou dois dias...*

Para sermos claros, se autoprejudicar[253] não é simplesmente arrumar uma desculpa. Em vez disso, as pessoas que se prejudicam atiram no próprio pé de propósito, para se protegerem de ter que enfrentar seus próprios defeitos. Muitos comportamentos dessa linha são aqueles hábitos pequenos e sutis, como se atrasar, fofocar, microgerenciar, agir de forma passivo-agressiva ou ser um perfeccionista. Nós podemos não reconhecer esses traços derrotistas e prejudiciais pelo que eles são. Ou podemos até vê-los como pontos fortes. Na verdade, porém, eles com frequência atrapalham o nosso desabrochar.

Some-se a isso que muitos indivíduos que prejudicam a si mesmos confiam no que os psicólogos chamam "fantasia do amanhã". Essa fantasia é a de que vamos nos esforçar plenamente amanhã, um pouco mais adiante, quando for conveniente para nós. Quando chegar o momento certo, vamos dar o nosso melhor de verdade – o que, é claro, produzirá o sucesso. *Eu não ligava muito para esse projeto, então tanto faz. Mas quando for algo que me interessar de verdade, eu vou trabalhar duro. Aí as pessoas vão ver do que eu sou realmente capaz.* Essa ilusão nos permite evitar colocar nossa habilidade realmente à prova. Prejudicar a si mesmo funciona como uma segurança para egos frágeis, mas carrega consigo o custo de nunca provar do sucesso verdadeiro. Alguns indivíduos de florescer tardio lidam com essa dúvida por meio de uma estratégia que os pesquisadores chamam de "melhoria do outro"[254], mais uma forma de racionalização derrotista. Esses gênios precoces são bem-sucedidos porque são mais talentosos, mais bonitos, mais compostos. Com seus talentos óbvios ululantes, eles nasceram para o sucesso. *Ela tem pontuação perfeita no SAT e é superconfiante. Que chance eu tenho? Eu nunca vou conseguir ser assim.* Ou: *Ele só conseguiu o emprego porque é jovem e bonito. Eles só promovem vendedores bonitos.* Nós melhoramos os outros quando atribuímos o sucesso deles a alguma superioridade predestinada, enquanto subestimamos nossos próprios talentos e capacidades, na crença de que os outros são inerentemente superiores e, portanto, têm uma vida melhor. A obsessão da sociedade com a realização precoce só fomenta essa crença. Quando a sociedade favorece os indivíduos que desabrocham cedo tão amplamente, é difícil para o resto de nós enxergar a nós mesmos como dignos.

Finalmente, outra estratégia comum – e talvez a mais perniciosa delas – das pessoas que florescem mais tarde para lidar com a insegurança é a "ameaça do estereótipo"[255]. Nós internalizamos estereótipos negativos sobre nossas próprias capacidades, de uma forma a nos convencer de que jamais seremos bons em certas atividades, não importa o quanto tentemos. Muitos dos que desabrocham mais tarde falham nas metas educacionais obrigatórias, levando a mensagens negativas sobre nossas habilidades de aprendizado. *Você nunca será excelente na escola,* nos dizem. Ou: *você simplesmente não é batalhador.*

Expostos a esse tipo de estereótipo negativo, nós acabamos acreditando neles e os utilizando como pretextos para evitar certos tópicos, desafios ou até mesmo carreiras. Por exemplo, podemos nos ver como "ruins em matemática" ou como líderes ruins. Ao invés de trabalhar para provar que o estereótipo está errado, nós evitamos qualquer situação que envolva matemática ou exija o gerenciamento de pessoas. Nós desistimos de nós mesmos, antes que tenhamos a chance de desenvolver uma habilidade ou testar nossas capacidades reais. Nesse sentido, a ameaça do estereótipo age tanto como uma estratégia autoprotetora quanto limitadora.

Você se identifica com alguma dessas estratégias inúteis e autoderrotistas? Eu sim. E tenho uma forte suspeita de que alguns dos indivíduos que desabrocham mais tarde estão sendo retidos por elas. Estas não são as únicas abordagens psicológicas[256] que as pessoas usam para lidar com a insegurança, mas são as que a maioria de nós, que nos sentimos marginalizados pelo caso de amor da sociedade com o sucesso precoce, utilizamos para nos proteger das consequências da decepção ou do fracasso. Entretanto, anime-se! Elas são apenas buracos na estrada para desvendar o verdadeiro valor da insegurança.

***

Imagine por um minuto que você é um físico mundialmente reconhecido, um Sheldon ou Leonard da série *Big Bang Theory* no mundo real. Você estudou partículas atômicas, desvendou a teoria das cordas e analisou os mistérios do universo. Publicou centenas de artigos revisados por seus pares. É um professor permanente em uma grande universidade, considerado brilhante por seus alunos, colegas, família e amigos. Você é verdadeiramente um dos intelectos mais respeitados no mundo todo.

Você não teria muito de que duvidar em si mesmo, certo?

Errado.

Em 2005, o sociólogo Joseph Hermanowicz descobriu que a verdade é o contrário disso. No final, os físicos mais inteligentes e realizados[257] – os Sheldons e Leonards da vida real – têm montanhas de inseguranças. Na verdade, quanto mais realizados eles eram, mais dúvidas admitiam sentir.

Hermanowicz investigou os melhores cientistas e suas avaliações dos próprios sucessos. Esses físicos tinham publicado mais de uma centena de artigos revisados por seus pares em revistas de prestígio, haviam sido citados milhares de vezes e alcançado o nível de professor pleno e estável em grandes universidades. Inicialmente, ele presumiu que a insegurança fosse diminuir para esses cientistas bem-sucedidos. Esses eram, afinal de contas, os físicos mais bem-sucedidos do mundo. Mas não foi isso que ele descobriu.

"Quando você recebe uma série de duas ou três recusas de propostas[258], começa a se preocupar se ainda consegue dar conta ou se suas ideias realmente estão erradas, no final", admitiu um físico. "Eu sempre tive dúvidas a meu respeito", outra confessou. "Estou sempre mergulhada em uma situação na qual me sinto totalmente desqualificada, despreparada, e de algum jeito você tem que se mostrar à altura da ocasião", acrescentou ela. "As inseguranças [...] motivam muitos de nós", reconheceu uma outra física. "[Inseguranças sobre] o quanto você é boa. Sobre se você está mesmo se saindo bem. Se você está à altura."

Pare e reflita sobre isso. Até os melhores físicos do mundo rotineiramente se perguntam: *Será que eu sou bom o bastante?* Ou: *Será que eu vou conseguir?* Ou: *Eu tenho o necessário para ser bem-sucedido?* Você pode presumir que a realização e o elevado reconhecimento que eles têm trariam um forte senso de afirmação. Entretanto, os trechos citados aqui mostram uma realidade diferente.

Esse é um dos primeiros pontos a compreender: *todos nós* experimentamos insegurança.

Isso é verdade, independente do quanto sejamos bem-sucedidos. Sentimentos de dúvida podem ser mais agudos naqueles entre nós que ainda não desabrocharam, mas isso não significa que sejamos danificados, disfuncionais ou até incomuns. A insegurança é normal. É um engano acreditar que você, eu ou qualquer um de nós está sozinho em enfrentar esse problema. Com múltiplos Oscars, era de se imaginar que Meryl Streep estivesse livre da dúvida. Entretanto, ela admitiu prontamente lutar com a própria insegurança. "Eu digo a mim mesma: 'Eu não sei atuar'[259] – e por que alguém ainda quer olhar para mim na tela?", lamentou-se ela em: *The Oprah Magazine*. Desde a escritora Maya Angelou, vencedora do prêmio Pulitzer, até músicos populares e cirurgiões cerebrais mundialmente famosos, nem os mais brilhantes e mais criativos dentre nós estão imunes a essa incômoda sensação de pavor – uma sensação de que, em algum momento, alguém vai puxar as cortinas e revelar o quanto eles são sem talento e indignos. Maya Angelou confessou certa vez: "Eu escrevi 11 livros[260], mas a cada vez eu penso: 'oh-oh, eles vão descobrir agora. Eu enganei todo mundo, e eles vão descobrir agora".

Todas as pessoas sadias têm dúvidas. Alguns indivíduos que desabrocham mais tarde podem sentir que é seu fardo peculiar, mas este é um traço universal que pessoas de todos os tipos na vida experimentam. E de um ponto de vista evolucionário, a insegurança é, na verdade, útil. A insegurança nos alerta e pode nos motivar. Ela se torna prejudicial apenas caso permitamos que corra solta e recorramos a estratégias como o autoprejuízo e a melhoria do outro para lidar com ela. Além disso, como muitos estudos já mostraram, um pouquinho de insegurança pode na verdade melhorar nosso desempenho e aumentar o sucesso. Isso mesmo, a insegurança beneficia o desempenho[261]. Vários estudos envolvendo riscos e desafios que iam de golfe, pular corda e tiro ao alvo até provas acadêmicas e a realização de tarefas analíticas demonstraram, definitivamente, que no que diz respeito ao alto desempenho, uma dose saudável de insegurança melhora os resultados. Isso é verdade, porque os participantes que sentem insegurança se esforçam mais, tanto em sua preparação quanto durante a *performance*. Tanto nos esportes quanto nas atividades acadêmicas, participantes que duvidam de si mesmos prestam mais atenção aos treinos e investem mais esforço cognitivo. A dúvida, quando aproveitada adequadamente, combate a complacência.

Isso é muito encorajador para aqueles de nós que desabrocham mais tarde. Ao longo de nossas vidas, a sociedade nos comparou de forma desfavorável aos que desabrocharam cedo. Isso alimentou nossa dúvida de nós mesmos, e agora muitos de nós temos um excesso disso. Uma grande diferença entre as pessoas que desabrocham e as que ainda estão esperando desabrochar é essa: os que desabrocham não permitem que a dúvida os impeça. Em vez disso, eles usam a insegurança para ajudá-los a melhorar. Isso soa meio contraintuitivo, eu sei.

Mas pode ser feito.

***

No Capítulo 4, eu elogiei a percepção do famoso técnico de futebol americano Bill Walsh, que desabrochou tardiamente. No começo de minha carreira na revista *Forbes*, eu pedi a Walsh que escrevesse uma coluna para a *Forbes ASAP*. Ele tinha acabado de voltar a treinar futebol americano em Stanford. Antes disso, havia levado os San Francisco 49ers do pior histórico na NFL para uma vitória no Super Bowl [a final do campeonato nacional norte-americano], em apenas três anos. Ele conquistou mais dois Super Bowls e deixou a franquia dos 49ers posicionado para ganhar mais dois. Ele foi, pode-se dizer, o técnico de futebol americano mais brilhante de sua era. Mesmo seus detratores tiveram de admitir que Walsh, criador do ataque West Coast, foi um pioneiro e inovador na área do futebol americano. Eu o visitei em seu escritório em Stanford, onde conversamos por uma hora, fazendo anotações.

Antes de me encontrar com Bill Walsh pela primeira vez, eu esperava um homem de autoconfiança suprema, com o comportamento de um general – o retrato de um treinador importante e bem-sucedido. Porém, na superfície, ele era exatamente o contrário disso. Ele exibia sua insegurança como uma ferida aberta. Remexia-se com frequência em sua cadeira, corrigia suas próprias sentenças e saltava para sua estante fornida de livros para conferir um fato. Walsh, o grande técnico de futebol americano, lembrava muito um professor neurótico.

Nossas conversas reforçaram essa visão surpreendente do grande homem. Walsh descreveu sua evolução como técnico de forma humilde. Ele estava sempre aprendendo, sempre experimentando, e sempre lidando com suas próprias dúvidas.

Um dia eu lhe perguntei sobre o papel da confiança em uma carreira bem-sucedida. Ele soltou uma fungada. "Confiança", repetiu ele. "Em toda a minha carreira eu venho ultrapassando homens com mais bravata e confiança. A confiança te dá um começo acelerado. Confiança arranja aquele seu primeiro emprego e, talvez, as duas promoções seguintes. Mas a confiança lhe impede de aprender. A confiança se torna uma caricatura depois de algum tempo. Não sei lhe dizer quantos valentões confiantes eu vi na minha carreira que nunca melhoram depois dos 40 anos."

Walsh só arrumou seu primeiro emprego sério como técnico depois dos 46 anos, e seu primeiro emprego profissional como técnico veio aos 48 anos. Mesmo começando tão tarde, ele acabou se tornando um dos maiores técnicos de todos os tempos. Walsh nunca tentou reprimir sua insegurança sobre se deveria contratar certo jogador ou fazer uma jogada arriscada quando o resultado da partida estava em questão. Ele usou suas dúvidas para experimentar e reavaliar, experimentar e reavaliar. Para mim, Walsh é a epítome de como deveríamos lidar com a insegurança: usá-la como meio para incentivar o desempenho, para melhorar constantemente. E esse é o meu argumento. Para desabrochar, todos nós precisamos aprender a não temer a dúvida a respeito de nós mesmos, mas a aceitá-la como uma oportunidade para o crescimento e a melhoria da *performance* que ocorre naturalmente.

Mas como?

A chave para explorar a insegurança começa no cerne de nossas crenças individuais sobre nós mesmos, com algo que os psicólogos chamam "autoeficácia". E a compreensão da autoeficácia começa com Albert Bandura.

***

No campo da psicologia, Albert Bandura é um gigante[262]. Mas a menos que você acompanhe essa área com atenção, talvez não conheça o nome dele. Em 2002, Bandura foi colocado como o quarto psicólogo mais importante de toda a História pela *Review of General Psychology*. Apenas pilares da estatura de B. F. Skinner, Jean Piaget e Sigmund Freud ficaram acima de Bandura, que alcançou esse *status* elevado por suas teorias sobre a autoeficácia – a confiança de um indivíduo em sua capacidade de realizar o que ele se propõe a fazer.

Bandura nasceu em 1925, em uma cidadezinha nas planícies varridas pelo vento noroeste de Alberta, Canadá, o caçula de seis irmãos. Sua educação inicial ocorreu em uma escola pequena, com apenas dois professores. Por causa dos recursos educacionais limitados, diz ele que "os estudantes tiveram que assumir o controle da própria educação"[263].

O autossuficiente Bandura percebeu que embora "o conteúdo da maioria dos livros técnicos[264] seja perecível, [...] as ferramentas da autodireção são muito úteis ao longo do tempo". Assumir o comando da própria educação para além do básico essencial na área rural do Canadá, sem dúvida contribuiu para sua ênfase posterior na importância da autodireção e livre arbítrio.

Bandura frequentou a Universidade da Columbia Britânica, pretendendo se graduar em ciências biológicas. Ele trabalhava à noite e ia para a escola de manhã cedo com os outros estudantes. Durante um semestre, todos eles chegavam à escola antes das aulas começarem. Ele tinha que ocupar esse tempo de algum jeito. "Certa manhã, eu estava à toa[265], passando o tempo na biblioteca", explicou ele. "Alguém tinha se esquecido de devolver um catálogo de matérias e eu o folheei, tentando encontrar uma matéria à toa para ocupar aquele período. Notei uma matéria de psicologia que seria excelente para isso. Ela despertou meu interesse e eu encontrei minha carreira."

Bandura conquistou seu diploma em apenas três anos, seguindo para fazer seu mestrado na Universidade de Iowa. Depois de receber seu Ph.D., foi-lhe oferecido um cargo em Stanford e ele começou a trabalhar lá em 1953. Ele ainda está lá até hoje.

Seu artigo de 1977[266], "Autoeficácia: Caminhando para uma teoria aglutinadora da mudança comportamental" chamou a atenção do mundo todo e causou uma imensa transformação na psicologia. A autoeficácia desde então se tornou um dos tópicos mais estudados na área. Mas o que, exatamente, é a autoeficácia?

Bandura definiu a autoeficácia como a confiança na própria habilidade de desenvolver estratégias e completar tarefas necessárias para suceder em diversas empreitadas. Mas simplesmente, é a crença do indivíduo sobre suas próprias capacidades, como sua habilidade de executar tarefas específicas como: fazer uma prova, começar um negócio, fechar uma venda, dar uma palestra ou completar uma maratona. Autoeficácia elevada é bom porque, a menos que realmente acreditemos que podemos produzir o resultado que queremos, temos pouco incentivo para tentar fazer as coisas, para começo de conversa, ou para perseverar em face dos desafios.

Ao longo das últimas décadas, dúzias de estudos examinaram a importância da autoeficácia na academia[267], no desenvolvimento ocupacional e no sucesso profissional. Múltiplos estudos transversais e longitudinais provam que a autoeficácia elevada tem uma influência positiva sobre o salário, a satisfação com o trabalho e o sucesso na carreira. A autoeficácia tem sido estudada e verificada em uma variedade de áreas, entre elas as fobias, a depressão, as habilidades sociais, assertividade, vício em cigarros, controle da dor, saúde e desempenho atlético.

Por que a autoeficácia é tão importante?

Virtualmente todos nós podemos identificar metas que queremos realizar ou hábitos que gostaríamos de mudar. A maioria de nós, contudo, percebe que colocar esses planos em ação não é tão simples. Bandura e outros descobriram que nossa autoeficácia desempenha um papel importante em como abordamos metas e desafios. Isto é, especialmente verdade para os indivíduos que desabrocham mais tarde. Por causa da obsessão da sociedade com o sucesso precoce, os que desabrocham mais tarde com frequência se veem privados das duas fontes primárias[268] para um forte senso de autoeficácia: *experiências de domínio* e *modelagem social.*

Experiências de domínio são instâncias em que a pessoa domina uma tarefa ou realiza uma meta. Sair-se bem em uma aula ou prova, dominar um esporte, obter um bom resultado na entrevista de emprego – todos esses exemplos são experiências de domínio; que aumentam a autoeficácia. No entanto, muitos dos que desabrocham tardiamente têm menos experiências desse tipo. Como não nos encaixamos no molde criado pela sociedade, com frequência não conseguimos passar pelos marcos típicos. Podemos não tirar notas tão altas nos testes, conseguir as promoções pelas quais ansiamos ou atingir as expectativas culturais. E assim, não experimentamos os resultados socialmente aplaudidos, que fomentam a autoeficácia com a mesma frequência que as pessoas que desabrocham cedo experimentam.

A outra fonte de autoeficácia, modelagem social, refere-se a ver pessoas semelhantes a nós mesmos atingindo o sucesso, o que aumenta a nossa crença de que nós também possuímos a capacidade de nos destacarmos na vida. Infelizmente, as histórias de sucesso dos que desabrocham mais tarde recebem pouca atenção em nosso mundo, que concentra uma atenção excessiva naqueles que alcançam o sucesso cedo – os gênios precoces e jovens ambiciosos. Indivíduos que desabrocham tardiamente são, em sua maioria, excluídos de nossos modelos sociais. Para muitos de nós, essa escassez de modelos coloca outro vinco em nosso senso de autoeficácia.

Eis aqui uma distinção crucial: a dúvida de si mesmo e a autoeficácia não são a mesma coisa. Pessoas com um forte senso de autoeficácia enxergam problemas simplesmente como tarefas a serem dominadas. Como Meryl Streep, eles podem ter um senso generalizado de dúvida. Mas seguem em frente, mesmo assim. Eles desenvolvem um interesse mais profundo nas atividades das quais participam e formam um compromisso mais forte em desenvolver seus interesses. Também se recuperam mais depressa de contratempos e decepções. Pessoas com uma autoeficácia fraca, por outro lado, evitam tarefas desafiadoras, acreditando que elas estão além de suas capacidades. Elas tendem a se concentrar em seus defeitos pessoais e nos resultados negativos, o que lhes faz perder a confiança em suas habilidades pessoais.

Em outras palavras, não há problemas em duvidar de si mesmo. Mas existem muitos problemas na falta de autoeficácia. É um eufemismo espetacular dizer que a baixa autoeficácia é prejudicial. A autoeficácia afeta quase todos os aspectos da vida: a eficiência com que aprendemos, trabalhamos, amamos e vivemos. Para os que desabrocham mais tarde, um senso forte de autoeficácia – ou ao menos, mais forte – nos dá a confiança para desafiar normas sociais, manter um caminho diferente rumo ao sucesso e torcer para o sucesso daqueles ao nosso redor. Dessa forma, devemos adquirir e desenvolver uma alta autoeficácia se quisermos desabrochar. Sim, mesmo com a autoeficácia elevada, ainda sentiremos a dúvida (às vezes, muita dúvida), mas seremos capazes de manter um senso de livre arbítrio mesmo assim, uma crença diante da dúvida de que podemos agir de forma significativa. Essa crença é o próprio fundamento da tradução da dúvida em motivação e informação.

Felizmente, podemos melhorar nossa autoeficácia, por meio de algo que todos nós já fazemos: conversas.

***

A linguagem é a marca da humanidade. Ela nos permite formar relacionamentos profundos e sociedades complexas. Ela nos permite ensinar e aprender com os outros. Mas nós também a utilizamos quando estamos sozinhos. Nós conversamos com nossas consciências ao longo das situações, sejam elas boas ou ruins. A linguagem é a vozinha em nossa mente. É nossa líder de torcida interna – ou nossa crítica interna. Psicólogos e pesquisadores chamam essa vozinha de diálogo interno[269]. O diálogo interno molda nossa relação com nosso eu. Podemos utilizá-lo como ferramenta para ganhar distância de nossas experiências – para refletir sobre nossa vida. Em certo sentido, quando conversamos com nosso próprio eu, estamos tentando ver as coisas mais objetivamente. Em um mundo que favorece tão abertamente os que desabrocham cedo, esse nível de objetividade pode ser imensamente benéfico para os que desabrocham tarde. Isso pode nos ajudar a superar as mensagens culturais negativas que recebemos da família, dos amigos e da sociedade.

O diálogo interno é muitas vezes visto apenas como um tique excêntrico, mas pesquisas descobriram que ele pode influenciar a cognição, o comportamento e o desempenho. Diálogo interno positivo pode melhorar nossa *performance* ao nos ajudar a regular nossas emoções, nosso pensamento e nossa energia. Ele pode aumentar nossa confiança, ampliar a coordenação e melhorar o foco. Como no livro infantil: *The Little Engine That Could* [A Pequena Maria-Fumaça que Conseguia, sem tradução em português], frases como "Eu acho que consigo, eu acho que consigo" realmente funcionam para reduzir a dúvida, aumentar nossa autoeficácia e melhorar nosso desempenho no mundo real. Pode soar piegas, mas a automotivação por meio do diálogo interno positivo funciona.

O diálogo interno positivo e sua relação com a autoeficácia tem sido um tópico de intenso estudo para pesquisadores da psicologia esportiva. O pesquisador Antonis Hatzigeorgiadis e sua equipe na Universidade de Tessália, na Grécia, estudou jogadores de polo aquático e como o diálogo interno afetava seu desempenho ao lançar a bola, em precisão e distância. Os jogadores usando diálogo interno motivacional melhoraram consideravelmente nas duas tarefas[270], comparados aos outros. As tabelas a seguir ilustram as descobertas dessa pesquisa.

No geral, o estudo mostrou que o diálogo interno motivacional, aumenta dramaticamente tanto a autoeficácia quanto o desempenho. Ele também confirmou a premissa de Bandura de que o aumento na autoeficácia está relacionado com melhorias no desempenho.

Seja qual for o nível de nossa habilidade em uma tarefa específica, o diálogo interno pode ajudar todos nós a aumentarmos nossa autoeficácia e a obter um desempenho melhor. O poder do diálogo interno tem sido demonstrado de forma conclusiva[271] em uma gama de áreas além do esporte, entre elas a administração, aconselhamento, psicologia, educação e comunicação. Ele melhora nossa autoeficácia e desempenho em tarefas que vão desde o lançamento de dardos e bolas até jogar handebol e aumentar os saltos verticais. Ajudou jovens escritores e empreendedores promissores a ganhar confiança e perseverar, mesmo enfrentando desafios.

Posso pessoalmente atestar quanto ao poder do diálogo interno. Quando eu estava aprendendo a pilotar um avião, me saí muito melhor quando conversava comigo mesmo ao longo de várias manobras, como fazer curvas em 45° graus enquanto mantinha a altitude, e aterrissar com vento lateral. Quando fiz o teste para tirar meu brevê de piloto particular, o examinador me elogiou por usar o diálogo interno, dizendo que isso demonstrava "consciência situacional". Certamente manteve minha mente focada.

Gráfico 1 — Autoeficácia

- experimental: inicial 2.76 ± .5 → final 3.37 ± .5
- controle: inicial 2.69 ± .6 → final 2.92 ± .8

Gráfico 2 — Desempenho

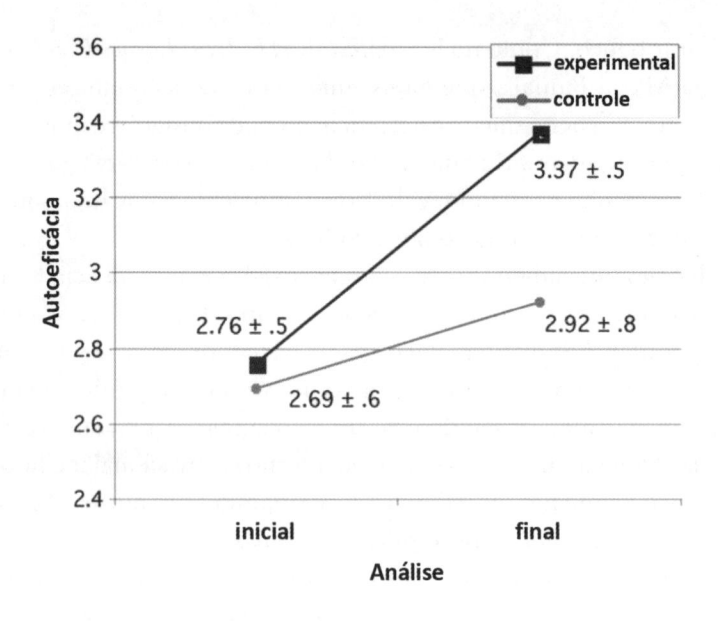

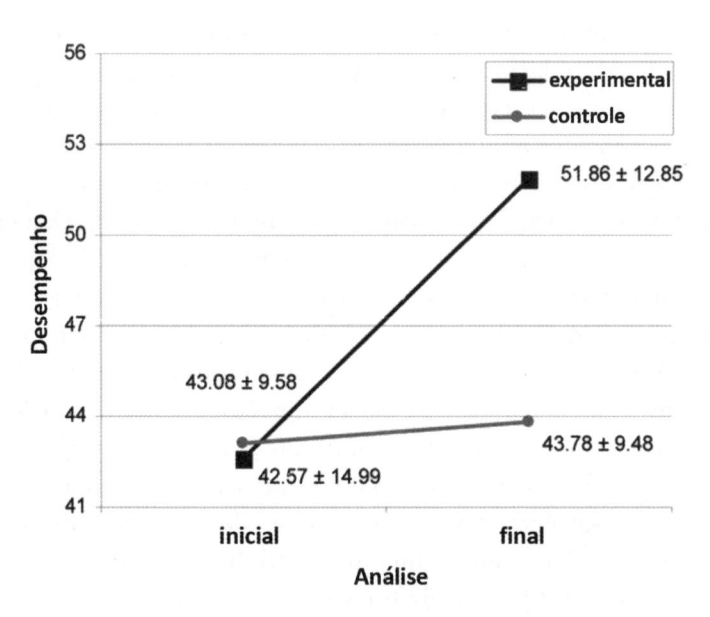

- experimental: inicial 43.08 ± 9.58 → final 51.86 ± 12.85
- controle: inicial 42.57 ± 14.99 → final 43.78 ± 9.48

Até a forma como nos referimos a nós mesmos pode fazer diferença. Ethan Kross, diretor do Laboratório de Autocontrole e Emoções da Universidade do Michigan, descobriu que as pessoas que falam consigo mesmas como se fossem outra pessoa – usando seu próprio nome ou o pronome *você* – têm um desempenho melhor em situações estressantes do que as pessoas que usam a primeira pessoa, *eu*. Em um estudo, Kross causou estresse nos participantes ao lhes dizer que com apenas cinco minutos para se preparar, eles teriam que fazer uma palestra para um painel de jurados. Metade dos participantes foi instruída a tentar controlar sua ansiedade usando o pronome na primeira pessoa: *Por que eu estou com tanto medo?*[272] A outra metade foi instruída a se dirigir a si mesma pelo nome ou pelo pronome *você: Por que a Kathy está com tanto medo?* ou *por que você está com tanto medo?* Depois de cada um fazer sua palestra, pediu-se que os participantes estimassem quanta vergonha tinham sentido. As pessoas que usaram seus nomes ou *você*, não apenas relataram consideravelmente menos vergonha do que as que usaram *eu*, como seus desempenhos foram também consistentemente julgados mais confiantes e persuasivos.

Segundo Kross, quando as pessoas pensam em si mesmas como outra pessoa, "isso lhes permite dar a si mesmas um *feedback* objetivo e útil"[273]. Isso ocorre porque elas obtêm distância de si mesmas – elas se focam em si mesmas, mas a partir da perspectiva distanciada de uma terceira pessoa. "Um dos motivos fundamentais pelos quais conseguimos aconselhar os outros sobre algum problema é porque não estamos envolvidos nesses problemas", explica Kross. "Podemos pensar mais claramente porque temos distância da experiência." Ao usar pronomes externos para nós mesmos, nos vemos como uma pessoa separada, o que nos possibilita dar conselhos mais objetivos a nós mesmos.

Lição: se você está extenuado e precisa de um discurso motivacional, considere fazer você mesmo esse discurso, na segunda ou terceira pessoa. Isso pode lhe ajudar a olhar para a situação de uma perspectiva lógica e objetiva, em vez de um ponto de vista enviesado e emotivo.

No que diz respeito ao aumento da autoeficácia nos indivíduos que desabrocham mais tarde, o poder motivacional da linguagem não se limita ao diálogo interno. Também se aplica a como falamos com os outros, especialmente como pais, parceiros ou colegas de alguém com baixa autoeficácia. A sugestão verbal pode nos levar a acreditar que podemos lidar com o sucesso ou com uma tarefa ou desafio que nos sobrecarregou no passado. Quando estamos persuadidos de que possuímos a capacidade para dominar situações difíceis, nós aplicamos um esforço maior do que aplicaríamos se não acreditássemos. "Estímulos persuasivos na autoeficácia percebida"[274], segundo Bandura[275], "levam as pessoas a se esforçarem com afinco suficiente para atingir o sucesso; promovendo o desenvolvimento de habilidades e um senso de eficácia pessoal."

Por outro lado, o *feedback* negativo pode exacerbar uma autoeficácia frágil. Para romper o que ele chamou "ciclos de exacerbação" de pessoas com baixa autoeficácia, Bandura sugere que evitemos o reforço negativo da carência de uma habilidade ou a promoção da ideia de que uma tarefa específica é fácil.

Isso apenas reafirma um ponto que todos nós já sabemos: as palavras importam. Em vez de dizer a uma pessoa de desabrochar tardio que "isso aqui não é um bicho de sete cabeças", tente dizer que "isso é um desafio, mas você consegue dar conta". Ou em vez de dizer a si mesmo: "eu me sinto terrivelmente sobrecarregado nesse momento", tente: "Alex, você tem a capacidade de fazer isso, e é assim que você vai fazer". Essas simples mudanças linguísticas podem ajudar os que desabrocham mais tarde – assim como todo mundo – a dar passos importantes no sentido de uma autoeficácia maior.

Uma advertência, encorajamento verbal desse tipo não se fundamenta em ser uma líder de torcida incansavelmente otimista. Uma coisa é ver o lado positivo ou construtivo de uma situação. Outra é criar crenças e expectativas irreais. Contratempos e equívocos não devem ser ignorados com um clichê superficial. Na verdade, eles são momentos para a reflexão e oportunidades de aprendizado. Para obter como resposta os maiores benefícios do diálogo interno – ou qualquer outro tipo de encorajamento verbal – precisamos desenvolver declarações que apoiem uma autoimagem realista. Afirmações grotescamente positivas podem ser desanimadoras e acabar reduzindo a autoeficácia. Assim, como encontramos o equilíbrio certo entre inspiração e realidade?

Quando nós ajudamos – ou a um indivíduo de desabrochar tardio de quem gostamos – a gerenciar a dúvida e a insegurança ou a superar reveses, encontrar as palavras e os tons certos começa com um processo que os psicólogos chamam "*framing*" ou efeito de enquadramento[276].

***

Um enquadramento ou moldura em torno de uma pintura de forma sutil dirige a atenção para as características da pintura, moldando como vemos as cores e linhas. De maneira semelhante, podemos usar enquadramentos cognitivos para moldar nosso comportamento[277]. Por exemplo, qual é a nossa moldura para lidar com as críticas? Para lidar com um revés? Para enfrentar um tipo novo de desafio?

Na maior parte do tempo, usamos um enquadramento nas situações de modo automático. Nossos enquadramentos são moldados por experiências passadas, boas e más, mais do que nos damos conta. Muitos indivíduos de desabrochar tardio caem no hábito de trazer suposições negativas ou autoderrotistas para nossos desafios, especialmente se temos baixa autoeficácia. Em nossas mentes, nós fracassamos em uma tarefa antes mesmo de começarmos. Esse enquadramento negativo atrapalha nossas chances de florescer. Assim, a questão chave é: podemos mudar nosso hábito de enquadramento negativo e aprender a enquadrar nossos desafios em uma luz mais positiva? A resposta é *sim*.

Alison Wood Brooks, da Harvard Business School, estudou recentemente a influência do enquadramento sobre nossas emoções, observando a ansiedade que ocorre ao cantar num *karaokê*, falar em público e no desempenho matemático. Quando enfrenta a ansiedade de desempenho, a maioria das pessoas tenta suprimir suas emoções. Brooks investigou uma estratégia alternativa: enquadrar a ansiedade como entusiasmo. Comparados àqueles que tentaram se acalmar, indivíduos que em vez disso enquadraram sua energia ansiosa como entusiasmo, acabaram sentindo mais entusiasmo genuíno e desempenharam consideravelmente melhor. Brooks descobriu que podemos enquadrar a ansiedade como entusiasmo usando[278] estratégias simples como o diálogo interno (dizendo "você está empolgado!" em voz alta) ou mensagens simples ("Fique empolgado!"). Essas mensagens de enquadramento nos permitem canalizar nossa energia ansiosa para uma mentalidade de oportunidade, em vez de uma de ameaça. As descobertas de Brooks demonstram que todos nós temos um controle considerável sobre nossas percepções e os sentimentos resultantes delas. O modo como enquadramos – e verbalizamos – nossos sentimentos nos ajudam a construir o modo como realmente nos sentimos.

Essa deve ser uma notícia encorajadora para as pessoas de desabrochar tardio. Em muitos casos, nossos enquadramentos cognitivos foram moldados ao longo de anos de dados e *feedbacks* negativos, fazendo com que nosso modo padrão seja um enquadramento prejudicial. Mas podemos alterar nosso enquadramento[279].

A maioria dos modelos de enquadramento na pesquisa psicológica consiste em duas teorias contrastantes[280]: aprendizado **x** desempenho, promoção **x** prevenção, sadio **x** danoso, ou, no caso do estudo prévio, empolgado **x** ansioso. Os enquadramentos positivos – aprendizado, promoção, sadio, empolgado – levam a uma maior perseverança, maior inovação e aumento no aprendizado. Em contraste, os enquadramentos negativos – desempenho, prevenção, danoso, ansioso – levam a resultados piores, promovendo um senso de aversão ao risco e um viés para enquadrar novas situações como chances para perder terreno.

Se temos o poder de escolher nosso enquadramento, então por que enquadraríamos as coisas de forma a abalar nossos esforços? Em geral, os pesquisadores acreditam que muitos enquadramentos espontâneos, como os que as pessoas de desabrochar tardio utilizam, tratam-se na verdade de autoproteção. Mas enquadramentos autoprotetores inibem drasticamente nossas oportunidades para aprender, melhorar e desabrochar: eles são os pensamentos de "eu não sou bom o bastante" e "eu vou estragar tudo". Como pessoas que desabrocharam mais tarde, aceitar nossos enquadramentos negativos em vez de desafiá-los tem graves consequências: nós acabamos não realizando nossos objetivos, não descobrindo nossas paixões nem cumprindo nossos destinos.

Quem desabrocha tardiamente e é bem-sucedido não se deixa cair no enquadramento autoprotetor. Em vez disso, eles aprendem a mudar o enquadramento. A ideia é que nós todos somos literalmente livres para alterar o enquadramento de qualquer pensamento para algo mais positivo, exatamente como os participantes ansiosos que reenquadraram sua ansiedade como entusiasmo. Alterar o enquadramento não significa ignorar os fatos. Significa mudar nossa perspectiva dos fatos para dar a estes um significado mais benéfico.

Em sua versão mais simples, alterar o enquadramento envolve dois passos: reconhecer um enquadramento negativo para então substituí-lo por um positivo. Suponhamos que você tenha acabado de se sair mal em uma entrevista de emprego e se sinta terrível (quem não se sentiria?). Bem, a pergunta que você deve fazer para si mesmo é: *por quanto tempo você quer se sentir terrível?* Tempo suficiente para entrar nas redes sociais e acabar com a reputação do entrevistador? A parte mais desafiadora de alterar o enquadramento é reconhecer que você tem uma escolha em como vê uma situação difícil. Uma escolha saudável para alterar o enquadramento da rejeição na entrevista seria: *uau, essa doeu. O que eu aprendi? Talvez eu não estivesse preparado, ou talvez eu tenha sentido que a vaga não era adequada para mim e o entrevistador percebeu esse clima.* Em outras palavras, enxergue a derrota como você faria caso ocorresse com um bom amigo a quem você esteja tentando ajudar. Só por perceber a existência de seu enquadramento padrão – *pobre de mim, alguém que vai desabrochar tarde, mas que não parece desabrochar nunca* – pode ser libertador. Se você sabe que existem bons enquadramentos mesmo para situações ruins, pode romper as correntes da autoproteção e treinar sua mente para desabrochar.

O segundo passo da alteração de enquadramento é ligar um desafio a um objetivo maior: *essa grande apresentação não só é empolgante, como também vai me dar visibilidade de levar a mais oportunidades*. O objetivo maior deve ser claro e persuasivo em sua mente. Ele deve captar o entusiasmo de fazer algo novo que pode melhorar substancialmente a sua vida.

O enquadramento também importa depois dos fatos. Se você estragar uma oportunidade, não fique se culpando ou arrumando desculpas. Enquadre seu erro como uma oportunidade para aprender. Em vez de dizer: *eu fui péssimo naquela apresentação*, ou *eles me deram um horário terrível*, pergunte a si mesmo: *onde foi que você começou a perder a atenção das pessoas?* Em seguida, admita: *esse não foi o melhor que você pode fazer, Lisa. Da próxima, prepare-se melhor.* Enquadramento posterior é uma ferramenta incrivelmente poderosa para os que desabrocham mais tarde, assim como para todo mundo.

Enquadramento inteligente é bom para você e para sua empresa. Psicólogos cognitivos demonstraram que alterar o enquadramento de desafios é uma das chaves para o sucesso organizacional[281], em situações que vão desde a manufatura automobilística no Sistema de Produção Toyota (TPS) até a adoção de animais de estimação em abrigos em Los Angeles, passando por salas de operação em hospitais por todo o país. Pessoas que aprendem a alterar o enquadramento são mais capazes de resolver problemas, enfrentar desafios e efetuar mudanças significantes, o que faz delas melhores membros de equipe. E mais, quem desenvolve essa habilidade se torna um líder melhor. Líderes são porta-vozes: eles criam uma consciência compartilhada, constroem consenso, focam a atenção e motivam a ação. Líderes que conseguem enquadrar desafios como oportunidades de aprendizado, que enquadram iniciativas de mudanças como chances para ajudar os outros são consistentemente mais bem-sucedidos. Isso significa que nós, que desabrochamos mais tarde e aprendemos a gerenciar a insegurança, que aprendemos a enquadrar desafios e obstáculos como oportunidades, estamos em posição de não apenas sermos melhores membros de equipe, mas melhores líderes de equipe.

A alteração de enquadramento seria apenas um jeito elegante de ver o lado positivo das coisas? Novamente, não. Não é fingir que tudo está perfeito ou maravilhoso. Trata-se mais de interpretar de maneira positiva os desafios que enfrentamos. De expandir nossas possibilidades para encontrar caminhos melhores e mais fecundos para seguir adiante. Alterar o enquadramento não se refere a suprimir preocupações ou temores. Não é transformar pensamentos negativos falsos em pensamentos positivos falsos. Em vez disso, trata-se de recuar e basear nossos pensamentos em um enquadramento mais positivo da realidade – tanto para nós mesmos quanto para as pessoas ao nosso redor.

O diálogo interno e a alteração de enquadramento funcionam juntos, e ambos funcionam melhor quando inserimos um pouco de distância entre nós mesmos e nosso desafio. Como vimos, referir-se a si mesmo na terceira pessoa é uma técnica comprovada para fazer isso. Ainda assim, é um desafio – mesmo para os mais bem-sucedidos entre nós, de desabrochar tardio – evitar nos prender em nossas falhas ou ficar nos censurando por causa de nossos erros. Isso é especialmente verdade quando aqueles em torno de nós se encontram determinados em nos estereotipar como diferentes, lerdos ou desligados. E realisticamente, nossas personalidades e perspectivas não mudam da noite para o dia, só porque as pesquisas nos dizem que deveriam.

Existe outra ferramenta para administrar a insegurança que as pessoas de desabrochar tardio podem usar para conquistar um nível mais sadio de objetividade. Prestem atenção! Pode ser a ferramenta mais importante em seu *kit*. Essa ferramenta é a autocompaixão.

***

Quando se fala de dúvidas a respeito de si mesmo, o conselho popular é que nós simplesmente precisamos de mais de seu oposto – mais confiança, mais convicção, mais audácia. Mas o problema com a confiança é: como tentamos obtê-la. É muito frequente que tentemos arranjar autoestima por vias baratas. Sabotamos outras pessoas, ou comparamos nossas realizações com as das pessoas mais fracas ao nosso redor. Nós nos conformamos a normas culturais, acreditando que o que a sociedade valoriza é o que nós valorizamos e o modo como a sociedade define sucesso é como nós devemos definir sucesso. Esses truques baratos de autoconfiança são insustentáveis e podem levar ao narcisismo durante os momentos bons e à depressão durante tempos difíceis. Quem desabrocha mais tarde tem um jeito muito melhor de administrar a insegurança e aumentar a autoeficácia. Assim como precisamos de um cronograma mais gentil para o desenvolvimento, também precisamos de um modo mais gentil de ver a nós mesmos. Podemos fazer isso através da autocompaixão aumentada[282], uma forma de autoaceitação e empatia interna. A autocompaixão nos incentiva a reconhecer nossos defeitos e limitações, a vê-los a partir de um ponto de vista mais objetivo e realista. Nesse sentido, a autocompaixão é integral para nos ajudar a criar o diálogo interno motivacional e a alterar o enquadramento de situações que geram ansiedade como oportunidades empolgantes.

Como a autocompaixão funciona? Uma de suas chaves é reconhecer que somos bons o suficiente, não importa o que a sociedade nos diga. Somos seres humanos com defeitos e imperfeições, mas temos um direito inato de buscar nossos destinos. E quando cometemos enganos, também temos a obrigação de aprender com eles. Então, assim que aprendemos o que podemos com uma situação, está na hora de seguir em frente e deixar para trás. Para os que desabrocham tardiamente, a autoaceitação é o alicerce fundamental da autocompaixão.

Quando paramos de nos pressionar para agir como um gênio precoce ou para atingir o Ideal do *Wunderkind*, podemos aceitar o *feedback* e críticas com mais facilidade. Quando nos permitimos um pouquinho de gentileza, é mais fácil alterar o enquadramento de desafios e equívocos como oportunidades de aprendizado. Mark Leary, psicólogo da Universidade Duke, e sua equipe investigaram como pessoas com autocompaixão lidam com eventos desagradáveis da vida. Eles descobriram que a autocompaixão protege as pessoas contra sentimentos negativos a respeito de si mesmas, modera os sentimentos negativos quando elas recebem *feedback* negativo e ajuda as pessoas a reconhecerem seu papel em eventos negativos sem se sentirem dominadas por emoções negativas. "Em geral, esses estudos sugerem[283] que a autocompaixão atenua as reações das pessoas a eventos negativos de formas distintas e, em alguns casos, mais benéficas do que a autoestima", concluíram os pesquisadores.

A autocompaixão é muito associada com a resiliência emocional[284] – um ponto forte de quem desabrocha mais tarde –, incluindo a habilidade de nos reconfortarmos, reconhecer nossos erros, aprender com eles e nos motivarmos a alcançar o sucesso. A autocompaixão também tem bastante correlação com medidas de bem-estar emocional[285], como o otimismo, a satisfação com a vida e a autonomia, e com níveis reduzidos de ansiedade, depressão, estresse e vergonha. Compreensivelmente, pessoas autocompassivas podem se aperfeiçoar a partir de erros, falhas ou defeitos com mais facilidade do que as outras, porque enxergam esses problemas com mais objetividade. E a sensação de autoestima proveniente de ser gentil consigo mesmo é muito mais estável ao longo do tempo do que a autoestima proveniente de uma abundância de confiança aparentemente infinita.

Finalmente, a autocompaixão aumenta a motivação[286]. Pessoas mais autocompassivas têm menos medo do fracasso. Um estudo descobriu que quando os participantes iam mal em uma prova, os que mostravam níveis mais elevados de autocompaixão estudavam por mais tempo e com mais afinco para a prova de recuperação. Como a autocompaixão ajuda a criar a noção de que tudo bem se você fracassar, ela nos motiva a tentar de novo – e a nos esforçarmos mais.

Entretanto, algumas pessoas ainda pensam que a autocompaixão é moleza ou fraqueza. É exatamente o contrário. Como a Dra. Kristin Neff, uma das principais pesquisadoras da autocompaixão, comentou: "Quando você está nas trincheiras, quer um inimigo ou um aliado?"[287] Enquanto a confiança tem como objetivo nos fazer sentir adequados e poderosos, independentemente do quanto realmente sejamos adequados e poderosos, a autocompaixão nos incentiva a aceitar uma realidade mais objetiva. Portanto, se tivermos autocompaixão e falharmos em algo, o enquadramento não será *pobre de mim, pobre de mim*, mas sim *bem, todo mundo falha em alguma coisa. Todo mundo tem suas dificuldades. É isso que significa ser humano.* Esse tipo de enquadramento mental pode alterar radicalmente como nos relacionamos com a insegurança e, em última instância, com o fracasso. Ser capaz de dizer: *Ah, isso é normal, isso é parte do que significa ser humano* abre as portas para crescer com a experiência. Por outro lado, se sentimos que a insegurança e o fracasso são anormais, então quando fracassamos – e isso vai ocorrer, especialmente quando escolhemos tomar um caminho singular para o sucesso e a felicidade –, caímos na armadilha de culpar a nós mesmos ou a terceiros.

Como os indivíduos que desabrocham mais tarde cultivam a autocompaixão, se ela não nos vem naturalmente? O primeiro passo, e o mais importante, é notar aquela voz na sua cabeça – o diálogo interno que usamos para nos guiar pela vida. Muitas vezes, aquela voz é crítica demais. Muitos de nós nos censuramos sem parar por cada erro percebido. Para sermos mais autocompassivos, precisamos reparar naquela voz, reconhecer as críticas e alterar o enquadramento para uma moldura mais autocompassiva.

"Autocompaixão é tratar a si mesmo com a mesma gentileza[288], cuidado e preocupação que você demonstra para com alguém amado", explica a Dra. Neff. "Precisamos enquadrar isso em termos de humanidade. É isso o que torna a autocompaixão tão diferente: 'sou um ser humano imperfeito, vivendo uma vida imperfeita'."

A maioria de nós tem muito mais experiência sendo compassivo para com os outros do que consigo mesmo. Se um bom amigo nos conta sobre uma provação pela qual passou ou sobre um engano que cometeu, nós provavelmente reagimos oferecendo bondade e conforto. Quando nosso amigo se recupera e a conversa continua, é grande a chance de que nós o incentivemos a aprender com seu erro, planejar os próximos passos e perseverar diante das dificuldades.

Nesse sentido, adotar um enquadramento mais autocompassivo tem a ver com tratar a nós mesmos como trataríamos um amigo próximo ou uma pessoa querida, mesmo quando eles (nós) cometem um erro. Entenda, isso não significa mentir para nós mesmos. Significa mudar a forma como falamos conosco. O crítico feroz em sua mente não é seu inimigo. Autocompaixão é aprender a fazer amizade com aquele crítico, inserir um pouco de distância objetiva entre vocês e fazer dele uma ferramenta motivacional.

Todos cometemos erros. Nenhum de nós é perfeito. Pessoas que desabrocham tardiamente e obtêm sucesso têm se tornado especialistas em rapidamente deixar para trás seus equívocos sem ficar se censurando. Elas aceitam que são humanas, reconhecem seus fracassos e frustrações, e evitam se afundar neles. Todos nós precisamos fazer isso se queremos nos libertar das falácias e forças sociais que podem nos enterrar em insegurança e dúvida.

***

Em resumo: todas as pessoas saudáveis têm dúvidas a respeito de si mesmas, mas nós, que desabrochamos mais tarde, com frequência temos isso em demasia. Pioramos nossa situação ao adotar mecanismos inúteis para lidar com a situação, como o hábito de prejudicar a nós mesmos, para proteger nossa autoimagem. Mas esses mecanismos apenas nos afastam ainda mais do desabrochar. A autoeficácia é o que as pessoas que desabrocham mais tarde buscam para poder converter a insegurança em uma amiga. A autoeficácia é a nossa crença de que podemos realizar uma tarefa específica com uma atitude razoavelmente positiva, fazer um plano baseado em fatos, e florescer cultivando o diálogo interno, o enquadramento e alteração de enquadramento e a autocompaixão. Essas técnicas são fundamentais para o sucesso de quem desabrocha mais tarde, explorando muitas das características – curiosidade, compaixão, resiliência, equanimidade – que nos tornam excepcionais.

Por mais importantes que essas características possam parecer agora, elas provavelmente serão ainda mais relevantes no futuro. Milhões de nós em breve descobriremos que algum *software* pode fazer nossos trabalhos. Muitas carreiras "baseadas em regras" estão sendo tomadas pela inteligência artificial (ver Capítulo 2). Aqueles que trabalham em funções mais complexas vão se tornar mais numerosos, enquanto trabalhos menos complexos serão cada vez mais automatizados. Simultaneamente, o tempo necessário para tornar nossas habilidades irrelevantes vai encolher.

Você provavelmente pode ver aonde quero chegar com isso. Conforme o trabalho em todos os níveis se torna mais complexo e colaborativo, as características das pessoas que desabrocham mais tarde, como a curiosidade, a compaixão e a percepção se tornarão ainda mais importantes. Todas as habilidades advindas de enfrentar a insegurança – a habilidade de reconhecer erros, de apoiar a autoeficácia, de alterar o enquadramento dos desafios, e de demonstrar compaixão – sustentam nossa necessidade futura pela inovação, pelo aprendizado contínuo e pelo trabalho em equipe aprimorado. Esses talentos de quem desabrocha mais tarde são habilidades à prova de futuro que nos separam de muitos daqueles que desabrocharam cedo.

Isso não significa necessariamente que os que desabrocham tarde estejam destinados apenas a serem ótimos funcionários. Muitos desses traços e habilidades se traduzem em uma liderança mais eficaz. Líderes que demonstram compaixão, apoiam a autoeficácia e são capazes de alterar o enquadramento de tarefas são melhores em criar confiança e em promover a inovação. Líderes dispostos a abraçar a realidade e convidar outros a ajudar na solução de problemas são mais capazes de superar desafios. Esses tipos de líderes são mais altruístas e mais presentes, mais afinados com os membros de sua equipe e colegas de trabalho. Líderes que abraçam a insegurança – como o falecido Bill Walsh – são mais hábeis em melhorar o desempenho e aumentar o comprometimento. Não estou sozinho em minha compreensão da realidade. Consultoras globais como a McKinsey & Company[289], Deloitte, e Mercer estão atualmente promovendo a curiosidade, a compaixão e a equanimidade – todas elas, pontos fortes de quem desabrocha tardiamente – como capacidades críticas para os líderes de amanhã.

A insegurança, usada adequadamente, não é uma desvantagem. É um superpoder para quem desabrochou tardiamente.

Capítulo 8

Crescendo devagar? Replante-se em um jardim melhor

Talvez seus velhos amigos não parem de usar um apelido embaraçoso do seu passado. Ou, talvez, seu chefe se recuse a promovê-lo, apesar de anos de bons serviços, porque o seu diploma vem de uma universidade relativamente desconhecida, e isso não ficaria bem no *website* da empresa. Esse tipo de situação pode fazer você se sentir categorizado ou preso. Parece que você simplesmente não consegue se libertar de uma versão antiga e desatualizada de você mesmo.

Isso acontece com demasiada frequência àqueles de nós que não desabrochamos cedo, cujas credenciais não impressionam ou que começamos com o pé esquerdo. Se você era o "Bob, da expedição", mas depois se formou em contabilidade por meio de cursos técnicos, você provavelmente ainda é o "Bob, da expedição" para o pessoal da empresa. Para ser "Bob, o respeitado gestor financeiro", você talvez tenha que trocar de empresa. Da mesma forma, se você era "Katy, a *nerd* da banda" no ensino médio, talvez ainda seja "Katy, a *nerd* da banda" duas décadas depois para seus amigos do ensino médio. Para ser totalmente aceita como "Katy, a profissional decidida e mãe de dois filhos", talvez precise deixar alguns desses amigos antigos para trás – ou até mesmo mudar de endereço.

Com frequência é difícil reconhecer que outras pessoas têm um papel em nosso desabrochar – ou na *ausência* dele. E exatamente como a roseira em flor que cresceu demais para seu vaso, você pode precisar mudar de emprego, de empresa, ou até mesmo de cidade de modo a alcançar seu pleno potencial. Senão, algumas pessoas podem lhe definir e tratar como aquela versão desatualizada e menor de você mesmo.

Quando você se empenha com dedicação para se aprimorar, para ir além de suas limitações atuais, seu ato de autoafirmação corre o risco de chacoalhar o *status quo* social. Seu crescimento ameaça sua hierarquia social ou profissional. Se você de alguma forma se sair melhor do que as pessoas ao seu redor, isso faz com que elas questionem suas próprias vidas e realizações. Elas começam a sentir que estão ficando para trás, por isso tentam (conscientemente ou não) manter você em seu lugar.

Por que as pessoas, mesmo os amigos, tentam manter você "em seu lugar"? Animais e humanos são programados para terem consciência de seu *status*. Grupos de caranguejos puxam para baixo, literalmente, qualquer membro que tente escapar de uma armadilha ou um balde, relegando o grupo todo à morte certa. Psicólogos e sociólogos chamam esse fenômeno de "mentalidade do caranguejo"[290]. Entre os humanos, membros de um grupo tentarão negar a importância de qualquer membro que alcance um sucesso que vá além do sucesso dos outros.

A pessoa de desabrochar tardio que floresce subitamente está "cheio de si" ou "se achando demais", precisando ser contida. Você arrisca ser visto como um traidor de sua classe, religião ou raça. Às vezes, as palavras negativas são motivadas por inveja e despeito indisfarçáveis ou uma competitividade nociva. Porém, com mais frequência, seus críticos podem não estar cientes de sua negatividade prejudicial. Eles podem amortecer sinceramente seus alertas em palavras de preocupação: "Eu não sei, não, Sarah. Só não quero que você se machuque". Como disse certa vez o escritor Tom Wolfe ao explicar a filosofia por trás de *The Electric Kool-Aid Acid Test* e *The Right Stuff:* "*Status* se tornou mais ou menos[291] meu sistema para abordar qualquer assunto. Por exemplo, *The Right Stuff* não é um livro sobre o espaço, é um livro sobre a competição de *status* entre pilotos". Na obra de Wolfe, a verdade evolutiva de que os humanos competem de forma extrema por *status* é infinitamente divertida. Mas experimentar o gume afiado dessa verdade – desabrochar tardiamente e ficar perto do ponto mais baixo da pirâmide do *status* – não é divertido.

Nesse tipo de situação, a solução é clara: precisamos nos desenraizar e nos transplantarmos para um vaso diferente. O replantio, o processo ativo de reinvenção pessoal, raramente é fácil ou tranquilo. É inerentemente tenso, e é por isso que tantos livros, em tantas eras e culturas diferentes, apresentam a história da transição entre a adolescência e a fase adulta. Nesse gênero, o *Bildungsroman*, o jovem ou a jovem que estão amadurecendo percebem que têm uma mente independente e que não são necessariamente as pessoas que sua família e sua cultura desejassem que eles fossem. No entanto, deixar sua família e sua cultura nunca é fácil.

A mudança envolvida no replantio pode ser modesta ou considerável. Pode envolver passar um tempo com um novo grupo de pessoas com posições semelhantes, arrumar um novo emprego ou se mudar para outro estado. A chave é fazer uma mudança, dar um passo, não importa o tamanho dele, na direção de um ambiente mais fértil para o desabrochar.

***

Quando tentamos nos aprimorar ou reinventar, é comum encontrarmos resistência não apenas externa, mas vinda de dentro de nós mesmos. A maioria de nós resiste a mudanças, mesmo que as coisas nos causem dor ou nos impeçam de crescer. Comunidades, ou "tribos", exercem uma atração porque nos fazem sentir seguros (ver Capítulo 5). Mas e se a nossa comunidade também nos fizer estagnar? O que acontece quando nossa comunidade não é boa para nós, mas não sabemos o que fazer a respeito, porque tudo o mais parece assustador?

Outra crença que devasta muitos dos que desabrocham mais tarde vem das histórias limitantes que contamos a nós mesmos. Nós mantemos essas histórias em nossas mentes – *eu era tímido no ensino médio, e sempre vou ser tímido* – como se elas fossem fatos imutáveis. Entretanto, essas histórias vêm do nosso *eu* antigo, o *eu* que não desabrochou. Elas sugerem que nós possuímos algumas características comportamentais fixas e sempre as possuiremos. Uma crença tão imutável a nosso respeito nos impede de fazer o replantio e tentar caminhos alternativos.

Em *The End of Average*, Todd Rose, de Harvard, desmascara a ideia de que características comportamentais sejam algo fixo:

"Você é extrovertido ou introvertido?[292] Essa pergunta enganosamente simples nos faz mergulhar em um dos debates mais antigos e disputados na psicologia: a natureza da personalidade. De um lado da pergunta estão os *psicólogos de características*, que argumentam que nosso comportamento é determinado por características de personalidade bem definidas, como a introversão e a extroversão. *Psicólogos de situação*, por outro lado, afirmam que o ambiente motiva nossa personalidade muito mais do que as características pessoais".

Por décadas, psicólogos de características e psicólogos de situação travaram batalhas acadêmicas, mas Rose acredita que os de situação venceram, pois têm provas melhores. Isso é uma notícia excelente para as pessoas de desabrochar tardio. O modo como agimos no passado, por mais sem noção, imaturo, disfuncional ou incompetente que seja, não está programado em nossas personalidades. Podemos mudar nossas circunstâncias se mudarmos nosso comportamento e nossa situação – se nos replantarmos.

Ele mesmo sendo alguém que desabrochou tarde (abandonou o ensino médio com uma nota média D), Rose explica como ele se replantou como estudante universitário na Universidade Estadual de Weber em Orem, Utah.

"Eu pensei na minha experiência, quando minha escola me denominou como uma "criança agressiva."Eu me lembrei que quando minha avó ouviu esse veredito, recusou-se a acreditar nele, dizendo aos meus pais: "Ele é sempre tão bonzinho na minha casa!". Isso não era ignorância de avó. Eu *realmente* era bonzinho quando estava perto dela. Minha agressividade era disparada por contextos bem específicos, como quando eu era maltratado pelos colegas. Na classe em que me encrenquei por disparar cusparadas, havia três crianças maiores que gostavam de ficar me empurrando. Eu tentava evitá-las fora da sala de aula, mas na sala, muitas vezes, reagia à presença delas me transformando no palhaço da classe, já que eu pensava que, se pudesse fazê-las rir, era mais provável que elas me ignorassem. Geralmente funcionava, embora isso me valesse um passeio até a sala do conselheiro da escola.

Mais tarde, quando consegui frequentar a Universidade Estadual de Weber, usei meu conhecimento para mudar a forma como eu encarava minhas aulas. Uma coisa inestimável que eu fiz desde o começo foi evitar matérias onde eu conhecia outros alunos do meu ensino médio. Eu sabia que aquele contexto em particular faria com que eu me comportasse como o palhaço da sala, e sabia que eu nunca seria bem-sucedido na faculdade como o palhaço da sala.

As barreiras para o replantio vão além do psicológico. A maioria de nós enxerga a internet e as ferramentas de busca como inovações positivas. E deveríamos mesmo, porque elas aumentaram nosso acesso à informação. Elas democratizaram muitos processos que anteriormente eram resguardados, entre eles a publicação de livros e o mercado de investimentos. E facilitaram nossa habilidade de estabelecer redes de contato. Mas a internet e as ferramentas de busca também podem ser uma barreira para a reinvenção. Ao arquivar as minúcias de nossas vidas, elas nos acorrentam a cada engano, passo em falso ou escolha ruim que já fizemos – tornando a possibilidade da reinvenção de si mesmo em algo como um ideal de eras antigas. Em certo sentido, nós perdemos coletivamente nossa habilidade de esquecer. E com ela, abrimos mão de um ideal muito norte-americano: o direito a um recomeço.

Outra barreira para o replantio é ainda mais banal: nós, como país, estamos passando por uma redução na mobilidade geográfica[293]. A taxa de migração doméstica dentro dos Estados Unidos é, atualmente, cerca de metade do que era no começo dos anos 1990. Ninguém tem muita certeza do porquê, mas algumas teorias apontam para uma taxa mais elevada de casas próprias, o que prende as pessoas a hipotecas vultosas. Some-se a isso nosso consumo crescente de bens materiais e mudar-se ficou mais caro, tanto em termos reais quanto psicológicos. Os norte-americanos costumavam carregar um caminhãozinho e se mudar, mas agora a maioria das pessoas precisa de seis caminhões de mudança. Outro motivo é a frequência da renda dupla: quando duas pessoas da família trabalham, é muito mais difícil que os dois deixem seus empregos e arrumem ocupações novas no mesmo lugar, ao mesmo tempo. Finalmente, a estagnação dos salários também pode ter seu papel, já que muitos trabalhadores talvez tenham menos a ganhar se mudando para outra empresa ou emprego.

Além desses desafios práticos, também existem os desafios pessoais. É simplesmente doloroso deixar nossa comunidade, deixar nossos entes queridos; pois eles nos amam e vão sentir saudades.

No final, porém, família e amigos genuínos desejam o que for melhor para nós. Eles querem nos ver desabrochar, mesmo que isso signifique que sintam nossa falta.

***

Kimberly Harrington desabrochou mais tarde e escreveu *Amateur Hour: Motherhood in Essays and Swear Words* [*Hora dos Amadores*: maternidade em ensaios e palavrões, sem tradução no Brasil], seu primeiro livro, publicado quando ela estava com 50 anos. Antes disso, ela era redatora e diretora criativa em agências publicitárias em Los Angeles e Portland. Mas ela sempre quis escrever ensaios e livros e, para isso, percebeu que teria que se afastar do mundo metropolitano da publicidade. Ela escolheu a área rural de Vermont como seu novo jardim.

"Se eu poderia ter escrito um livro[294] morando em L.A.? Essa eu posso responder rapidinho. Não. Se você olhar para o início da minha carreira em publicidade, é uma indústria da cidade grande. E mesmo que você não esteja na cidade grande, a indústria em si consome todo o seu tempo. Ela é a sua vida inteira. Você conhece todo mundo que trabalha em publicidade. É com eles que você passa seu tempo. Eu passava meu tempo com gente descolada em cidades descoladas, mas sai bem caro ser descolada o tempo todo. Eu não entendi isso de fato até ser demitida. De súbito, eu não tinha mais uma bolha profissional.

Aqui em Vermont, estou cercada por eruditos e ambientalistas, e as pessoas geralmente pensam: "Publicidade é uma indústria péssima que está arruinando o mundo".

Perceber que um trabalho do qual você realmente gosta e que passou sua vida toda desempenhando não é bem visto, nem considerado tão incrível por outras pessoas, é uma experiência que dá humildade. Acho que isso ampliou ainda mais meu ponto de vista. O mundo que eu abandonei era intenso, mas me dei conta de que ele não era tudo. Não era o jogo inteiro. Deixar para trás as cidades grandes e descoladas e o mundo de tempo integral da publicidade em troca da flexibilidade de trabalhar como autônoma em uma cidade menor me ofereceu a abertura para pensar em fazer outra coisa. Administrando meu próprio negócio em Vermont, eu subitamente senti que tinha tempo livre. Eu podia tentar coisas novas, como escrever artigos e oferecê-los para *The New Yorker*, *McSweeney's* e *Medium*. Eu sentia essa ampliação constante, e tinha o espaço mental na minha vida para tirar vantagem desses pensamentos, o que eu não teria se estivesse trabalhando em meu cronograma normal em Los Angeles."

A experiência positiva de Kimberly ao se mudar de sua "bolha profissional" para um ambiente mais diversificado (e menos "descolado") é sustentada por pesquisas abrangentes. Jornadas como a dela – jornadas para novas vidas – envolvem abraçar papéis e trabalhos que sejam mais congruentes com seu verdadeiro eu. Estudos comprovaram que "níveis mais elevados de satisfação e bem-estar físico e mental ocorrerão quando há um bom ajuste entre a pessoa e o ambiente". Isso inclui o ambiente de trabalho.

Segundo os autores Daniel Cable e Timothy Judge, pessoas bem-sucedidas ao fazer uma mudança de emprego ou carreira colocam menos ênfase na adequação da pessoa ao trabalho[295] e mais no ajuste da pessoa à organização. Em outras palavras, a cultura e o ambiente de uma organização são mais importantes para o sucesso e a satisfação do que as tarefas do emprego em si. Isso significa que quem está procurando emprego deveria reunir e avaliar informações sobre a cultura das organizações, além do cargo específico. Isso também significa que as pessoas que encontram um ambiente profissional no qual seus valores individuais combinam com os valores da organização têm "atitudes profissionais" melhores e mais probabilidade de desabrochar. De acordo com Cable e Judge, as pessoas que selecionam ambientes que saciem suas necessidades têm mais probabilidade de serem comprometidas, motivadas e leais – atributos que levam a um melhor desempenho e maior satisfação no emprego.

Como demonstra a história de Kimberly e sustentam as pesquisas existentes, encontrar o vaso certo pode fazer uma grande diferença. Embora possa ser assustador pensar nisso, mudar-se para uma empresa ou cidade diferente pode ser um catalisador potente para o desabrochar.

***

A questão central para fazer a si mesmo é: *eu estou no melhor vaso possível para desabrochar?* E como encontrar o vaso perfeito pode ser pouco prático ou levar tempo demais, você também deveria se perguntar: *qual tipo de vaso vai sustentar meus talentos, meu temperamento e meus entusiasmos?*

Em seu magnífico livro sobre introvertidos, *O Poder dos Quietos* [publicado no Brasil pela HarperCollins], a autora Susan Cain cita pesquisas que sugerem que algumas pessoas são naturalmente resistentes[296] e desabrocham em quase qualquer vaso, enquanto outras desabrocham somente em certos vasos. A maioria de nós se encaixa em algum ponto desse espectro, o que significa que nossas chances de prosperar (ou desabrochar) crescem se pudermos combinar nossos talentos e temperamento ao ambiente mais hospitaleiro.

Jerome Kagan, diretor do Centro para o Desenvolvimento Infantil de Harvard, estabeleceu o elo entre bebês "altamente reativos"[297] – aqueles mais sensíveis à luz e ao som e que reagem a eles chorando – e possuem uma tendência vitalícia à sensibilidade emocional. Esses bebês ao crescer se revelaram introvertidos, preferindo passar a maioria de seu tempo em solidão e silêncio. Enquanto isso, com os bebês "de baixa reação" ocorreu o contrário – luz e som não os incomodaram muito. Eles cresceram como extrovertidos, ansiando por interação humana e atividade.

Jay Belsky, um especialista em cuidados infantis na Universidade de Londres, destaca que as crianças altamente reativas – aquelas que ficavam agitadas com luz e som – tinham, como adultas, mais probabilidade de sofrer de depressão[298], ansiedade e timidez como resultado de estresse. O vaso errado poderia danificar essas crianças, mas as mesmas crianças prosperavam em um ambiente doméstico estável, com cuidados e bons pais.

O autor David Dobbs compara crianças, no caso de suas reações diferentes ao estresse, a plantas. Dentes de leão podem crescer sob quaisquer condições.

Da mesma forma, dentes de leão, crianças e adultos de baixa reação – em sua maioria, extrovertidos – se dão bem em uma vasta gama de situações. Orquídeas – e crianças altamente reativas – só desabrocham em certos ambientes.

A hipótese da orquídea oferece uma visão profunda dos indivíduos que desabrocham tardiamente. Se somos lentos para desabrochar, talvez sejamos mais parecidos com a orquídea em nosso temperamento e vivamos em um vaso que é inóspito a esse temperamento. Isso, certamente, foi verdade para mim. Minha cidade natal de Bismarck, na Dakota do Norte, não era um vaso ideal para mim. Como muitas cidades pequenas, ela era esplêndida para astros esportivos do ensino médio (no futebol americano, basquete e *hóquei*), extrovertidos, batalhadores e pessoas que se destacavam na área do QI espacial – ou seja, gente habilidosa em desenvolver, construir, consertar e valorizar coisas físicas como poços de petróleo, hidrovias, pontes e prédios. Esse tipo de pessoa, um dente de leão, pode ser bem-sucedido quase que em qualquer lugar. O introvertido, contudo, aquele que se interessa por livros e ideias abstratas – a orquídea – tem menos vasos hospitaleiros e, geralmente, os encontrará em cidades maiores e cidades universitárias.

Você é um dente de leão ou uma orquídea? É bom saber a resposta enquanto você contempla suas opções de replantio.

***

Digamos que você tenha decidido se replantar em um emprego novo como meio para mudar de ambiente. Eu aconselharia contra se replantar em uma vocação ou carreira totalmente novas se o seu salário depende disso. O replantio radical é um luxo reservado aos mais jovens e aos aposentados. Para os indivíduos que desabrocham tarde, mas estão no meio da carreira profissional – dos 30 aos 50 anos – e com obrigações financeiras e familiares, é melhor pensar em termos de replantio para "espaços adjacentes", ou trabalhos semelhantes, como Kimberly Harrington fez, transitando da redação publicitária para a escrita de ensaios e livros. Ela partiu de sua especialidade, escrever seguindo padrões profissionais, mas alterou o produto e a audiência. Ela não jogou fora seu talento e seu amor pela escrita; simplesmente o replantou em um espaço adjacente.

Permita-me dar outro exemplo de replantio adjacente vindo de uma profissão que eu conheço bem: o jornalismo.

Falando de modo geral, jornalistas não são bem pagos. Provavelmente, apenas alguns milhares nos Estados Unidos inteiros, em toda a mídia, desde a impressa até a televisiva, passando pela internet, têm um rendimento de classe média-alta. Portanto, é comum ver jornalistas – muitas vezes depois de se casarem e terem seu segundo ou terceiro filho – subitamente cansados de receber salários de jornalistas. Eles veem que não vão avançar muito mais em suas carreiras, então se replantam em um espaço adjacente, o de relações públicas.

Aqui, porém, o jornalista vai passar por uma perda de *status*, senão de pagamento. Jornalistas são uma turma orgulhosa, e a maioria tem uma visão negativa da área de relações públicas, ainda que ela pague mais. "Eu jamais conseguiria fazer RP", pensam muitos jornalistas. "Isso violaria os meus princípios." Aí o jornalista em apertos financeiros se replanta em RP e percebe que o trabalho é mais interessante do que ele pensava. Eles investigam clientes, enquadram seus desafios, criam um conjunto interessante de soluções promocionais e as colocam em prática. Relações públicas em níveis superiores é mais parecida com consultoria administrativa. Você entra em campo em um nível mais elevado, lidando com gente sênior da parte do cliente, gente que respeita sua experiência e ouve o que você tem a dizer. E como você não é um colaborador subordinado, abençoadamente não precisa ficar acordado até a meia-noite criando notas de imprensa ou ligando para jornalistas que não querem conversar com você.

Eu conheço vários ex-jornalistas que não conseguiam se imaginar em empregos de relações públicas, mas que agora os fazem muito bem, e se sentem bem. E sabe do que mais? Eles se sentem renascidos. Quentin Hardy, um ex-colega[299], já foi o chefe de escritório do Vale do Silício na *Forbes*, depois repórter para o *New York Times*. Ele fez alguns trabalhos realmente ótimos para o *Times* e com frequência era elencado entre os jornalistas mais influentes do mundo em assuntos como inteligência artificial e *big data*.

Atualmente, Quentin é o principal editor de todo o conteúdo em torno da Google Cloud. Ele foi para o lado do cliente e está se divertindo. Ele corajosamente se replantou, saindo de uma carreira com prestígio e *glamour*, mas sem nenhuma perspectiva de avanço futuro e salários achatados ou em declínio. Na Google, ele é bem pago e trabalha com algumas das pessoas mais inteligentes, nas tecnologias digitais mais importantes da nossa era. Sua competitividade está em disparada para batalhar contra a Microsoft e a Amazon.

Esse tipo de replantio fazia sentido para Quentin. Ele se mudou para um espaço adjacente. Se mudou em um ponto de sua carreira antes de se tornar cínico – um risco ocupacional para jornalistas – e quando podia usar seu sucesso e seus contatos profissionais. Isso lhe permitiu continuar desabrochando, em vez de estagnar.

***

Há mais um tipo de replantio que vale a pena mencionar: replantar-se para um novo grupo de amigos e colegas, quando você suspeitar que seus antigos amigos estão lhe atrasando. Eu sugiro a mesma estratégia utilizada para o replantio no trabalho. Uma coisa é reconhecer que seu ambiente atual é prejudicial, e que precisamos de um rompimento total. É mais comum, entretanto, que nos vejamos simplesmente presos em um ambiente onde nos damos bem, mas não desabrochamos. O trabalho é mais ou menos. Seus colegas de trabalho são decentes. Seus amigos lhe salvam do tédio, mas não alimentam nem apoiam seu desejo de desabrochar. Que fazer? Jogar tudo fora, o bom e o ruim, em um replantio arriscado?

Um jeito menos arriscado de se replantar nessas circunstâncias é se juntar a grupos de pares. Talvez o avô desses grupos de pares seja o Toastmasters, formado em 1924 para ajudar seus membros a se tornarem palestrantes melhores, ganhando assim mais confiança profissional. (A escritora Susan Cain, de *O Poder dos Quietos*, defende que o Toastmaster é particularmente eficiente para os introvertidos e tímidos.) Outro grupo de pares importante é o Alcoólicos Anônimos, formado nos anos 1930 por dois alcoólatras problemáticos sem nenhum treinamento profissional como forma de ajudar outros alcoólatras problemáticos, e dessa forma, a si mesmos, buscando atingir a recuperação. O modelo dos AA foi copiado com sucesso de um jeito ou outro por muitas organizações, não apenas por grupos de recuperação em vícios. Um dos grupos de pares profissionais mais intrigantes que eu já vi é o Vistage International, cujos membros pagantes são donos de pequenos negócios. Com quem os proprietários de pequenos negócios falam quando enfrentam um grande desafio? Quando estão sem ideias? Quando os melhores funcionários vão para a concorrência? Quando eles não conseguem o dinheiro dos salários? Ou, talvez, quando sua vida doméstica e sua saúde estão com dificuldades? Eles, provavelmente, não deveriam confessar suas preocupações para os funcionários, e sua diretoria pode interpretar a busca de conselhos como uma fraqueza e atacar no momento mais vulnerável.

No entanto, confessar seus problemas para seus pares – proprietários de outras pequenas empresas que não estejam em concorrência direta com as deles – pode parecer seguro se houver confiança nesses pares, e se o conselho deles tiver credibilidade e não custar nada além da promessa de reciprocidade quando for necessário. A ausência de ligações emocionais pode passar a sensação de mais segurança para admitir uma vulnerabilidade, pedir ajuda e aceitar conselho.

Igrejas e outras organizações com base na fé são outra boa fonte para grupos de pares. Eu perguntei uma vez ao pastor e fundador de uma megaigreja Rick Warren o segredo por trás do crescimento da Saddleback Community Church. "Grupos pequenos", disse ele. "A obra real da Saddleback[300], e o que cria lealdade à Saddleback, não é o que eu prego aos domingos. É o que acontece nos pequenos grupos de segunda a sexta-feira." Minha própria igreja e muitas como ela têm grupos durante a semana para recuperação após divórcio, para a criação de crianças pequenas, criação de adolescentes, recuperação após demissão, começar um negócio, e muitos outros desafios. Como o AA e os grupos de recuperação de vício, os pequenos grupos das igrejas são gratuitos, administrados por amadores e respeitam a confidencialidade. Eles só pedem que você ajude os outros como foi ajudado. Grupos pequenos são uma forma segura e de baixo risco para explorar suas opções de replantio.

***

Assim que você decidiu mudar para um vaso mais adequado, o passo seguinte é criar uma visão para o futuro. Hal Hershfield, da UCLA, demonstrou que pessoas que conseguem se identificar mais[301] com seus *eus* futuros tomam decisões melhores para elas. O futuro *eu* com quem você deve se identificar é o seu *eu* desabrochado. Você tem que acreditar que aquela pessoa pode ser você e *é você*. Psicologicamente, isso é chamado "criar uma meta de identidade". Os pesquisadores Peter Gollwitzer, Paschal Sheeran, Verena Michalski e Andrea Siefert argumentam que a realização de uma meta importante[302], como buscar uma nova carreira profissional, é ajudada consideravelmente quando a conectamos a uma meta de identidade. Em outras palavras: imagine o seu novo *eu* como você deseja ser. Como esse novo *eu* irá se vestir, comer e falar? Como esse novo *eu* irá interagir com os outros?

Nosso comportamento pode mudar quando nos replantamos, mas tenha cuidado para não alterar demais o seu temperamento fundamental. É melhor trabalhá-lo, alongá-lo e utilizá-lo em seu benefício. Quando eu estava escrevendo *Life 2.0*, entrevistei um homem que tinha se mudado da área de Nova York para Des Moines, Iowa. Ele trabalhava na área de seguros, onde a pessoa precisa vender. Na área de Nova York, ele era constantemente criticado por não ser tão agressivo nas vendas quanto deveria. Diziam-lhe: "Você tem que acelerar um pouco mais". Quando ele se mudou para Iowa, lhe disseram o contrário: "Reduza o ritmo um pouco". Era mais fácil para ele reduzir o ritmo do que acelerar. E ele desabrochou em Des Moines, que recompensava seu temperamento mais discreto. Na última vez que conversei com ele, tinha uma bela casa em West Des Moines, um trajeto de 15 minutos para o trabalho e não se cansava de dizer o quanto gostava de seus vizinhos. Ele amou Des Moines. Quando sentia a necessidade de uma cidade maior, era fácil visitar Chicago ou Minneapolis.

A melhor forma de assegurar que você tenha um vaso acolhedor para desabrochar é construindo um para si mesmo. É isso o que milhões de fundadores de empresas têm feito ao longo das eras. A ideia popular é de que empreendedores fundam suas empresas por motivos financeiros, para enriquecer. A realidade é que os empreendedores fundam suas empresas por uma ampla variedade de motivos pessoais: para enriquecer, para provar algo, para derrubar o *status quo*, para se vingar de um antigo chefe, para "deixar uma marca no universo", para preencher um vazio no mercado, para poder impor seu próprio horário de trabalho, e assim por diante. O que todos esses motivos têm em comum é o controle.

Empreendedores podem escolher os produtos, os funcionários e a cultura que acharem melhor. Eles podem construir o vaso. O que me impressiona depois de escrever e falar sobre negócios por três décadas é a pura variedade de empresas bem-sucedidas. Não estou falando de variedade em termos de produtos, indústrias ou localização. Quero dizer variedade de estrutura e cultura organizacional – do formato e do solo contido no caso. A FedEx, fundada por Fred Smith, em 1971, é um titã global avaliado em US$ 65 bilhões que Smith escolheu administrar como o serviço militar. Sendo ele mesmo um ex-fuzileiro naval[303], Smith insiste em um código de vestuário corporativo composto de: camisa branca e gravata para os homens e uma aderência estrita ao cronograma. Chegar atrasado a uma reunião é inaceitável. Um funcionário pode prosperar ou não na cultura FedEx, mas existe uma grande clareza quanto ao que é essa cultura e nenhum funcionário pode se confundir. As empresas de Richard Branson[304], por outro lado, são estruturadas de forma mais frouxa, porque esses são os tipos de vasos que o cabeludo rebelde social Branson gosta para si mesmo.

Diane Greene[305], cofundadora e diretora da gigante VMware, construiu um vaso que era pró-família, certamente segundo os padrões viciados em trabalho do Vale do Silício. Até janeiro de 2019, a CEO da Google Cloud incentivava os pais funcionários da Google a irem para casa e jantar com suas famílias. A mais feroz concorrente da Google Cloud no mercado é a Amazon Web Services, administrada por Andy Jassy, subordinado ao fundador e CEO da Amazon, Jeff Bezos[306], um dos chefes mais exigentes do mundo. A Amazon tem uma cultura dura, especialmente para quem é subordinado direto de Bezos. Certos tipos de pessoas desabrocharão no vaso da Amazon, mas muitos não o farão. Ninguém deveria ficar espantado pelo formato e o solo do vaso de uma empresa, se fizeram sua pesquisa corretamente no *site* Glassdoor e em outras fontes gratuitas na internet.

Portanto, encontrar o vaso certo – seja pela localização ou pela cultura organizacional – é crucial para o nosso desabrochar. Alguns de nós são mais parecidos com o dente de leão e podem desabrochar em vários vasos. Mas muitos dos que desabrocham tardiamente se identificarão com as orquídeas do tipo que Susan Cain e David Dobbs descrevem em seus livros.

Tudo bem começar o replantio sem saber totalmente como será o próximo vaso. Devemos nos comprometer com o processo de qualquer forma, seguindo o que os psicólogos chamam "comprometimento com a meta". Como dezenas de estudos comprovaram, o comprometimento com a meta é chave para a conquista da meta[307]. Comprometimento com a meta tem correlação com melhorias consideráveis na saúde, no desempenho acadêmico e profissional. Em um estudo, estudantes que se comprometeram com metas acadêmicas anotando-as por escrito alcançaram de fato essas metas com mais frequência e exibiram mais melhoria acadêmica do que os estudantes que não articularam seus objetivos. Um outro estudo separado, feito em 2002, sobre o comprometimento com a meta concluiu que: "comprometimento é um dos fatores mais importantes envolvidos na mudança".

Se o comprometimento é crucial para a mudança, como podemos alcançá-lo? Como pessoas com desabrochar tardio, assim como nós, nos comprometemos a algo tão revolucionário quanto a nos replantarmos?

Dando o primeiro passo.

Isso mesmo – apenas dê o primeiro passo adiante. Não se preocupe se não for o passo perfeito. Pesquise um interesse, um grupo de pares, um lugar – uma esperança. Visualize seu próximo vaso.

Tenha cuidado, contudo, para que ao se replantar, você não esteja fugindo de algo. Programas de recuperação chamam o replantio infinito de "fazer uma mudança geográfica". Você culpa as pessoas com quem está por todos os seus problemas, acreditando que se ao menos pudesse começar de novo em outra cidade, as coisas seriam diferentes.

Porém, excetuando-se esse tipo de raciocínio, se o seu vaso atual não está lhe ajudando a florescer, pode realmente estar na hora de se replantar. Não se detenha se lhe ocorrerem hesitações. Desprender-se da vida atual é difícil. Você vai enfrentar resistência. Embora muitos de nós sonhem com um futuro muito diferente de nosso presente, poderosas forças sociais e psicológicas estão alinhadas para obstruir nossa reinvenção de nós mesmos. Isso é algo que você precisará aceitar como fato. Nada muda na vida sem uma força no sentido oposto, resistindo àquela mudança.

"Temos que modificar nossas identidades conforme seguimos pela vida"[308], diz a psicóloga Ravenna Helson, da Universidade da Califórnia, em Berkeley. Helson acompanhou 120 mulheres acima de 50 anos, examinando características de personalidade, influência social e desenvolvimento pessoal. No processo, ela provou que nunca é tarde demais para se reinventar. "Mesmo aos 60 anos"[309], disse ela, "as pessoas podem resolver se tornar mais parecidas com quem gostariam de ser. Em meu estudo, cerca de uma dúzia de mulheres exibiram mudanças de personalidade substancialmente positivas entre as idades de 60 e 70 anos."

Lembre-se, no que diz respeito ao replantio, quem desabrocha mais tarde tem uma vantagem clara sobre os que desabrocham cedo. Somos naturalmente curiosos e resilientes. Não temos medo de seguir um caminho diferente ou nos libertarmos das convenções. Nós genuinamente queremos ver o que há para lá da esquina ou além da montanha. Esses pontos fortes de quem desabrocha mais tarde possibilitam – até impulsionam – a mudança de que precisamos para encontrar as pessoas certas e o lugar certo para nos ajudar a prosperar.

O benefício real do replantio é que podemos definir nossa própria vida, em vez de outra pessoa defini-la para nós. Nunca haverá o vaso perfeito que possa nos conter. Nós estaremos sempre crescendo e aprendendo. E podemos usar a experiência que ganhamos para o nosso próximo desafio, nosso próximo vaso. Pessoas que ousam deixar suas vidas infelizes para trás se dão a permissão de buscar suas paixões e descobrem um novo entusiasmo pela vida. Nosso direito a recomeçar, à autodefinição e à autodeterminação, sempre esteve entre os ideais humanos mais fundamentais.

Juntos, vamos mantê-lo assim.

Capítulo 9

Desabrochar tardio: o longo prazo

Agora com 92 anos e aposentada, Geraldine Weiss[310] sabe o que significa persistir. Aos 30 e poucos anos, ela estava com dificuldades financeiras, casada com um oficial da marinha com rendimentos modestos e com filhos. *A posteriori*, exatamente como os que desabrocham tardiamente, ela se tornou a mais bem-sucedida investidora em ações de toda a história.

Nascida em San Francisco em 1926, Weiss frequentou escolas locais de ensino médio e estudou finanças na Universidade da Califórnia, em Berkeley. Enquanto estava na universidade, passava suas horas de folga na biblioteca, lendo todo livro sobre negócios e investimentos que conseguia encontrar. Em pouco tempo ela sucumbiu à lógica convincente de um livro de 1934 chamado *Security Analysis* [Análise de Segurança]. (Ele também lançaria seu feitiço sobre um jovem a meio caminho do outro lado do país, Warren Buffett.) Os autores, Benjamin Graham e David Dodd, argumentam que, como ações de uma empresa representam uma porcentagem de propriedade sobre uma empresa real, todas elas têm "valor intrínseco". E mais, esse valor intrínseco está sempre avaliado erroneamente pela bolsa de valores. Durante as explosões do mercado, como ocorreu durante os anos 1920, as ações tiveram seus preços exagerados e, no final, antes do *crash* de 1929, avaliados insanamente acima de seus valores intrínsecos. Depois do *crash* da bolsa e durante o começo dos anos 1930, a maioria das ações estava sendo comercializada muito abaixo de seus valores intrínsecos. O público estava fatigado das ações, que tinham perdido a maior parte de seu valor desde o pico de 1929. Graham e Dodd disseram que a bolsa de valores raramente acertava esse preço, em qualquer momento do tempo. Em curto prazo, ela agia como uma urna, um concurso de popularidade. Mas em longo prazo, ela atuava como uma balança e se aproximava da verdade intrínseca do valor de uma ação.

Em 1949, Graham e Dodd lançaram seu segundo (e mais famoso) *O investidor inteligente* [publicado no Brasil pela HarperCollins]. Espantosamente, esse livro denso de 640 páginas vendeu mais de um milhão de exemplares ao longo dos anos. Enquanto escrevo isto, no verão de 2018, o livro está em terceiro lugar na lista de mais vendidos da Amazon na categoria finanças. Todavia, mesmo quando *O investidor inteligente* surgiu pela primeira vez, reforçando a filosofia de investimento no valor intrínseco, Geraldine Weiss já estava pensando além de Graham e Dodd e desenvolvendo suas próprias ideias sobre o investimento em ações.

Weiss não discutia o valor intrínseco como filosofia, mas tinha dúvidas sobre como o valor é determinado. Graham e Dodd gostavam particularmente de usar duas relações: preço/rendimentos e preço/valor contábil. Investidores ainda utilizam essas relações hoje em dia. Ligue na CNBC em qualquer dia da semana, e você ouvirá Jim Cramer falar sobre a "relação preço/rendimento [P/E] de uma ação e seu número "preço/valor contábil". E se você pesquisar as ações de uma empresa no Google, o preço/rendimento e preço/valor contábil irão surgir no mesmo instante. Weiss, entretanto, mantinha certo ceticismo quanto a essas relações. Ela achava, e continua achando, que as duas relações podiam ser manipuladas pelos executivos das empresas.

Weiss pensava que os pagamentos de dividendos de uma ação, e não seus rendimentos, contam a verdadeira história sobre a saúde financeira e o ímpeto de uma empresa. Dividendos em ascensão, para ela, previam crescimento das ações. O histórico de ascensão ou queda de dividendos de uma empresa estabeleceria um padrão que mostraria se suas ações, em qualquer dia, estavam supervalorizadas ou subvalorizadas.

Ansiosa para testar sua nova teoria, Weiss começou a se candidatar a empregos em empresas de investimentos. No entanto, imediatamente encontrou duas muralhas: o antissemitismo que ainda permeava boa parte do mundo dos investimentos nos anos 1950 e 1960, e o fato de ser uma mulher. Mesmo com seu diploma em finanças, seu conhecimento de Graham e Dodd e todos os livros técnicos fundamentais em investimentos, nenhuma empresa lhe oferecia um emprego que não fosse como secretária.

Em 1962, morando em San Diego e "vendendo o almoço para comprar a janta", segundo sua própria descrição, ela perguntou ao marido se podia comprar cem ações ordinárias que se encaixavam em seus critérios para ser "*blue chip*", mas que ainda estavam subvalorizadas, segundo sua tendência de dividendos. O investimento foi bem-sucedido, assim como os quatro anos seguintes de investimentos que testaram suas teorias de dividendos na bolsa de valores. Agora convencida de que tinha uma vantagem única de investimento a oferecer, ela parou de se candidatar a empregos em empresas. Em vez disso, aos 40 anos, começou uma *newsletter* de investimento chamada *Investment Quality Trends* [Tendências de Qualidade de Investimentos]. O primeiro número recomendava 34 ações como "*blue chips* selecionadas", mas ainda assim "subvalorizadas", segundo a sua análise. Entre as 34 escolhidas em abril de 1966 estavam IBM, Kellogg's e General Motors.

A *newsletter*, chamada hoje de *IQ Trends* e administrada por Kelley Wright, escolhido a dedo para ser o sucessor de Weiss, ainda está rendendo dinheiro para seus leitores. Mas quando Weiss começou, teve que superar seus apertos financeiros. Apesar de ter lucrado investindo em ações a partir de 1962, com aquelas 100 ações ordinárias, seus investimentos iniciais eram necessariamente minúsculos. Quando fundou a *newsletter* em 1966, ela ainda não dispunha de muito dinheiro e imaginou que pudesse investir apenas US$ 2.000 na *newsletter*. Entre 1966 e 1969, ela se segurou, por pouco, reinvestindo cada centavo que sobrava de suas assinaturas. Levou três anos para que a *newsletter* rendesse algum lucro. "O que isso me ensinou foi a perseverar", disse ela.

Entretanto, Geraldine Weiss não tinha acabado de lutar contra o preconceito de gênero. Como disse um perfil seu de 2017 em um jornal de Londres, o *Telegraph:* "Ninguém queria receber conselhos de investimentos de uma mulher. Ela guardou uma carta de um cavalheiro que se recusava a aceitar conselhos de uma mulher a menos que ele soubesse que ela tinha ouvido aquilo de um homem. Para contornar esse preconceito, ela assinava como 'G. Weiss' e todos acreditavam que o serviço era administrado por um homem – até que ela apareceu no *Wall Street Week*, um programa popular de TV, em 1977".

"Àquela altura eu já estava nos negócios há tempo suficiente para as pessoas estarem ganhando dinheiro com o meu serviço", disse Weiss. Ela tinha 51 anos e o mundo dos investimentos, então, estava começando a prestar atenção nela.

O sucesso do desabrochar tardio de Geraldine Weiss pode ser atribuído à persistência – do tipo nutrido pela paciência e ampliado por uma paixão profunda. A paciência é parte integral da filosofia de investimento de Weiss (assim como para Warren Buffett, o outro discípulo famoso de Graham e Dodd). Não se fica rico da noite para o dia investindo em ações pelo valor dos dividendos. De fato, Weiss, com frequência, perdeu dinheiro em períodos de bolha recentes, como em 1999, quando investidores deram as costas para títulos de valor e apostaram tudo nas ponto com. Porém, ela confiava em sua própria filosofia de investimento, testando-a na implacável bolsa de valores ao longo de muitos anos e ciclos de investimentos. Um ocasional ano ruim não a abala.

***

Geraldine Weiss é um exemplo de indivíduo com desabrochar tardio e um modelo para todos nós. Para alcançar o sucesso em qualquer coisa que valha a pena na vida é necessário paciência, não importa o quanto você seja talentoso, afortunado ou apaixonado. Quando entrevistei pessoas de desabrochar tardio para este livro, quase todas disseram que uma vez que você encontra a sua paixão e o seu "vaso", precisa se segurar ali – precisa persistir.

Felizmente, se nos ativermos pacientemente a um interesse ou uma paixão, se persistirmos, todos nós temos uma oportunidade de fazer grandes avanços em qualquer ponto de nossas vidas. Muitos "sucessos repentinos" ocorrem finalmente depois de 20, 30 ou até 50 anos de tentativas. Por causa da nossa obsessão com a realização precoce, o sucesso que vem após anos de trabalho duro, com frequência é confundido com talento inato. Mas as muitas histórias de sucesso apresentadas neste livro deveriam ser vistas como uma inspiração, como moldes para aprender, tentar, persistir e, no final, atingir o sucesso.

Contudo, não importa o quanto sejamos controlados ou preparados; alguns de nós ainda se perguntam em segredo: *Será que eu tenho a força interior, a persistência, para descobrir e viver o meu destino?* Isso pode significar abrir mão de um emprego seguro, deixar um círculo de amigos ou perseverar mesmo quando sua fé e sua convicção vacilam.

A resposta simples é: sim.

Como posso dizer isso com tanta certeza? Muitos de nós não conseguimos sequer seguir uma dieta por mais de uma semana, quanto mais perseverar por anos de adversidade e sacrifício. Como podemos persistir durante uma jornada não convencional de reinvenção, especialmente face aos contratempos inevitáveis, pais reprovadores e amigos em dúvida?

Tenho confiança de que os que desabrocham mais tarde podem persistir por duas razões. A primeira é que somos contadores de histórias inatos. Em nossas vidas pessoais, pensamos em histórias, falamos em histórias, nos comunicamos em histórias e até sonhamos em histórias. É seguro afirmar que o modo padrão da cognição humana é a narrativa. Nós instintivamente encontramos razão no caos e atribuímos causalidade a todos os eventos aleatórios que formam nossas vidas. As histórias nos ajudam a fazer isso. Contação de histórias como uma arma de persistência pode não parecer algo óbvio, mas nossa habilidade de contar histórias é muito mais poderosa do que muitos de nós reconhecemos.

A segunda razão para o otimismo é que, conforme envelhecemos, e conforme ganhamos experiência e absorvemos as lições de vida (muitas vezes, dolorosamente), exercitamos a persistência. Como ocorre com todos os aspectos de nosso carácter psicológico – assim como nossa estrutura neurológica –, a persistência é mais elástica do que imaginamos. A persistência, junto com o talento, a regulação emocional e todas as outras características psicológicas relevantes para o sucesso na vida, é influenciada pela experiência. Nossa persistência tem a habilidade de acompanhar o nosso crescimento, crescendo também. A persistência não cresce automaticamente, é claro. Ela pode se atrofiar, como qualquer outra qualidade humana, frente a depressão, o desencorajamento ou a negligência. Portanto, temos que assumir um papel ativo no cultivo de nossa persistência. E, por mais estranho que pareça, com frequência podemos estimular nossa persistência mais no cinema do que na academia.

Para compreender melhor as chaves para a persistência de quem desabrocha mais tarde, vamos olhar mais de perto para o poder das histórias, a elasticidade da persistência e como essas duas coisas estão conectadas.

***

Histórias não somente descrevem o que aconteceu – elas ajudam a determinar o que vai acontecer. As histórias que contamos a nós mesmos nos ajudam a moldar nossas atitudes e melhoram nosso bem-estar. Para quem desabrocha tardiamente, isso é uma notícia esplêndida. Pesquisas extensas demonstram que histórias podem mudar o modo como pensamos[311], agimos e sentimos. Em outras palavras, se nós, que desabrochamos mais tarde, mudarmos nossa história, podemos mudar nosso comportamento e até nossa vida. Isso pode soar como propaganda de autoajuda, mas histórias realmente são o catalisador oculto para o crescimento e para o sucesso.

O poder da narrativa é a premissa de um novo ramo da medicina chamado *psicologia narrativa*. Proposto de maneira independente nos anos 1980 pelos psicólogos Theodore Sarbin[312], Jerome Bruner[313] e Dan McAdams[314], é uma escola do pensamento que se ocupa de como as pessoas geram significado através da construção, contação e recontação de histórias. Se a neurociência e alguns ramos da psicologia pensam na mente como um contêiner, uma máquina ou algo parecido com a CPU de um computador, a psicologia narrativa enxerga a mente como o "grande narrador".

É óbvio que a mente como contadora de histórias não é exatamente algo novo na psicologia. Muito antes que a psicologia começasse a pegar emprestadas as ferramentas da crítica literária, Sigmund Freud e seus seguidores pareciam intuir a ideia de que uma análise detalhada da saúde mental tem correlação com uma análise detalhada de uma história[315].

Embora boa parte da obra de Freud tenha sido desconsiderada desde então, parte de seu gênio residia em sua habilidade de trabalhar com indivíduos para ajudá-los a encontrar sentido em suas vidas desordenadas. A percepção fundamental que psicanalistas freudianos desenvolveram é a de que seus pacientes de alguma maneira não conseguiam manter as suas próprias histórias organizadas – ou eles não tinham nenhuma história. Eles tinham a tarefa de consertar histórias essencialmente destroçadas, como se reparassem um roteiro. Em outras palavras, o valor real da psicanálise estava em trabalhar com os pacientes para dissecar ou peneirar memórias e eventos aleatórios que, por si sós, faziam pouco sentido, para construir uma narrativa coerente. A história seria a respeito de como um paciente foi do ponto A, em algum lugar do passado, para o presente, e, então, se orientou para o futuro de maneira significativa.

Em certo sentido, construir uma narrativa fazia mais do que ajudar os indivíduos a enxergarem os eventos de sua vida sob uma nova luz. Isso moldava sua realidade, tornando-a administrável.

A realidade fria e objetiva, afinal, é caótica. É uma junção de pessoas e lugares e datas e momentos, tudo misturado, mudando e se transformando constantemente. Ela produz amor, beleza, mas também azar, calamidade e resultados trágicos. E embora o acaso possa ser a base de algumas crenças cósmicas ou evolucionárias, usualmente ele não dá uma boa história.

Assim, todos nós fazemos o que novelistas, historiadores, biógrafos e escritores de obituários sempre fizeram: impomos uma estrutura narrativa sobre uma sequência de eventos, que sem isso, seriam aleatórios, até que se colem de uma forma que faça sentido para nós e que consigamos administrar. Colocamos as coisas em ordem e, ao fazê-lo, lhes atribuímos um significado.

Mas histórias não são apenas eventos se desenrolando em ordem de um jeito que faça sentido. Histórias não são apenas uma lista de horas e datas e acontecimentos em sequência. Histórias são motivadas por escolhas bem reais – o que escolhemos incluir, o que escolhemos excluir, o que escolhemos amplificar e reduzir. O impulso de narrar está tão arraigado em nós que tendemos a ver histórias mesmo quando não existe história nenhuma. Vemos histórias nas estrelas. Enxergamos histórias nas nuvens. Enxergamos histórias em formas e sons. Pegue como exemplo uma experiência clássica de 1944 conduzida por Fritz Heider e Marianne Simmel, na qual mostraram aos participantes um curta-metragem animado de alguns formatos diferentes (dois triângulos, um círculo), movendo-se dentro e em torno de uma caixa. Quando pediram aos participantes que descrevessem o que tinham visto, eles responderam contando histórias curtas como se os triângulos e círculos fossem pessoas. Atribuíram características como "agressivo"[316], "zangado", "mal-humorado" e "pavio curto" para um triângulo especialmente genioso. (Para sermos justos, esse triângulo estava genioso porque um outro triângulo, o menor, tinha fugido com a sua namorada, o círculo.) Mas os participantes fizeram mais do que simplesmente atribuir características humanas a objetos inanimados. Eles também viram esses objetos como possuidores de *livre-arbítrio* – a habilidade de agir por conta própria, de fazer escolhas livremente, e de ser autor de seu próprio destino. Paul Ricoeur, um filósofo francês[317] que escreveu extensivamente sobre narrativa e identidade, definiu o livre-arbítrio como o oposto do sofrimento. Segundo Ricoeur, quando perdemos a habilidade de agir independentemente de nossa vontade própria, sofremos. Nos submetemos. Desistimos.

Como podemos reconquistar o livre-arbítrio quando ele é perdido? Revisando e reescrevendo nosso próprio papel em nossa narrativa em perpétua transformação.

Se a psicologia narrativa nos ensina algo, é que, particularmente em momentos difíceis ou reveses, construir uma narrativa pode ter um impacto imenso em nossos pensamentos e comportamentos. Isso pode mudar a direção de nossas vidas. Dezenas de estudos[318] – com universitários, prisioneiros de segurança máxima, gente sofrendo de artrite ou dores crônicas, mulheres que acabaram de dar à luz pela primeira vez, homens que acabaram de ser demitidos, por todas as classes sociais e grupos étnicos de países tão distantes quanto os Estados Unidos e a Nova Zelândia – comprovaram que o simples ato de criar uma narrativa pessoal tem efeitos positivos sobre a saúde e o comportamento.

A ideia por trás da psicologia narrativa não é nos iludirmos para que os eventos ou experiências ruins sejam de fato bons. Na verdade, é para encontrar significado – e, com sorte, motivação – na progressão de um evento para o próximo. A psicologia narrativa deve nos ajudar a reconhecer que as circunstâncias mudam constantemente. Em nossas vidas, passamos do triunfo para o fracasso, para o tédio, para o êxtase e, ás vezes, repetimos o ciclo durante um único dia. Como lidamos com tantas emoções e ainda seguimos adiante? Falando de forma bem simples, as histórias nos oferecem um enquadramento para suportar os caprichos da vida.

Isso é uma boa notícia para os que desabrocham mais tarde. Durante a maior parte de nossas vidas, suspeitamos que nossa história real – de nosso destino descoberto e potencial realizado – ainda está por ser escrita. Então, como podemos escrever um enredo que nos permita desabrochar para o nosso potencial pleno?

***

A psicologia narrativa nos mostrou que, no que diz respeito às histórias que contamos para nós mesmos, os fatos importam menos do que a narrativa. Em outras palavras, uma história não precisa ser verdadeira[319] para ser eficaz. Nossas histórias pessoais podem nos ajudar a continuar seguindo em frente, e podem ser baseadas em fatos, aderindo bem à realidade, ou nem ter uma lasca de verdade. Frequentemente, sustentamos nossa determinação e nossa perseverança contando a nós mesmos histórias otimistas sobre o futuro. Muito amiúde essas histórias são mais fortes do que nós. Os cristãos são inspirados por uma história do discípulo Pedro no Novo Testamento. Quando a vida de Pedro foi ameaçada por guardas romanos enquanto Jesus morria na cruz, Pedro negou três vezes que conhecia Jesus. Sua coragem lhe falhou quando mais importava. Como isso deve ter sido vergonhoso para Pedro! Como teria sido compreensível se retirar escondido e voltar à sua vocação de pescador. Entretanto, nos dias que se seguiram, Pedro foi transformado por uma nova narrativa, a ressurreição de Cristo. E Pedro, antes o covarde, se tornou a pedra sobre a qual a Igreja de Roma foi construída. Ele sofreu a morte de um mártir, e a futura Basílica de São Pedro foi assim chamada em sua homenagem. Se as histórias têm significado suficiente para nós, podem nos ajudar ao longo dos desafios mais difíceis.

Quando se trata de persistência, isso é algo bom. Se tomássemos todas as nossas decisões com base nas probabilidades reais de sucesso, raramente tentaríamos algo arriscado ou alcançaríamos algo de importância. A realidade é que as histórias conseguem nos manter seguindo adiante por causa de sua inexatidão. Quase qualquer criação de narrativa é um pouco mentira. Nossas histórias não são documentários cujos fatos são checados – elas abrem espaço para a interpretação narrativa, e são bem-sucedidas exatamente por esse motivo. Uma visão de vida fria e racionalista, afinal, sugere que humanos não nasceram para fazer nada além de sobreviver por tempo suficiente para reproduzir. Entretanto, quando nossa história diz que nascemos para fazer algo significante, é muito mais provável que persistamos durante tempos sombrios e provações. Assim, a contação de histórias é uma ferramenta que nós, que desabrochamos mais tarde, podemos usar para o bem ou para o mal. Se, por exemplo, interpretamos nosso desabrochar mais lento como um sinal de que somos azarados, insensatos ou preguiçosos, é difícil ter uma imagem positiva do futuro. Nesse caso, nossa contação de histórias pode nos levar ao desespero e ao fatalismo. Se, ao contrário, reconhecermos que cometemos erros, encaramos desafios e aprendemos com nossos passos em falso, teremos uma noção de arbítrio maior sobre nossas vidas. Como Kurt Vonnegut escreveu em *Mother Night* [Mãe Noite, sem tradução em português], "Somos quem fingimos ser, portanto, devemos tomar cuidado com o que fingimos ser".

Tire um momento para refletir sobre a sua própria história.

Aquela vez que você foi rejeitado por uma empresa ou demitido – será que aquilo é prova de que a sua carreira não está indo para lugar algum? Que você é um fracasso ou fiasco, um daqueles que desabrocham tardiamente, mas nunca chegou a desabrochar de fato? Ou será que a demissão foi uma das melhores coisas que poderiam ter lhe acontecido, libertando-o para encontrar um trabalho que se encaixe melhor aos seus talentos individuais?

Ao escrever nossas histórias, a armadilha para os que desabrocham mais tarde é acreditar em sina. Destino e sina não são a mesma coisa, embora com frequência confundamos os dois. Como escreveu Howard Suber, o lendário professor de cinema da UCLA: "Você busca o seu destino[320]; você sucumbe à sua sina. O destino se origina no interior da pessoa; a sina vem do exterior. Sina é a força que jaz além da vontade e do controle do indivíduo; ela te empurra à frente. Destino é a força de atração à sua frente, agindo como um ímã, algo que você opta por adquirir".

Nós recaímos em nossa sina.

Nós caminhamos na direção do nosso destino.

O desabrochar tardio não vem de aceitar amargamente sua sina, de se submeter às forças externas e abdicar de seu arbítrio. Desabrochar é o resultado de reconhecer nosso passado para, em seguida, buscar nosso destino através de uma narrativa pessoal otimista – real ou não – que encoraje e inspire. Se queremos persistir contra as forças da cultura e a despeito das autocrenças negativas, devemos nos certificar de que estamos contando as histórias certas para nós mesmos.

***

O segundo motivo para a minha certeza em nossa habilidade de persistir: nosso nível de persistência não é algo fixo[321]. Angela Duckworth, autora do *best-seller* de 2016 *Garra: O poder da paixão e da perseverança* [lançado no Brasil pela Intrínseca], é a especialista indiscutível em garra, outro termo para perseverança ou persistência. Para sermos totalmente justos, a definição dela é um pouco mais complicada do que isso. Mas se você tem garra, você resiste. Tendo projetado um teste que ela chama de Escala de Garra, ela reuniu dados de uma ampla gama de norte-americanos adultos. O gráfico abaixo mostra como a Escala de Garra varia de acordo com a idade.

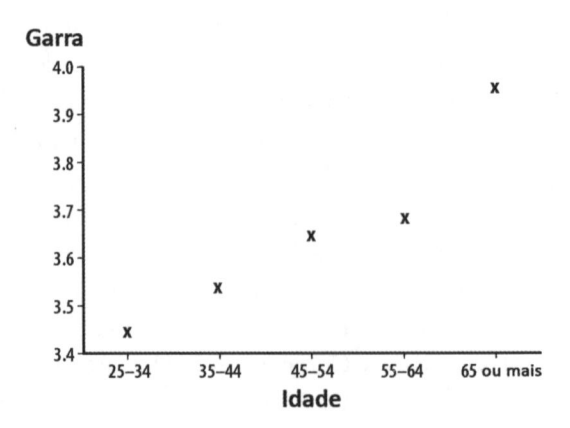

Surpreso? A garra, ou nossa habilidade de persistir, aumenta conforme envelhecemos. Como pode-se ver pelo eixo horizontal do gráfico, os adultos mais persistentes estavam na casa dos 60 anos ou mais. Os menos persistentes... bem, eles estavam na casa dos 20 anos. Isso não significa que se você tem 20 e poucos anos, não tem a capacidade para aguentar ou resistir. Muitos jovens têm. Isso só significa que sua habilidade de se ater a algo importante vai, provavelmente, aumentar conforme você envelhece.

Como o gráfico mostra, persistência, experiência e idade vêm juntas. Duckworth acredita que os dados sugerem que nosso nível de persistência aumenta quando determinamos nossa filosofia de vida, aprendemos a nos recuperar das decepções e descobrimos como diferir entre: objetivos sem muita importância, que podem ser abandonados, e objetivos de alta importância, que exigem persistência – tudo isso, traços emergentes dos que desabrocham mais tarde.

Por que razão, exatamente, as experiências de vida mudam nossa personalidade? Um motivo[322], segundo Duckworth, é que nós simplesmente aprendemos algo que não sabíamos antes. E independentemente do que a sociedade pode pensar sobre idade e aprendizagem, esse conhecimento acumulado tem um valor imensurável. Ao longo do tempo aprendemos lições de vida e, conforme envelhecemos, somos lançados em novas circunstâncias. Como Duckworth escreveu: "Nós nos mostramos à altura dos desafios[323]. Em outras palavras, mudamos quando precisamos mudar".

No que se refere à persistência, as experiências variadas do desabrochar tardio parecem ser as melhores professoras.

Permita-me esclarecer alguns pontos. Quando elogiei as virtudes da desistência no Capítulo 6, não estava sugerindo que a persistência (ou a garra) não era necessária em certos pontos da vida. Claramente, para alcançar qualquer coisa significativa, precisamos resistir. Precisamos ser capazes de nos recuperar depois de termos sido derrubados. Meu ponto, no Capítulo 6, era que a garra forçada, sem um envolvimento verdadeiro, é ineficaz ou até mesmo prejudicial. A garra forçada obstrui nossa curiosidade e nossa experimentação. A determinação compulsória nos rouba o tempo necessário para crescer e amadurecer. A ideia de que exista um cronograma para o sucesso nos compele a fabricar irrefletidamente uma ilusão de paixão, em vez de nos permitir descobrir nosso propósito e missão verdadeiros e pessoais. A persistência necessária para desabrochar e seguir desabrochando é uma resolução quieta. É uma persistência pessoal, em vez da presunção da confiança narcisista ou uma marcha forçada da realização juvenil.

Além disso, há uma diferença entre o conceito de esgotamento do ego de Roy Baumeister, conforme discutimos no Capítulo 6, e os resultados da Escala de Garra de Angela Duckworth. O esgotamento do ego postula que temos uma quantidade finita de força de vontade ou garra em qualquer momento. Conforme atravessamos o dia focando, forçando ou nos restringindo, esgotamos essa quantia finita. Os resultados da Escala de Garra de Duckworth mostram que nosso nível geral de garra – ou persistência – pode aumentar conforme envelhecemos e ganhamos experiência. Isso é uma notícia bem-vinda para quem desabrocha mais tarde, mas ainda precisamos alocar nossa energia e reservar nossa garra para coisas pelas quais somos realmente apaixonados. Independente do quanto nossa pontuação na Escala de Garra seja elevada, ela ainda pode ser desperdiçada.

A implicação é clara, devemos evitar gastar nossa persistência de forma irrefletida para enfrentar todos os desafios que surgirem. Alguns desafios simplesmente não valem a pena. E como aprendemos no Capítulo 6, a persistência ou a força de vontade malgasta nos exaure, podendo até nos adoecer. Isso também não significa que devemos ficar parados, esperando nossa provisão de garra entrar em ação. Existem qualidades pessoais que catalisam e fortalecem nossa persistência: *fé, propósito* e *paciência*.

A boa notícia: essas três características tendem a se desenvolver quando amadurecemos.

***

Um tipo de fé – vamos chamá-la de fé barata – é a simples expectativa de que amanhã será melhor do que hoje, iremos ao trabalho mais tranquilamente ou a um final de semana ensolarado. Como a descrição de sina feita por Suber, esse tipo de fé vem sem o fardo da responsabilidade. Fica a cargo do universo melhorar as coisas, esvaziar as estradas ou fazer com que o sol brilhe. Ela depende da crença de que nossos próprios esforços moldam nosso futuro. Há uma grande diferença entre torcer para que amanhã seja melhor e decidir que amanhã será melhor. A fé que as pessoas persistentes têm – e de que nós, que desabrochamos mais tarde, precisamos – não tem nenhuma relação com o acaso e tudo a ver com a intenção.

Propósito é outro importante motor da persistência. Pessoas com propósito são consideravelmente mais motivadas[324] a buscar uma vida com significado. Em sua pesquisa, Duckworth descobriu que a pontuação mais elevada em propósito tem correlação com pontuação mais elevada na Escala de Garra. O propósito nos motiva. Fortalece nossa habilidade de persistir através da convicção de que nossa busca tem importância. Isso não significa que todos nós precisemos ser santos, mas sim que essa convicção nos ajuda a ver nossas metas de desabrochar tardio como algo conectado ao mundo, de forma mais ampla.

Finalmente, temos a paciência. Um dos indivíduos de desabrochar tardio no Vale do Silício de quem mais gosto e um exemplo de paciência em uma cultura empresarial que nos exorta a "mover-se rapidamente e quebrar coisas" é Diane Greene. Ela cresceu em Annapolis, Maryland, com uma paixão pelo oceano. Quando pequena, ela aprendeu a capturar caranguejos e vende-los por cinco dólares cada. Na faculdade, se formou em engenharia, mas também começou a praticar *windsurf* – aos 19 anos, ela participou de uma competição mundial de *windsurf* – além de entrar em competições de vela. Depois da faculdade, ela trabalhou em uma petroleira *offshore*, mas se demitiu quando não recebeu permissão para visitar o domínio masculino que era a plataforma de extração no oceano. Então foi trabalhar para uma empresa de *windsurf* e, posteriormente, para a Coleman, a empresa de material para acampamento.

Aos 33 anos, Greene voltou a estudar e obteve uma graduação avançada em ciências da computação. Isso a levou a seu primeiro emprego em *software*. "Eu estava finalmente pronta para um emprego de gente grande"[325], diz ela. Em 1998, aos 43 anos, ela, seu marido e três outras pessoas fundaram a empresa de *software* VMware, que tinha um método de extrair maior eficiência do *hardware* do computador. A VMware foi um grande sucesso, mas aos 53 anos, Greene, então CEO, foi demitida por ser, em parte, despretensiosa demais e tímida com a imprensa, a antítese do amor do *zeitgeist* por CEOs jovens e atrevidos. Mas a carreira de Greene não tinha se acabado. Em 2010, ela se tornou membro da diretoria do Google e, até janeiro de 2019, era a CEO do Google Cloud.

Você pode contestar minha inclusão de Diane Greene, outra multimilionária do Vale do Silício, como alguém que desabrochou tarde. Mas eu a incluo por causa da autoanálise que ela mesma fez sobre só estar pronta para um "emprego de gente grande" aos 33 anos. Greene, de fato, vê seus primeiros 33 anos de vida não como uma corrida maluca pelo sucesso precoce e fama, ou à maneira de Jonah Lehrer e Elizabeth Holmes, e inúmeros outros sucessos juvenis que alcançaram a estafa, mas como um convite à aventura e a uma jornada exploratória. Suas aventuras e explorações incluem apanhar e vender caranguejos em Maryland por cinco dólares, começar uma competição mundial de *windsurf* aos 19 anos, aprender a velejar uma jangada competitivamente, misturar-se com os homens durões da área petroleira e lidar com produtos em uma empresa de material para acampamento.

A história de Greene soa como algo são e sábio. Ela nunca ficou parada, mas não foi impaciente. Os rumos que seguiu foram os seus próprios, e ao inferno com as convenções. Sua história soa peculiar apenas no contexto do ideal *Wunderkind* atual para o sucesso precoce. Sua paciência ao modo antigo se expressa em como ela trata a si mesma e aos outros. Enquanto administrava a VMware, seus dois filhos estavam crescendo. Greene insistia em estar em casa para o jantar toda noite. Mesmo nos anos 1990, isso era considerado um ato rebelde no caldeirão frenético do Vale do Silício. Compare isso com a gênio precoce Elizabeth Holmes, da Theranos, cujo chefe do serviço de segurança patrulhava os escritórios como um agente secreto toda noite às 19h30min, para, então, confrontar raivosamente no dia seguinte quem tivesse saído cedo por não ser comprometido com a Theranos. Enquanto esse livro vai para a gráfica, a VMware, uma criação pacientemente administrada por Diane Greene, que demorou a desabrochar, está avaliada em US$ 56 bilhões. Theranos, a empresa *wunderkind*, quebrou.

A história de Diane Greene confirma o que a neurociência está apenas começando a nos dizer: as habilidades para o sucesso, como autorregulação, foco profundo e reconhecimento de padrões, vêm com o tempo e a experiência. A moral é que precisamos tentar as coisas. Precisamos aprender.

Mas precisamos ter paciência.

Em *O Poder dos Quietos*, Susan Cain escreveu: "O segredo da vida é se colocar sob a luz correta[326]. Para algumas pessoas, essa luz é um holofote da Broadway; para outras, uma escrivaninha iluminada. Use seus poderes naturais – de persistência, concentração, percepção e sensibilidade – para fazer um trabalho que ame e que tenha importância. Resolva problemas, faça arte, pense profundamente. Descubra como você deve contribuir para o mundo e certifique-se de estar fazendo sua contribuição".

Ótimo conselho. Porém, a menos que sejamos incrivelmente sortudos, o único jeito de descobrir a luz correta é, como fez Diane Greene, procurar pacientemente por ela. E com a força de vontade necessária para tentar coisas novas e buscar novas paixões com paciência e um recurso limitado (ver Capítulo 6), nós, que desabrochamos mais tarde, precisamos tomar cuidado com como "gastamos" nossa persistência. Esse é um dos maiores dilemas de desabrochar tardiamente: como decidir quando persistir e quando desistir?

***

Scio te ipsum: conhece-te a ti mesmo.

Nós, que desabrochamos mais tarde, somos pássaros de outra espécie. Um outro tipo de felino. Feitos de outro molde. Use o clichê que quiser, mas nós não nos encaixamos no ideal *Wunderkind* nem na esteira rolante para o sucesso. Não podemos seguir o modelo do gênio precoce e torcer para atingir o sucesso, ao menos não de forma significativa e sustentável. Isso esgotaria nossa persistência e atrofiaria nossa exploração. Em vez disso, temos que refletir sobre nossas diferenças, reconhecer nossas limitações – e talentos – e compreender que fomos feitos para tomar um caminho diferente.

Kimberly Harrington, que publicou seu primeiro livro aos 50 anos (ver Capítulo 8), reflete sobre aprender a abraçar seu lado que desabrochou tardiamente:

"Quando criança, eu sempre demorei a desabrochar[327]. Eu só fui andar quando já tinha quase 2 anos. Só andei de bicicleta quando estava com 9 anos. Todos os meus amigos estavam andando de bicicleta sem as rodinhas de apoio, mas eu não queria tirar a minha ainda. Tinha medo de cair. Finalmente, um dia eu me virei para a mamãe e disse: "Pode tirar". Ela tirou as rodinhas de apoio e eu saí pedalando. Nunca caí.
Ao longo da vida, me dei conta de que eu sou bem assim, independentemente da idade.
Eu acredito numa expectativa cultural. A Publicidade é muito conhecida por ser uma área com listas de "30 Abaixo de 30" ou "40 Abaixo de 40", ou seja lá o que for. Elas sempre me faziam sentir mal. Eu pensava: "Estou seguindo esse caminho tortuoso. Eu nem sei o que estou fazendo e nunca vou estar numa lista dessas." Toda indústria tem alguma coisa em que eles destacam gente muito jovem que está fazendo sucesso. Mas aí acontecia alguma coisa que me lembrava que eu sempre demorei a desabrochar. O fato de que meu primeiro livro foi publicado no ano em

que completei 50 anos é, em termos publicitários, muito *on brand* com meu passado de desabrochar tardio.

Como combater as expectativas culturais? Tente olhar para trás e reconhecer qual é a sua verdadeira natureza. Eu acho que com frequência as pessoas tentam trabalhar contra a natureza delas. Você acha que não é descolado ou não é o que está rolando culturalmente, então tenta ser alguém que não é. Você tenta ser como seu amigo ou sua colega ou alguém com um temperamento completamente diferente, uma motivação diferente, e um processo mental diferente.

Toda vez que estou frustrada com as coisas ou me sentindo um fracasso, é porque estou tentando me encaixar num molde em que jamais me encaixarei – nunca, em toda a minha vida, nem uma vez sequer.

Quando eu faço alguma coisa, quero me sentir realmente certa, realmente confiante. É a minha natureza. Aí, quando me sinto assim, eu vou fundo. Eu posso estar começando tarde, mas aí eu acelero. Digo, é incrível o quanto esse padrão é consistente.

Então eu acho que é bom olhar para trás e pensar em como você era quando era pequeno e o que gostava de fazer e no que você encontrava satisfação. Aí retorne a essas coisas ou àquele método de abordar desafios. Se não fizer isso, você vai bater a cabeça contra a parede por toda a sua vida adulta."

A história de Kimberly Harrington nos relembra de que, embora a persistência cresça com a idade, nosso melhor uso da persistência vem quando descobrimos, ou redescobrimos, uma narrativa que se encaixe com nosso eu mais verdadeiro.

Para mim, isso aconteceu durante uma conferência sobre liderança a que compareci em 2016. Era uma tarefa simples, realmente. Os organizadores nos pediram para escrever 50 realizações das quais mais nos orgulhávamos em nossa vida. Algumas podiam ser realizações curriculares, outras podiam ser coisas bobas que não ousaríamos colocar no currículo, como completar uma palavra-cruzada do *New York Times* a caneta. E aí vinham as realizações de que secretamente mais nos orgulhávamos. Minha realização secreta era quase uma loucura.

Eram as férias de verão em Stanford e parecia que metade do *campus* tinha viajado para esquiar. Eu nunca tinha esquiado e não tinha o dinheiro para começar agora. Mas estava na melhor forma física da minha vida de corredor. Estava correndo cerca de 110 km por semana.

Naquele sábado, eu calcei meu tênis e parti para a Sand Hill Road, a oeste do *campus*, com a ideia de fazer uma volta de 22 km, depois tomar umas cervejas e procurar um jogo de *softball*. Mas quando completei 8 km da volta, tive uma ideia maluca. Talvez eu conseguisse virar à direita e subir uma colina íngreme com estradas serpeantes até o topo das montanhas Santa Cruz. Comecei a subida de quase 400 m esperando que a minha curiosidade fosse saciada em breve e eu pudesse voltar a descer. Quando cheguei no topo, entretanto, outra ideia doida tomou conta de mim. Por que não descer correndo pelo lado oeste da montanha e ir para o Oceano Pacífico?

Eu não tinha levado água nem lanches. Quando cheguei em San Gregorio Beach, a quase 42 km de onde eu tinha saído, estava hipoglicêmico e muito, muito sedento. Mas não tinha nenhum dinheiro. Então fiz algo que nunca tinha feito e nem pensado em fazer. Fiquei do lado de fora do mercado de San Gregorio e mendiguei dinheiro, o suficiente para comprar uma garrafa de Gatorade e duas barras de Snickers. A essa altura, eu deveria ter pegado uma carona de volta para casa. Mas de novo, a ideia maluca: *por que não simplesmente começar a correr de volta, lentamente se for preciso?*

Na planície, antes de eu alcançar a base da montanha, um inglês de férias andando de bicicleta me fez companhia enquanto eu acelerava meu ritmo, o Gatorade já sem chacoalhar no meu estômago. No entanto, chegando à base da montanha, meu amigo temporário disse adeus e agora eu tinha que subir outros 400 m sozinho. No topo, em um vilarejo chamado Skylonda, gastei o restinho do dinheiro que eu tinha recebido em uma Coca-Cola e outro Snickers. Descansei o bastante para tirar o gás do refrigerante e tomá-lo. Depois lá me fui montanha abaixo para Stanford, pensando: *Isso é loucura. Mas não posso parar agora.*

A três quilômetros do *campus*, eu estava tão fadigado que comecei a ficar paranoico, com alguns acessos de fúria aos cretinos nos carros que eu achava que estavam tentando me atropelar. Aí eu percebi que estava correndo muito para o meio da rua. Minha noção estava desaparecendo rapidamente. De algum jeito, contudo, consegui voltar ao meu dormitório. Peguei três Cocas do refeitório, depois arrastei uma cadeira do meu quarto para o banheiro masculino. Coloquei a cadeira embaixo do chuveiro, tirei minhas roupas ensopadas de suor e os sapatos ensanguentados, e fiquei sentado embaixo do chuveiro bebendo as Cocas por um tempão. Lentamente, senti uma euforia profunda. Ah, cara! Eu tinha acabado de correr quase 84 km em 7h30min subindo e descendo uma montanha.

Agora, 41 anos depois, aquela corrida maluca e nobre foi a realização que eu escolhi colocar no topo da minha lista pessoal de 50 realizações. O treino no seminário era tentar reconhecer o que havia me impulsionado naquela corrida. O que eu aprendi nesse treino foi profundo, e me arrependi por não ter absorvido a lição décadas antes.

O que eu aprendi foi isso: eu realizei mais não quando tentei provar alguma coisa, mas quando tentei descobrir alguma coisa.

Naquela corrida, eu descobri que sempre que eu quebrava uma esquina e subia a colina seguinte, estava fazendo isso para satisfazer minha curiosidade. O processo de raciocínio era: *Eu me pergunto o que aconteceria se eu simplesmente continuasse seguindo em frente mais um pouco? Se eu simplesmente corresse mais um quilômetro – pacientemente, persistentemente – para dar uma olhada? E se eu pedisse dinheiro?* O que eu não fiz foi planejar essa corrida como uma competição, um teste da minha garra, ou com qualquer plano. A própria ideia de fazer isso teria estragado tudo. Eu jamais teria começado. Em vez disso, eu apenas subi uma colina de cada vez, paciente e persistentemente, e acabei subindo uma montanha – duas vezes.

Isso funcionava para mim.

Aprendi que as situações em que eu me destaco são aquelas em que a minha curiosidade assume o comando. Quando isso ocorre, um senso de exploração também assume o comando. Eu entro na onda e vou embora. Eu me sinto puxado, não empurrado – puxado por um poder lindo que não sei como explicar. A persistência e a paciência vêm até mim; eu não preciso convocá-las. É aí que eu realmente atinjo o sucesso. Foi uma grande revelação de quem eu sou e do que me move. Meu próprio desabrochar ocorre quando eu exploro, quando eu dou um passo adiante sem nenhuma meta além de ver o que vem a seguir na estrada. Nessas situações, eu me sinto magicamente puxado; a persistência ocorre sem nenhum esforço. Eu não acho que a maioria dos que desabrocham cedo pensam assim. A maioria é movido por metas, se dar bem nos SATs, tirar só notas A, estar nos percentuais mais elevados da vida. Essa atitude sempre funcionou para eles. A esteira rolante do sucesso precoce premia com abundância sua atitude competitiva.

Minha corrida me fez perceber que eu sou um tipo de pessoa diferente. Sou mais movido pela curiosidade, a exploração, a descoberta – e menos por metas, competição e vitórias. Este é o rumo para o sucesso que eu busco agora, seja nos negócios, na vida ou nos *hobbies*. Ela me alimenta, essa busca pela curiosidade e pela exploração. E no final, é muito mais produtiva, porque eu nunca esgoto minha curiosidade. Eu me esgoto buscando metas rígidas em cronogramas rígidos, e tentando ser um competidor feroz apenas em nome da competição. O mundo lá fora pode me chamar de relaxado por causa disso. Mas eu não sou relaxado. Apenas não fui programado como os que desabrocham cedo.

E como você está lendo este livro, suspeito que você também não tenha sido também.

***

Não existe prazo para desabrochar. Nossa história futura está escrita a lápis, não esculpida em pedra. Ela pode ser mudada. Não existe uma cronologia fixa para a autodeterminação, não há idade limite para avanços. As pesquisas apoiam a ideia de que enquanto perdemos algumas capacidades, ganhamos outras que superam em muito o que foi perdido. Portanto, a questão que deveríamos estar fazendo a nós mesmos não é o que podemos realizar a despeito de nossa natureza e experiências de vida. Em vez disso, deveríamos nos questionar: o que podemos realizar *por causa* delas? Se não formos forçados a nos adequar a itinerários padrão para o sucesso, podemos desabrochar – e assim o faremos – segundo nosso próprio cronograma. E podemos fazer isso com uma noção aprofundada de missão e uma sensação maior de contentamento. O que realizamos na maratona da vida depende de nossa persistência, nossa paciência e uma habilidade para nos vermos como realmente somos. Nossa obsessão cultural com o talento jovem, com a realização precoce, nos distrai dessa simples verdade.

Como pessoas de desabrochar tardio, precisamos entender que ainda temos poder. Talvez não passe a mesma sensação do poder que tínhamos em nossa juventude ou adolescência, do tipo alimentado pela fantasia, com possibilidades aparentemente infinitas, todas apontadas para alguma visão culturalmente definida de sucesso. Nosso poder como indivíduos de desabrochar tardio é diferente. É o poder de renunciar ao que deveria acontecer na vida e, em vez disso, abraçar o que realmente acontece na vida, com seus altos e baixos, suas viradas e volteios. É o poder de explorar e experimentar, de ser um indivíduo. É o poder que vem de conhecer e valorizar a nós mesmos.

Cada um de nós enfrenta uma jornada muito diferente e muito pessoal. Abandonar a linha do tempo rígida da sociedade nos liberta. Isso nos permite uma vida – e uma carreira – que se desenrola de forma mais orgânica, mais autêntica. Quando encaramos nossos desafios ao desabrochar mais tarde, nunca sabemos qual pode ser o lado positivo. Com frequência, fracassos abjetos são revelações conquistadas com dificuldade, finais difíceis são recomeços e viradas terríveis do destino são golpes maravilhosos de sorte.

Quando pegamos a estrada mais longa para o sucesso, desenvolvemos um senso mais claro de onde estamos, aonde queremos ir, e que novas trilhas estão abertas para nós. Ao longo de nossas jornadas diferentes, encontramos significado e confiança em nossas habilidades de adaptação. Tentamos coisas novas. Descobrimos velhas verdades. Superamos nossas dúvidas. Paramos de recuar. Nós nos valorizamos o suficiente para assumir riscos – para confiar, criar e seguir adiante. Não importa o que uma cultura obcecada com a realização precoce queira nos fazer crer, a vida não pode ser perfeitamente planejada. Não existe um único caminho para a autorrealização.

Somos talentosos. Somos pessoas que desabrocham mais tarde. Temos destinos incríveis para seguir.

Epílogo

Aconteceu o inesperado enquanto eu escrevia este livro. Amigos e conhecidos, inclusive algumas pessoas que encontrei pela primeira vez em reuniões sociais ou profissionais, me perguntavam sobre o meu próximo projeto. Um livro sobre as pessoas que desabrocham mais tarde, eu respondia. Alguns escritores preferem manter silêncio sobre os futuros livros, com medo de trazer má sorte ou, possivelmente, ter alguém roubando sua ideia. Eu, porém, sempre compartilhei meus pensamentos mais recentes. As pessoas inevitavelmente dizem: "Então você precisa ler esse livro, ou falar com essa pessoa" e com frequência seus conselhos são valiosos. Ao compartilhar, eu saio ganhando.

Mas para este projeto, a resposta foi totalmente diferente, carregada e emotiva. Os olhos se acendiam. As pessoas seguravam meu braço e diziam: "Eu também demorei a desabrochar!" Foi como se um mundo de gente com essa característica existisse em um reino de sombras, e agora alguém estivesse abrindo uma janela. Quase todo mundo, descobri, se identifica como alguém que desabrochou tarde e quer que você saiba disso, mesmo as pessoas que parecem, à primeira vista, serem gênios precoces. No Capítulo 4, escrevi sobre meu colega de quarto na faculdade, Bob, que entrou na Phi Beta Kappa em seu segundo ano, se destacou na faculdade de direito e virou sócio em uma empresa de advocacia de nível mundial em apenas cinco anos. Entretanto, quando o vi de novo, há não muito tempo, Bob insistiu que ele também é alguém que só desabrochou mais tarde, contando esnobadas e frustrações sofridas no ensino médio.

"O que você acha que as pessoas estão me dizendo", perguntei a Marji, minha esposa, "quando dizem 'eu também demorei a desabrochar!'?"

"As pessoas querem ser reconhecidas", disse ela. "A maioria não se sente reconhecida por quem são, e pelo que podem ser. Elas sentem que não são aproveitadas ou não foram descobertas."

Pesquisar para *Antes Tarde do Que Nunca* me deixou totalmente convencido que os Estados Unidos e muitas partes do mundo enfrentam uma crise de potencial humano não aproveitado e não descoberto. Eu me pergunto se o atual populismo raivoso, visto nas duas pontas do espectro político, é um grito de dor mal orientado vindo daqueles que se veem como não aproveitados e não descobertos. Grandes parcelas de pessoas neste país se sentem esquecidas, desapreciadas e desrespeitadas. Elas querem que vejamos sua dor, mas também o seu potencial. Isso não deveria acontecer em uma sociedade afluente como a nossa. Mas por nossas próprias boas intenções, ainda que ignorantes, projetamos uma máquina de classificação humana com uma esteira rolante para o sucesso precoce que garante esse resultado infeliz.

Todos nós temos algo a ganhar identificando e promovendo indivíduos de desabrochar tardio. Devemos isso a nós mesmos e aos nossos filhos, aos nossos amigos e aos filhos deles. O progresso humano vai parar se a maioria de nós se sentir não aproveitado e não reconhecido. Essa é uma receita para a instabilidade social, para movimentos políticos raivosos, para a destruição. Todos nós sofreremos.

Por outro lado, a crise dos que desabrocham tardiamente fazem dos dias atuais a melhor época para empregadores, escolas e faculdades darem um passo adiante. O mercado dos que desabrocham mais tarde é imenso e em grande parte, continua ignorado. Este é um momento em que empregadores, escolas e faculdades podem se dar extraordinariamente bem, fazendo a coisa certa para esse público.

Para os empregadores: o valor médio do pacote de remuneração no Facebook[328] em 2017, era de US$ 240.000. O valor médio do primeiro ano de salário pago pela Google[329], em seus esforços para recrutar universitários recém-formados nas áreas STEM (ciência, tecnologia, engenharia e matemática) das faculdades de elite, estava em torno de US$ 175.000 no total por cada novo funcionário. Sua empresa pode competir com isso? Claro que não. Mas a dura verdade é que, se você quiser contratar gênios precoces com os resultados mais altos nos testes e diplomados pelas universidades mais prestigiosas, é o que deve fazer. Você provavelmente não o fará porque isso arrebentaria seus custos com a folha de pagamento e acabaria com a rentabilidade. Portanto, você precisa de uma estratégia diferente. Terá que jogar uma versão de *"moneyball"*, como o time de beisebol Oakland A's faz, segundo Michael Lewis descreveu em seu livro *best-seller Moneyball, o homem que mudou o jogo*. O Oakland A's tem perpetuamente a menor folha salarial do beisebol. No que diz respeito a contratar os talentos mais caros, os A's não têm como competir, monetariamente falando, com os New York Yankees, Boston Red Sox, ou mesmo com os San Francisco Giants. Logo, os A's devem procurar por talentos não reconhecidos e não aproveitados. Eu sugiro humildemente aos empregadores: vocês também deveriam fazer isso.

Felizmente, empregadores, vocês estão com sorte. Indivíduos que desabrocham tardiamente formam o maior grupo de talento humano ignorado e subaproveitado que existe. Procure-os. Distribua um pouco de amor para eles. Ajude-os a desenvolver suas habilidades. Você será recompensado com funcionários espertos, leais, criativos, sábios e persistentes. Considere também substituir a desgastada trajetória profissional "para o alto e para fora" para funcionários sêniores por um arco profissional mais produtivo e humano (ver Capítulo 3).

Para os pais: espero que ler *Antes Tarde do Que Nunca* tenha acalmado sua ansiedade sobre o ritmo do desenvolvimento de seus filhos. Pode parar agora mesmo de se desculpar com seus amigos sobre o desenvolvimento mais lento deles – seus filhos sabem que você faz isso e se ressentem de você por causa disso. Pare de pensar que você pode "resolver" o desenvolvimento mais lento deles somente com dinheiro. Apenas os ame, escute suas frustrações e seus entusiasmos, e esteja disponível para eles. Desfrute de seus filhos como eles são. Saboreie a curiosidade, os sonhos, as incursões e experimentos, os contratempos e mágoas, os avanços. "São as coisas boas", diz o Dr. Sean Maguire, o personagem de Robin Williams em *Gênio Indomável*.

Para escolas de ensino médio: a medida do seu sucesso não são quantos estudantes vocês enviaram para Harvard e Caltech esse ano. A medida do seu sucesso é: em que medida a maioria de seus estudantes vai amadurecer e se tornar um adulto independente, feliz e realizado dali a duas décadas ou mais.

Para as faculdades comunitárias: vocês possuem algumas chaves essenciais para indivíduos de desabrochar tardio. Sempre possuíram, mas sua oportunidade agora é maior do que nunca.

Para faculdades e universidades: se vocês não forem a melhor universidade pública do seu estado, ou não estiverem entre as cinquenta melhores do país, públicas ou privadas, então o seu futuro é duvidoso. Mas vocês têm um mercado imenso a ser explorado que pode garantir seu futuro, se puderem satisfazer as necessidades dos que desabrocham mais tarde. Eles precisam de vocês. E vocês precisam deles.

Para líderes espirituais e religiosos: vocês certamente viram a dor infligida sobre famílias e indivíduos por causa dessa loucura pelo sucesso precoce. Um poderoso protesto é compartilhado entre diferentes crenças no mundo: os humanos são uma criação divina. Todos nós temos um destino supremo: descobrir nossos dons, seja lá quanto tempo leve, buscar nossos propósitos mais profundos e desabrochar.

Obrigado por ler *Antes Tarde do Que Nunca* Agora eu gostaria de ouvir a sua história de desabrochar tardio.

Rich Karlgaard
LateBloomer.com

Notas

INTRODUÇÃO

1   **Joanne, 53 anos :** Joanne Rowling, mais conhecida por seu pseudônimo, J. K. Rowling, nascida em 31 de julho de 1965. Sua história foi extraída, entre outras fontes, do artigo de Rachel Gillet: "From Welfare to One of the World's Wealthiest Women: The Incredible Rags-to-Riches Story of J. K. Rowling", *Business Insider*, 18 de maio de 2015, http://read.bi/2NkiwF1.

2   **"Eu não tinha direção específica":** Ken Fischer nasceu em 29 de novembro de 1950. Sua história e as citações foram retiradas de seu livro, *O Mapa da Fortuna – As dez rotas para enriquecer* [publicado no Brasil pela Editora Gente] e minhas múltiplas conversas com ele. Kenneth L. Fisher, *The Ten Roads to Riches: The Ways the Wealthy Got There (and How You Can Too!)* (Hoboken, NJ: John Wiley & Sons, 2017).

3   **"As pessoas não me aceitariam":** a altura de Weston está listada como 1,55 m no IMDb., e algo entre 1,51 e 1,55 m em outros sites. Sua estatura ínfima tornou mais fácil para ela falsear sua idade real – dizendo que tinha 19 anos, e não 32 anos –, ajudando-a a conquistar um contrato de US$ 300.000 como roteirista para a série *Felicity*, da Disney, sobre uma adolescente. Joe Flint, "Riley Weston Fooled Us All About Her Age", *EW*, 30 de outubro de 1998.

4   **Todo ano a *Forbes*:** "Presenting the 2018 30 Under 30", *Forbes*, 2018, http://bit.ly/2NEz4Xs . Ver também a lista intermitente da *The New Yorker*, mais recente a "20 Under 40": *The New Yorker*, 14 e 21 de junho, 2010. A *Fortune* publica uma lista anual: Robert Hackett, Jeff John Roberts, Lucinda Shen e Jen Wieczner, "The Ledger: 40 Under 40", *Fortune*, n.d., https://for.tn/2xpFaRo . A revista *Inc.* recentemente mudou de uma lista "35 Abaixo de 35" para uma lista "30 Abaixo de 30" (e a tendência para a juventude continua!): "Rising Stars: Meet the 30 Most Inspiring Young Entrepreneurs of 2018", *Inc.*, n.d., http://bit.ly/2NJsP4A . Poucos anos atrás, a *Time* substituiu sua lista "30 abaixo de 30" por uma lista dos "Adolescentes mais influentes": "The 30 Most Influential Teens of 2017", *Time*, 3 de novembro de 2017, http://ti.me/2x7yBnl

5   **"imersão completa":** para o custo anual das mensalidades da Atlanta International School e da Columbia Grammar School de Nova York, ver

Melissa Willets, "11 Unbelievably Expensive Preschools in the U.S.", *Parenting*, n.d., http://bit.ly/2N7FVcq

6   **"muitos pais entram em contato comigo":** Irena Smith citada por Georgia Perry em "Silicon Valley's College-Consultant Industry", *Atlantic*, 9 de dezembro de 2015.

7   **os custos das mensalidades universitárias subiram:** "Elite College Prices Now Exceed $70,000 Per Year", *Wealth Management*, 1º de março de 2017, https://bit.ly/2MsdJMc .

8   **No Super Bowl de 2018:** "Super Bowl 2018: How Eagles, Patriots Starters Rated as High School Recruits", CBS Sports, 1º de Fevereiro de 2018, https://bit.ly/2CTa0YB . Carson Wentz tinha 1,72 m e pesava 56,5 kg como calouro no ensino médio: "Carson Wentz Was 5-8 as High School Freshman and Other Things You Might Not Know About Him", *Morning Call*, 29 de abril de 2016, https://bit.ly/2NFmEic

9   **"Eu enviava minhas histórias esquisitas":** a história de Janet Evanovich vem de sua página na Wikipedia; "Janet's Bio," Janet Evanovich, n.d., https://bit.ly/2Qnj9LE; e Debra Nussbaum, "In Person: Imagine Trenton. One Author Did," *New York Times*, 3 de novembro de 2002, NJ14.

10   **A bilionária Diane Hendricks:** "Blue Collar Pride: Diane Hendricks' Rise from Teen Mom to Billionaire Entrepreneur", *Forbes*, 21 de outubro de 2017, https://bit.ly/2NbI86D.

11   **"parou na metade":** Scott Kelly, em entrevista ao autor, 2016.

12   **Mary Barra:** o trabalho inicial de Barra, inspecionando capôs e para-lamas, é descrito em Cal Fussman, "What I've Learned: Mary Barra", *Esquire*, 26 de abril de 2016.

13   **Ursula Burns:** o início modesto de Burns é contado por Nanette Byrnes e Roger O. Crockett em "Ursula Burns: An Historic Succession at Xerox", *Bloomberg Business*, 28 de maio de 2009.

14   **Jeannie Courtney:** Jeannie Courtney, em entrevista ao autor, 2015.

15   **três suicídios de estudantes:** Hanna Rosin, "The Silicon Valley Suicides", *Atlantic*, 19 de setembro de 2015.

16   **"16% relataram já ter considerado seriamente":** "Suicide Among Youth", Centers for Disease Control, n.d., https://bit.ly/2Bldm12.

17   **depressão é a causa número um:** conforme destacado por Bruce Dick e B. Jane Ferguson em "Health for the World's Adolescents: A Second Chance in the Second Decade", *Journal of Adolescent Health* 56, no. 1 (2015): 3–6.

18   **a depressão dobrou:** "Depression and Anxiety Among College Students", JED, n.d., http://bit.ly/2OuMvq6 . Esse estudo foi conduzido pela Associação de Distúrbios de Ansiedade da América [Anxiety Disorders Association of America].

19   **menor taxa de saúde emocional:** Kevin Eagan et al., *The American Freshman: National Norms Fall 2016* (Los Angeles: Higher Education Research Institute da UCLA, 2016).

20   **diretores de saúde mental dos campi pesquisados:** Amy Novotney, "Students Under Pressure", *Monitor on Psychology* 45, no. 8 (2014): 36; Louise A. Douce e Richard P. Keeling, *A Strategic Primer on College Student Mental Health* (Washington, DC: American Council on Education, 2014).

21   **"sentido ansiedade esmagadora":** Greg Lukianoff e Jonathan Haidt, "The Coddling of the American Mind", *Atlantic*, September 2015.

22   **"senti uma perda de confiança devastadora":** Carol Fishman Cohen, entrevistada por Susan Salter Reynolds, 2015.

23   **"passava a maioria dos dias":** Scott Kelly, entrevista ao autor, 2016.

24   **Em poucas palavras, alguém que desabrochou tarde é:** eu não consegui encontrar uma definição conclusiva sobre o desabrochar tardio que fosse sustentado por psicólogos ou cientistas sociais. O conceito parece ser uma construção social. Minha definição vem de um amálgama de muitas definições comuns, além de impressões reunidas ao entrevistar dúzias de pessoas que desabrocharam mais tarde.

25   **"Todo mundo tem um destino supremo":** Oprah Winfrey, entrevista à Stanford Graduate School of Business, 28 de abril de 2014, https://bit.ly/1q0nmlv.

26   **Existe alguma base de pesquisa extensa e rigorosa:** eu me debrucei sobre pesquisas, estudos e resumos e não encontrei, virtualmente, nenhum material acadêmico ou científico específico sobre as pessoas que desabrocham tardiamente. Reforço que acredito que isso seja porque "desabrochar tardiamente" é mais uma construção social do que uma fase cognitiva ou relativa ao desenvolvimento. Para pesquisar o assunto deste livro, procurei por traços e caraterísticas que corressem paralelamente, se cruzassem ou contribuíssem com a ideia de florescer mais tarde como reconhecemos da literatura, mídia e discurso social.

27   **desbancando o "mito do mediano":** entre os trabalhos recentes explorando as complexidades do desenvolvimento individual, recomendo o

livro de Todd Rose, *The End of Average: How We Succeed in a World That Values Sameness* (New York: HarperCollins, 2015); L. Todd Rose, Parisa Rouhani e Kurt W. Fischer, "The Science of the Individual", *Mind, Brain, and Education* 7, no. 3 (2013): 152–58; L. Todd Rose, *Square Peg: My Story and What It Means for Raising Innovators, Visionaries, and Out-of- the-Box Thinkers* (New York: Hachette, 2013); Scott Barry Kaufman, *Ungifted: Intelligence Redefined* (New York: Basic Books, 2013); Scott Barry Kaufman, ed., *The Complexity of Greatness: Beyond Talent or Practice* (New York: Oxford University Press, 2013); Scott Barry Kaufman e Robert J. Sternberg, "Conceptions of Giftedness", in *Handbook of Giftedness in Children* (Boston: Springer, 2008); e Scott Barry Kaufman et al., "Are Cognitive G and Academic Achievement G One and the Same G? An Exploration on the Woodcock-Johnson and Kaufman Tests", *Intelligence* 40, no. 2 (2012): 123–38.

Capítulo 1: Nossa obsessão com o sucesso precoce

28   **O escritor popular e neurociência Jonah Lehrer:** os fatos a respeito de Lehrer podem ser encontrados em uma entrada extraordinariamente longa na Wikipedia: https://en.wikipedia.org/wiki/Jonah_Lehrer.

29   **Susan Cain, autora de *O Poder dos Quietos*:** Cain criou o termo "Ideal Extrovertido" em *Quiet: The Power of Introverts in a World That Can't Stop Talking* (New York: Broadway Books, 2013). Em vários sentidos, o trabalho de Cain sobre os introvertidos inspirou este livro.

30   ***wunderkind* significa, literalmente, "criança maravilha" ou criança prodígio:** uma palavra de origem alemã, *wunderkind* apareceu pela primeira vez na língua inglesa em 1883. *Wunder* significa "maravilha" e *Kind* significa "criança".

31   **Uso do termo:** Segundo o Google Books Ngram Viewer, o uso do termo *wunderkind* disparou entre 1960 e 2015: http://bit.ly/2N7GqmO.

32   **Cantores como:** Taylor Swift vendeu 175 millhões de álbuns e ganhou dez Grammys; Adele vendeu 160 milhões de álbuns e ganhou oito Grammys; Rihanna vendeu mais de 200 milhões de álbuns, ganhou nove Grammys e um Oscar; e Justin Bieber vendeu 140 milhões de discos e ganhou um Grammy. Jennifer Lawrence é a segunda ganhadora mais jovem do Oscar e entra regularmente nas listas de atrizes mais bem-pagas. E o que dizer de Donald Glover? Ele atualmente tem uma série de sucesso no canal FX, *Atlanta*, é um dos músicos mais aclamados pela crítica sob seu pseudônimo, Childish Gambino. Estes são apenas alguns exemplos, mas demonstram a ascensão dos artistas jovens.

33   **"Web celebridades":** todas essas "Web celebridades" ganharam uma fortuna em patrocínios e cachês de parceria. Parece, contudo, que a onda

dos *web "influencers"* passou de seu auge. Embora ainda existam jovens lutando para captar milhões de seguidores e conquistar patrocínios e parcerias com energéticos, a moda, de forma geral – assim como o crescimento de usuários para muitos *sites* de redes sociais – se nivelou.

34 **quanto antes esses atletas:** por décadas, jovens com perspectivas no futebol americano foram escolhidos dentre as massas. O interessante aqui é que agora o mesmo vem acontecendo com pessoas jogando esportes menores, como *lacrosse*, natação e *hóquei*. O que virá em seguida, esportes internos?

35 **gerentes gerais:** A onda analítica transformou de forma dramática a composição da administração na MLB (Liga Principal de Beisebol), empurrada pela adoção ampla de plataformas analíticas como Sabermetrics. Agora isso começa a se espalhar para outros esportes, em particular, o *hóquei*. Pouco depois de escrever este capítulo, o Toronto Maple Leafs, uma das franquias mais celebradas na Liga Nacional de *Hóquei* (NHL), contratou um gerente geral de 31 anos.

36 **tecnologia é coisa de jovem:** "PayScale Releases Tech Employers Compared 2016", PayScale, 2 de março de 2016, https://bit.ly/2p6K4Pw; "Median Age of the Labor Force, by Sex, Race and Ethnicity", Bureau of Labor Statistics, 24 de outubro de 2017, https://bit.ly/2xarzOv.

37 ***Forbes* lista dez empresários bilionários:** "Meet the Members of the Three-Comma Club", *Forbes*, 6 de março de 2018, https://bit.ly/2xgC8ic.

38 **Mídia se agarrou a:** todas essas listas são comuns. Muitas dessas categorias são promovidas pela *Forbes Media*. Para categorias como entretenimento, várias revistas, entre elas a *Entertainment Weekly*, publicam suas próprias listas. As mais interessantes estão na indústria frigorífica: "International Production & Processing Expo Launches Young Leaders '30 Under 30' Program", North American Meat Institute, 7 de outubro de 2014, https://bit.ly/2x9Kmts. Ver também "'40 Under 40' Honorees Recognized at Convention", *Drovers*, 9 de fevereiro de 2015, https://bit.ly/2OiyU5e; e "40 Under 40: Erin Brenneman Brimming with Passion", *Farm Journal's Pork*, 27 de abril de 2016, https://bit.ly/2NHNFRX.

39 **"Adolescentes mais influentes":** "The 30 Most Influential Teens of 2017", Time, 3 de novembro de 2017.

40 **"Juventude é a nova":** Simon Doonan, "The Worst of Youth: Why Do We Fetishize and Overpraise the Young?", *Slate*, 26 de maio de 2011.

41 **testes preparatórios para a faculdade:** "Class of 2017 SAT Results", College Board, n.d., https://bit.ly/2QrCUle; Ann Carrns, "Another

College Expense: Preparing for the SAT and ACT", *New York Times*, 28 de outubro de 2014.

42 **"Não é mais divertido":** até esportes juvenis sucumbiram à panela de pressão do desabrochar precoce: "Cerca de 70% das crianças nos Estados Unidos param de participar de esportes organizados aos 13 anos 'porque não é mais divertido'.", Julianna W. Miner, "Why 70 percent of Kids Quit Sports by Age 13," *Washington Post*, 1º de junho de 2016.

43 **"Nossa cultura não apoia mais":** Ibid.

44 **"melhorar continuamente as notas":** Judi Robinovitz, "The 10 Most Important Factors in College Admissions", College Press, n.d., https://bit.ly/2xbM6SM.

45 **pais gastam US$16 bilhões:** ver, p.ex., K. J. Dell'Antonia, "$16 Billion: The Cost of Summer", *New York Times*, 26 de junho de 2012; Vicki Glembocki, "Aren't Kids Supposed to Be Off for the Summer?", *Philadelphia*, 23 de maio de 2013, https://bit.ly/2p2EyNE; e "Parenting in America: Outlook, Worries, Aspirations Are Strongly Linked to Financial Situation", Pew Research Center, 17 de dezembro de 2015, https:/pewrsr.ch/2NaGzG1.

46 **"Ligas locais foram empurradas":** Sean Gregory, "How Kid Sports Turned Pro", *Time*, 24 de agosto de 2017.

47 **"treino deliberado":** sobre Anders Ericsson, ver K. Anders Ericsson, Ralf T. Krampe e Clemens Tesch-Römer. "The Role of Deliberate Practice in the Acquisition of Expert Performance", *Psychological Review* 100, n. 3 (1993): 363; K. Anders Ericsson, "Deliberate Practice and the Acquisition and Maintenance of Expert Performance in Medicine and Related Domains", *Academic Medicine* 79, n. 10 (2004): S70–S81 K. Anders Ericsson, "The Influence of Experience and Deliberate Practice on the Development of Superior Expert Performance", em *The Cambridge Handbook of Expertise and Expert Performance*, ed. K. Anders Ericsson, Neil Charness, Roberft R. Hoffman e Paul J. Feltovich 38 (New York: Cambridge University Press, 2006); K. Anders Ericsson, "Deliberate Practice and Acquisition of Expert Performance: A General Overview", *Academic Emergency Medicine* 15, n. 11 (2008): 988–994 K. Anders Ericsson, "Attaining Excellence Through Deliberate Practice: Insights from the Study of Expert Performance", em *Teaching and Learning: The Essential Readings*, ed. Charles Deforges e Richard Fox (Oxford: Blackwell, 2002); e Malcolm Gladwell, *Outliers: The Story of Success* (Boston: Little, Brown, 2008).

48 **"Ele aprendeu a praticar":** Penelope Trunk, "My 11-Year-Old Son Auditioned at Juilliard, and We Both Learned a Lot About How Top Performers Practice", *Business Insider*, 30 de maio de 2017, https://read.bi/2p6Mf5K.

49   **Milhões de crianças norte-americanas:** estou usando "milhões" em um palpite bem informado, mas não é uma hipérbole. Em 2018, a população de estudantes de primeiro e segundo graus nos Estados Unidos era de 56,6 milhões. "Fast Facts: Back to School Statistics", National Center for Education Statistics, n.d., https://bit.ly/1DLO7Ux. Em 2016, de acordo com o Centro para Controle de Doenças, 6,1 milhões de crianças entre 4 e 17 anos foram diagnosticadas com TDA/TDAH. "Attention-Deficit/Hyperactivity Disorder (ADHD)", Centers for Disease Control, 20 de março de 2018, https://bit.ly/2nphXvC. As vendas de Ritalina, o medicamento mais comumente prescrito para TDAH, cresceu 89% de 2003 a 2016, com vendas estimadas entre US$ 12 a US$ 14 bilhões só em 2016. Ryan D'Agostino, "The Drugging of the American Boy", *Esquire*, 27 de março de 2014.

50   **"Uma criança nos Estados Unidos":** Dr. Leonard Sax, entrevista ao autor, 2016.

51   **"No outro dia, depois":** Megan McArdle, "Go Ahead, Let Your Kids Fail", *Bloomberg*, 20 de fevereiro de 2014, https://bloom.bg/2NDZSau. Ver também Megan McArdle, *The Up Side of Down: Why Failing Well Is the Key to Success* (New York: Penguin, 2015).

52   **"Acho que a sociedade está em crise":** Carol Dweck, entrevista ao autor, 2016.

53   **Taxas de depressão e suicídio entre adolescentes:** É difícil apontar taxas precisas de ansiedade e suicídio entre adolescentes e universitários. Isso se deve, em princípio, à imprecisão dos autorrelatos e uma disparidade geral na qualidade de relatos vindo de várias fontes. Algo que não dá para discutir, nem para ignorar, é que a ansiedade e o suicídio juvenis são um problema sério. Ver Deborah L. McBride, "Young Adolescents as Likely to Die from Suicide as Traffic Accidents", *Journal of Pediatric Nursing* 32 (2016): 83–84; Benoit Denizet-Lewis, "Why Are More American Teenagers Than Ever Suffering from Severe Anxiety?", *New York Times Magazine*, 11 de outubro de 2017; Jesse Singal, "For 80 Years, Young Americans Have Been Getting More Anxious and Depressed, and No One Is Quite Sure Why", *Cut*, 13 de Março de 2016, https://bit.ly/2HFyxSZ; Rae Ellen Bichell, "Suicide Rates Climb in US, Especially Among Adolescent Girls", *NPR*, 22 de Abril de 2016; Aaron E. Carroll, "Preventing Teen Suicide: What the Evidence Shows", *New York Times*, 17 de Agosto de 2017; e "Increased Levels of Anxiety and Depression as Teenage Experience Changes over Time", Nuffield Foundation, 14 de março 2012, https://bit.ly/1Eo4815.

54   **cinco a oito vezes mais probabilidade:** Gregg Henriques, "The College Student Mental Health Crisis", *Psychology Today*, 15 de fevereiro de 2014, https://bit.ly/2wkJ1Pc.

55   **depressão é a causa:** conforme destacado por Bruce Dick e B. Jane Ferguson, "Health for the World's Adolescents: A Second Chance in the Second Decade", *Journal of Adolescent Health* 56, no. 1 (2015): 3–6.

56   **manifestam os sintomas pela primeira vez aos 14:** Ibid.

57   **"As mortes são apenas a ponta":** Bichell, "Suicide Rates Climb."

58   **"Não é um exagero":** Jean M. Twenge et al., "It's Beyond My Control: A Cross-Temporal Meta-Analysis of Increasing Externality in Locus of Control", 1960–2002, *Personality and Social Psychology Review* 8 (2004): 308–19 J. Twenge et al., "Birth Cohort Increases in Psychopathology Among Young Americans, 1938–2007 A Cross-Temporal Meta-Analysis of the MMPI", *Clinical Psychology Review* 30 (2010): 145–54. Para conferir dados históricos sobre valores intrínsecos e extrínsecos, ver J. H. Pryor et al., *The American Freshman: Forty-Year Trends, 1966–2006* (Los Angeles: Higher Education Research Institute, 2007).

59   **"estar financeiramente confortável":** Pryor et al., *The American Freshman*.

60   ***millennials* parecem mais avessos aos riscos:** "Think You Know the Next Gen Investor? Think Again", UBS Investor Watch, 1Q 2014, https://bit.ly/2xcc3Rj.

61   **três coisas associadas:** "Millennials in Adulthood: Detached from Institutions, Networked with Friends", Pew Research Center, 7 de março de 2014, https://pewrsr.ch/2MHYSgN.

62   **Morando em um endereço:** Richard Fry, "For First Time in Modern Era, Living with Parents Edges Out Other Living Arrangements for 18- to 34-Year-Olds", Pew Research Center, 24 de maio de 2016, https://pe-wrsr.ch/25jN9ga; Richard Fry, "More Millennials Living with Family Despite Improved Job Market", Pew Research Center, 29 de julho de 2015, https://pewrsr.ch/1VNfQLa.

63   **Casa por um período prolongado:** Richard Fry, "It's Becoming More Common for Young Adults to Live at Home - and for Longer Stretches", Pew Research Center, 5 de maio de 2017, https://pewrsr.ch/2pOttBM.

64   **"É um tanto apavorante":** Christine Hassler, *20 Something Manifesto: Quarter-Lifers Speak Out About Who They Are, What They Want, and How to Get It* (Novato, CA: New World Library, 2008); Robin Marantz Henig, "What Is It About 20-Somethings?", *New York Times Magazine*, 18 de agosto de 2010.

65   **"Eu sinto essa pressão horrível":** Meg, uma formanda da University of Wisconsin, entrevista ao autor, 2017.

66   **Plataformas visuais como Facebook:** "#StatusofMind", Royal Society for Public Health, n.d., https://bit.ly/2t1OI68.

67   **O funcionário médio:** "PayScale Releases Tech Employers Compared 2016."

68   **"gente com mais de 45 anos basicamente morre":** Noam Scheiber, "The Brutal Ageism of Tech: Years of Experience, Plenty of Talent, Completely Obsolete", *New Republic*, 23 de março de 2014, https://bit.ly/2pSIeS2.

69   **"Quando Matarasso abriu seu consultório":** Ibid.

70   **Robert Withers, um consultor:** Ibid.

71   **"pessoas mais velha não conseguem trabalhar tão rápido":** Sarah McBride, "Special Report: Silicon Valley's Dirty Secret - Age Bias," Reuters, 17 de novembro de 2012, https://reut.rs/2pbXf1P.

72   **92% dos adultos:** Kenneth Terrell, "Age Discrimination Goes Online," *AARP Bulletin*, dezembro de 2017, https://bit.ly/2nJFrgv; David Neumark, Ian Burn e Patrick Button, "Age Discrimination and Hiring of Older Workers", Federal Reserve Bank of San Francisco, 27 de fevereiro de 2017, https://bit.ly/2MvCSG5.

73   **um quinto citava a idade:** Kelly O. Scott, "Age Discrimination Claims Remain Popular," Ervin Cohen & Jessup, 16 de maio de 2013, https://bit.ly/2p4u68v.

74   **idade é citada em 26%:** "Diversity in High Tech", U.S. Equal Employment Opportunity Commission, n.d., https://bit.ly/1TsiNzi.

75   **a taxa de desemprego:** Jennifer Schramm, "Unemployment Rate for Those Ages 55+ Increases in December", AARP, 5 de janeiro de 2018, https://bit.ly/2Qs0Zs4.

76   **desafios do desemprego de longo prazo:** Sara E. Rix, "Long-Term Unemployment: Great Risks and Consequences for Older Workers", AARP Public Policy Institute, 12 de fevereiro de 2015, http://bit.ly/2xjQlfl.

77   **36 semanas procurando, comparado:** Mark Miller, "Older American Workers Are Still Struggling to Find Jobs", *Fortune*, 8 de setembro de 2016.

78   **Indivíduos mais velhos que encontram:** Rix, "Long-Term Unemployment."

79   **perspectivas para mulheres acima de 50 anos:** Alexander Monge-Naranjo e Faisal Sohail, "Age and Gender Differences in Long-Term Unemployment: Before and After the Great Recession", (Economic Synopses, n. 26, 2015).

80   **discriminação por idade nas contratações:** David Neumark, Ian Burn e Patrick Button, "Is It Harder for Older Workers to Find Jobs? New and Improved Evidence from a Field Experiment" (working paper no. 21669, National Bureau of Economic Research, 2015).

81   **"Trabalhadores mais velhos estão involuntariamente":** Maria Heidkamp, Nicole Corre e Carl E. Van Horn, "The New Unemployables", Center on Aging and Work no Boston College, 5 de outubro de 2012, https://bit.ly/2NDFOoA. O fato é que o mercado de trabalho é difícil tanto para mulheres quanto para homens mais velhos. Ver o editorial "Millions of Men Are Missing from the Job Market", *New York Times*, 16 de outubro de 2016; Lydia DePillis, "Losing a Job Is Always Terrible. For Workers over 50, It's Worse", *Washington Post*, 30 de março de 2015; Miller, "Older American Workers Are Still Struggling to Find Jobs"; Ashton Applewhite, "You're How Old? We'll Be in Touch", *New York Times*, 3 de setembro de 2016.

82   **"É uma coisa difícil de descrever":** Michael Moynihan, "Jonah Lehrer's Deceptions", *Tablet*, 30 de julho de 2012.

83   **despertado suspeitas de plágio:** Joe Coscarelli, "Jonah Lehrer's Self-Plagiarism Issues Are Snowballing", *New York*, 20 de junho de 2012.

84   **"Livros ainda são o *slow food*":** Jennifer Senior, "Review: Jonah Lehrer's 'A Book About Love' Is Another Unoriginal Sin", *New York Times*, 6 de julho de 2016.

85   **"Sabe, eu acho que":** Scott Mendel citado em Neda Ulaby, "'The Lies Are Over': A Journalist Unravels", NPR, 31 de julho de 2012.

86   **alguns dos famosos que desabrocharam mais tarde:** uma busca no Google trará inúmeros exemplos de pessoas famosas que desabrocharam tardiamente. Esses são apenas alguns dos exemplos.

CAPÍTULO 2: A CRUEL FALÁCIA DA MENSURAÇÃO HUMANA

87   **Em 1975, um Bill Gates precoce:** a vida de Bill Gates, inclusive sua época de Ensino Médio, faculdade e começo da Microsoft, foi bem documentada. Eu recomendo muito o livro de Stephen Manes, *Gates: How Microsoft's Mogul Reinvented an Industry and Made Himself the Richest Man in America* (New York:

Touchstone, 1994). Em abril de 1992 e setembro de 1992, passei várias horas entrevistando Gates para as revistas *Upside* e *Forbes ASAP*. Em outubro de 1993, viajei com Gates durante cinco dias. Nos encontramos no hotel Four Seasons, em Washington, e eu o acompanhei durante uma viagem de negócios na qual ele estava promovendo o Office 4.0, a nova versão da suíte de negócios da Microsoft. A jornada incluiu paradas em Boston, Nova York, Chicago e Oakland. Pegamos voos comerciais com a Delta Shuttle e a United e eu passei muitas horas conversando com Gates em aviões, limusines e salas de conferência de hotéis. O resultado foi meu artigo "Five Days with Bill Gates," *Forbes ASAP*, 28 de fevereiro de 1994. Nos anos 1990, Gates estava em seu auge como CEO de *software*. Eu o achei extremamente sagaz, energético, animado, atrevido, engraçado e também perversamente sarcástico e mordaz. Seus comentários sobre a Microsoft ser uma empresa guiada pelo QI, "melhor do que a Oracle, tão boa quanto a Goldman Sachs", ocorreram diversas vezes durante essas discussões. "QI" como um parâmetro surgiu na maior parte de nossas conversas. Eu deveria acrescentar que a face pública de Bill Gates hoje em dia é bem diferente: sua imagem como filantropo global circunspecto é uma transformação brusca de sua personalidade volátil dos anos 1990.

88 **um analista de patentes suíço nascido na Alemanha:** Sem dúvidas, o melhor livro sobre a história dos testes de QI e o SAT, e como um levou ao outro, é o de Nicholas Lemann, *The Big Test: The Secret History of the American Meritocracy* (New York: Farrar, Straus & Giroux, 1999).

89 **Alfred Binet:** Ibid.

90 **"Lewis Terman pensou que no teste de IQ":** Ibid.

91 **Carl Brigham:** Ibid.

92 **O Estudo Terman dos Superdotados:** Lewis M. Terman and Melita H. Oden, *The Gifted Child Grows Up: Twenty-Five Years' Follow-Up of a Superior Group* (Stanford, CA: Stanford University Press, 1947).

93 **Apenas 80.000 estudantes fizeram o SAT:** Lemann, *Big Test*.

94 **"quanto mais algum indicador social quantitativo":** Jerry Z. Muller, *The Tyranny of Metrics* (Princeton, NJ: Princeton University Press, 2018).

95 **Quebra-cabeças lógicos e problemas matemáticos:** Maya Kossoff, "41 of Google's Toughest Interview Questions", *Inc.*, n.d., http://bit.ly/2CRBrC4.

96   **eles continuaram sobrevivendo – e até desabrocharam:** Annie Murphy Paul, *The Cult of Personality Testing: How Personality Tests Are Leading Us to Miseducate Our Children, Mismanage Our Companies, and Misunderstand Ourselves* (New York: Simon & Schuster, 2010).

97   **"No passado, o homem vinha em primeiro":** Frederick Winslow Taylor, *The Principles of Scientific Management* (New York: Harper, 1914).

98   **entranhou firmemente na educação:** Maduakolam Ireh, "Scientific Management Still Endures in Education," *ERIC*, Junho de 2016, https://eric.ed.gov/?id=ED566616. Ver também Shawn Gude, "The Industrial Classroom", *Jacobin*, 21 de abril de 2013, http://bit.ly/2NQSOqT.

99   **"Nossas escolas ainda seguem":** Todd Rose, *The End of Average: How We Succeed in a World That Values Sameness* (New York: HarperCollins, 2015).

100   **o historiador Raymond Callahan:** Raymond E. Callahan, *Education and the Cult of Efficiency* (Chicago: University of Chicago Press, 1964).

101   **todos aprendemos de maneiras diferentes:** Rose, *End of Average*; Scott Barry Kaufman, *Ungifted: Intelligence Redefined* (New York: Basic Books, 2013).

102   **"sentia que contratar apenas os melhores":** Brad Stone, *The Everything Store: Jeff Bezos and the Age of Amazon* (New York: Random House, 2013).

103   **afirma que existe um desequilíbrio:** Rich Karlgaard, "Atoms Versus Bits: Where to Find Innovation", *Forbes*, 23 de janeiro de 2013.

104   **empresas "*bits*":** Nicholas P. Negroponte, "Products and Services for Computer Networks", *Scientific American* 265, no. 3 (1991): 106–15.

105   **"A antiga economia de tijolos e cimento":** Mark Penn and Andrew Stein, "Back to the Center, Democrats," *New York Times*, 6 de julho de 2017.

106   **"tecnologia que podia tirar":** John Carreyrou, *Bad Blood: Secrets and Lies in a Silicon Valley Startup* (New York: Knopf, 2018). Ver também John Carreyrou, "Hot Startup Theranos Has Struggled with Its Blood-Test Technology", *Wall Street Journal*, 21 de outubro de 2015.

107   **"O que eu realmente quero da vida":** de uma carta que Holmes escreveu a seu pai aos 9 anos. "The World's Youngest Self-Made Female Billionaire", CBS News, 16 de abril de 2015.

108 **Taxas de graduação universitária:** Janelle Jones, John Schmitt e Valerie Wilson, "50 Years After the Kerner Commission", Economic Policy Institute, 26 de fevereiro de 2018, http://bit.ly/2pivww9.

109 **Michael Jordon e Magic Johnson:** Michael Jordan é proprietário de aproximadamente 90% do time Charlotte Hornets, da NBA. Magic Johnson é líder de um grupo que comprou o Los Angeles Dodgers, time da MLB (a principal liga de beisebol), de Frank McCourt por US$2 bilhões.

110 **lista mais recente da *Forbes*:** "Forbes Releases 2018 List of America's Richest Self-Made Women, a Ranking of the Successful Women Entrepreneurs in the Country", *Forbes*, 11 de julho de 2018, https://bit.ly/2NI4zje.

111 **CEO da Apple:** Tim Cook, "Tim Cook Speaks Up", *Bloomberg*, 30 de outubro de 2014.

112 **atitudes quanto à diversidade:** Gary R. Hicks e Tien-Tsung Lee, "Public Attitudes Toward Gays and Lesbians: Trends and Predictors", *Journal of Homosexuality* 51, no. 2 (2006): 57-77; Andrew Markus, "Attitudes to Multiculturalism and Cultural Diversity", in *Multiculturalism and Integration: A Harmonious Relationship*, ed. James Jupp e Michael Clyne (Canberra: ANU E Press, 2011). Ver também "4. Attitudes Toward Increasing Diversity in the U.S.", Pew Research Center, 16 de Fevereiro de 2017, https://pewrsr.ch/2p6nkza; e Hannah Fingerhut, "Most Americans Express Positive Views of Country's Growing Racial and Ethnic Diversity", Pew Research Center, 14 de junho de 2018, https://pewrsr.ch/2p4LgTr.

113 **Depois de uma infância problemática:** J. D. Vance, *Hillbilly Elegy: A Memoir of a Family and Culture in Crisis* (New York: HarperCollins, 2016).

114 **"Creio que mais de *um terço*":** Larry Summers, "Men Without Work", RSS Archive, 26 de setembro de 2016, http://bit.ly/2CRCIsQ.

115 **"A crise invisível da América":** Nicholas Eberstadt, *Men Without Work: America's Invisible Crisis* (West Conshohocken, PA: Templeton Press, 2016).

116 **"os Estados Unidos deveriam investir em":** "Artificial Intelligence, Automation, and the Economy", Executive Office of the President, 20 de dezembro de 2016, http://bit.ly/2xmVJOD.

117 **"Casa Branca: Robôs podem tomar":** Andrea Riquier, "White House: Robots May Take Half of Our Jobs, and We Should Embrace It", MarketWatch, 31 de Dezembro de 2016, https://on.mktw.net/2xcV6q0.

118 **"baseado em regras":** David H. Autor, Frank Levy e Richard J. Murnane, "Upstairs, Downstairs: Computers and Skills on Two Floors of a Large Bank", *ILR Review* 55, n. 3 (2002): 432-47.

Capítulo 3: Um cronograma mais gentil para o desenvolvimento humano

119 **Aos 15 anos, Ashley:** "Ashley" (não é o nome real dela) contou sua história em 23 de janeiro de 2016, no Camelback Inn de Scottsdale, Arizona. A celebração, à qual compareci, era em homenagem à aposentadoria da fundadora da Spring Ridge Academy, Jeannie Courtney.

120 **Pesquisas emergindo agora sugerem que:** desde o advento da tecnologia de ressonância magnética funcional (fMRI), o estudo do desenvolvimento cognitivo na infância, adolescência e na fase adulta teve um crescimento, com inúmeros estudos sobre o desenvolvimento do córtex pré-frontal, a função executiva, o sistema límbico, a matéria branca e a mielina. Para aprender mais sobre o desenvolvimento cognitive adolescente, ver Laurence Steinberg, "Cognitive and Affective Development in Adolescence", *Trends in Cognitive Sciences* 9, n. 2 (2005): 69-74; Beatriz Luna et al., "Maturation of Widely Distributed Brain Function Subserves Cognitive Development", *Neuroimage* 13, n. 5 (2001): 786-93; Sarah-Jayne Blakemore e Suparna Choudhury, "Development of the Adolescent Brain: Implications for Executive Function and Social Cognition", *Journal of Child Psychology and Psychiatry* 47, n. 3-4 (2006): 296-312; B. J. Casey, Jay N. Giedd e Kathleen M. Thomas, "Structural and Functional Brain Development and Its Relation to Cognitive Development", *Biological Psychology* 54, n. 1-3 (2000): 241-57; James J. Gross, "Emotion Regulation in Adulthood: Timing Is Everything", *Current Directions in Psychological Science* 10, n. 6 (2001): 214-19; Zoltan Nagy, Helena Westerberg e Torkel Klingberg, "Maturation of White Matter Is Associated with the Development of Cognitive Functions During Childhood", *Journal of Cognitive Neuroscience* 16, n. 7 (2004): 1227-33; Tomáš Paus, "Mapping Brain Maturation and Cognitive Development During Adolescence", *Trends in Cognitive Sciences* 9, n. 2 (2005): 60-68; Catalina J. Hooper et al., "Adolescents' Performance on the Iowa Gambling Task: Implications for the Development of Decision Making and Ventromedial Prefrontal Cortex", *Developmental Psychology* 40, n. 6 (2004): 1148; Sara B. Johnson, Robert W. Blum e Jay N. Giedd, "Adolescent Maturity and the Brain: The Promise and Pitfalls of Neuroscience Research in Adolescent Health Policy", *Journal of Adolescent Health* 45, n. 3 (2009): 216-21; Nitin Gogtay et al., "Dynamic Mapping of Human Cortical Development During Childhood Through Early Adulthood", *Proceedings of the National Academy of Sciences* 101, n. 21 (2004): 8174-79; David Moshman, "Cognitive Development Beyond Childhood", DigitalCommons@ University of Nebraska-Lincoln, 1998; Sarah-Jayne Blakemore et al., "Adolescent Development of the Neural Circuitry for Thinking About Intentions", *Social Cognitive and Affective Neuroscience* 2, n. 2 (2007): 130-39. Para uma leitura mais leve, ver Carl Zimmer, "You're an Adult. Your Brain, Not So Much", *New York Times*, 21 de dezembro de 2016.

121 **Pesquisadores cognitivos têm usado:** Joaquín M. Fuster, "Frontal Lobe and Cognitive Development", *Journal of Neurocytology* 31, nos. 3-5 (2002): 373-85; Jay N. Giedd, "The Teen Brain: Insights from Neuroimaging", *Journal of Adolescent Health* 42, n. 4 (2008): 335-43; Jay N. Giedd, "Structural Magnetic Resonance Imaging of the Adolescent Brain", *Annals of the New York Academy of Sciences* 1021, no. 1 (2004): 77-85; Jay N. Giedd et al., "Brain Development During Childhood and Adolescence: A Longitudinal MRI Study", *Nature Neuroscience* 2, n. 10 (1999): 861.

122 **Os jovens de 25 anos de hoje:** Laurence Steinberg, "The Case for Delayed Adulthood", *New York Times*, 19 de setembro de 2014.

123 **"fase adulta emergente":** Jeffrey Jensen Arnett, *Emerging Adulthood: The Winding Road from the Late Teens Through the Twenties* (New York: Oxford University Press, 2004); Jeffrey Jensen Arnett, "Emerging Adulthood: A Theory of Development from the Late Teens Through the Twenties", *American Psychologist* 55, n. 5 (2000): 469; Jeffrey Jensen Arnett, "Emerging Adulthood: What Is It, and What Is It Good For?", *Child Development Perspectives* 1, n. 2 (2007): 68-73; Jeffrey Jensen Arnett, *Adolescence and Emerging Adulthood* (Boston: Pearson, 2014). Ver também Robin Marantz Henig, "What Is It About 20-Somethings?", *New York Times Magazine*, 18 de agosto de 2010.

124 **as sinapses continuam a se proliferar:** Elkhonon Goldberg, neurocientista da Uiversiddae de Nova York, entrevista ao autor, julho de 2018.

125 **"As habilidades que desenvolvi trabalhando":** Aubrey Dustin, citada em Celia R. Baker, "How Taking a 'Gap Year' Between High School and College Can Improve Your Life", *Deseret News*, 4 de novembro de 2013.

126 **Tirar uma folga entre o fim da faculdade:** Phil Knight, *Shoe Dog* (New York: Scribner's, 2016).

127 **"Se você sair agora, nunca":** Kyle DeNuccio, "Independence Days: My Perfect Imperfect Gap Year", *New York Times*, 8 de abril de 2017.

128 **"Eles tiveram resultados com melhor desempenho":** Andrew J. Martin, "Should Students Have a Gap Year? Motivation and Performance Factors Relevant to Time Out After Completing School", *Journal of Educational Psychology* 102, n. 3 (2010): 561.

129 **um ano sabático aumentou sua maturidade:** Nina Hoe, *American Gap Association National Alumni Survey Report* (Temple University Institute for Survey Research, 2015), http://bit.ly/2NLNx47.

130 **"Tirar um ano sabático é uma excelente oportunidade":** Kate Simpson. "Dropping Out or Signing Up? The Professionalisation of Youth Travel", *Antipode* 37, n. 3 (2005): 447-69.

131 **Nada menos do que 160 faculdades e universidades:** Hoe, *American Gap Association National Alumni Survey Report*.

132 **Malia, tirou um ano sabático:** Valerie Strauss, "Why Harvard 'Encourages' Students to Take a Gap Year. Just like Malia Obama Is Doing", *Washington Post*, May 1, 2016.

133 **"Arranjar um emprego especializado":** Mark Mills, entrevista ao autor, fevereiro de 2018.

134 **"Em qualquer idade, você está":** Joshua K. Hartshorne e Laura T. Germine, "When Does Cognitive Functioning Peak? The Asynchronous Rise and Fall of Different Cognitive Abilities Across the Life Span", *Psychological Science* 26, n. 4 (2015): 433-43; Alvin Powell, "Smarter by the Minute, Sort Of", *Harvard Gazette*, 19 de março de 2015, http://bit.ly/2NaCf9W; Anne Trafton, "The Rise and Fall of Cognitive Skills," *MIT News*, 6 de março de 2015, http://bit.ly/2CPin7s.

135 **K. Warner Schaie:** K. Warner Schaie, Sherry L. Willis e Grace L. Caskie, "The Seattle Longitudinal Study: Relationship Between Personality and Cognition", *Aging Neuropsychology and Cognition* 11, n. 2-3 (2004): 304-24; K. Warner Schaie, "The Seattle Longitudinal Studies of Adult Intelligence", *Current Directions in Psychological Science* 2, n. 6 (1993): 171-75. Ver também K. Warner Schaie, ed., *Longitudinal Studies of Adult Psychological Development* (New York: Guilford Press, 1983); K. Warner Schaie, *Intellectual Development in Adulthood: The Seattle Longitudinal Study* (New York: Cambridge University Press, 1996); K. Warner Schaie, *Developmental Influences on Adult Intelligence: The Seattle Longitudinal Study* (New York: Oxford University Press, 2005); K. Warner Schaie, "Intellectual Development in Adulthood", in *Handbook of the Psychology of Aging*, ed. James E. Birren, Klaus Warner Schaie, Ronald P. Abeles, Margaret Gatz, and Timothy A. Salthouse, 4th ed. (1996); e K. Warner Schaie, "The Course of Adult Intellectual Development", *American Psychologist* 49, n. 4 (1994): 304.

136 **"O modo como você vive":** Richard Seven, "Study on Aging Still Going Strong Some 50 Years Later", *Seattle Times*, 24 de novembro de 2008.

137 **"Parece que a mente, na meia-idade":** Melissa Lee Phillips, "The Mind at Midlife", *Monitor on Psychology* 42 (2011): 38-41.

138 **"Existe um potencial duradouro":** Ibid.

139 **Dois tipos de inteligência:** Caroline N. Harada, Marissa C. Natelson Love e Kristen L. Triebel, "Normal Cognitive Aging", *Clinics in Geriatric Medicine* 29, n. 4 (2013): 737-52. Ver também Cecilia Thorsen, Jan-Eric Gustafsson e Christina Cliffordson, "The Influence of Fluid and Crystallized Intelligence on the Development of Knowledge and Skills", *British Journal of Educational Psychology* 84, n. 4 (2014): 556-70; Andrea Christoforou et al., "GWAS-Based Pathway Analysis Differentiates Between Fluid and Crystallized Intelligence", *Genes, Brain and Behavior* 13, n. 7 (2014): 663-74.

140 **a melhor forma de adultos mais velhos compensarem:** Phillip Ackerman e Margaret E. Beier, "Trait Complexes, Cognitive Investment, and Domain Knowledge", em *Psychology of Abilities, Competencies, and Expertise*, ed. Robert J. Sternberg e Elena L. Grigorenko (New York: Cambridge University Press, 2003).

141 **"transplantes de fígado são como":** Dr. Charles. B. Rosen, especialista em transplantes de fígado da Mayo Clinic, entrevista ao autor, 2013.

142 **constantemente formando redes neurais:** Dr. Elkhonon Goldberg, entrevista ao autor, julho de 2018.

143 **E a nossa criatividade:** Nicolas Gauvrit et al., "Human Behavioral Complexity Peaks at Age 25", *PLOS Computational Biology* 13, n. 4 (2017): e1005408.

144 **"raciocínio aleatório":** Ibid.

145 **"rede de saliências":** Elkhonon Goldberg, *Creativity: The Human Brain in the Age of Innovation* (New York: Oxford University Press, 2018). Confirmei com o dr. Goldberg suas ideias sobre o aumento do "rendimento criativo" conforme envelhecemos em nossa conversa de julho de 2018.

146 **"Idade é, claro, um temor":** o poema de Dirac está em Benjamin F. Jones, "Age and Great Invention", *Review of Economics and Statistics* 92, n. 1 (2010).

147 **média de idade para descobertas:** Benjamin F. Jones e Bruce A. Weinberg, "Age Dynamics in Scientific Creativity," *Proceedings of the National Academy of Sciences* 108, n. 47 (2011): 18910-14. Ver também Benjamin Jones, E. J. Reedy e Bruce A. Weinberg, "Age and Scientific Genius" (working paper no. 19866, National Bureau of Economic Research, 2014), http://www.nber.org/papers/w19866.

148 **a idade em que ocorre o pico de inovação é:** Pagan Kennedy, "To Be a Genius, Think Like a 94-Year-Old", *New York Times*, abril 7, 2017.

149 **média de idade dos candidatos a registrar patentes nos Estados Unidos:** Ibid.

150 **"tão barata, leve e segura":** Ibid.

151 **média de idade dos empreendedores:** Robert W. Fairlie et al., "The Kauffman Index 2015: Startup Activity National Trends", maio de 2015, doi.org/10.2139/ssrn.2613479.

152 **Erik Erikson:** Erikson é conhecido por sua teoria de desenvolvimento psicológico em oito estágios, publicada em 1959. O sétimo estágio, que abrange as idades entre 40 e 65 anos, é conhecido como "Geração X Estagnação", sendo um momento em que "as pessoas experimentam uma necessidade de criar ou nutrir coisas que perdurarão mais do que elas, com frequência assumindo a posição de mentoras ou criando mudanças positivas que beneficiarão outras pessoas." Saul McLeod, "Erik Erikson's Stages of Psychosocial Development", *Simply Psychology*, 2018, http://bit.ly/2Multx9.

CAPÍTULO 4: VALEU A ESPERA: AS SEIS VANTAGENS DE QUEM DESABROCHA MAIS TARDE

153 **Todas as crianças sadias têm curiosidade aos borbotões:** "Em nenhum outro momento da vida a curiosidade é mais potente do que na primeira infância", escreve o eminente psiquiatra infantil dr. Bruce D. Perry. "Why Young Children Are Curious", *Scholastic*, n.d., http://bit.ly/2xgGAxo.

154 **"curiosidade, uma paixão":** "The 100 Best Companies to Work For", *Fortune*, 2017, https://for.tn/2QoKrl3.

155 **"chave ignorada":** Michael Hvisdos e Janet Gerhard, "Hiring for Curiosity, the Overlooked Key to Business Innovation", Recrutador, 3 de outubro de 2017, http://bit.ly/2xnqyCK.

156 **"As pessoas deveriam considerar":** Don Peppers, "Why Curiosity Is a Prerequisite for Innovation," *Inc.*, 21 de setembro de 2016, http://bit.ly/2Mkdnke.

157 **"curiosidade é um processo cognitivo":** "The Neuroscience Behind Curiosity and Motivation", *Cube*, 21 de abril de 2015, http://bit.ly/2pj5yZJ.

158 **"um importante papel na manutenção":** Sakaki Michiko, Ayano Yagi e Kou Murayama, "Curiosity in Old Age: A Possible Key to Achieving Adaptive Aging", *Neuroscience and Biobehavioral Reviews* 88 (maio de 2018): 106-16.

159 **A empatia é a habilidade de sentir as emoções do próximo:** Jeffrey Weiner, "Managing Compassionately", *LinkedIn Pulse*, 15 de outubro de 2012, http://bit.ly/2xwmoaT.

160 **Entre universitários:** Sasha Zarins e Sara Konrath, "Changes over Time in Compassion-Related Variables in the United States", in *The Oxford Handbook of Compassion Science*, ed. Emma M. Seppälä et al. (New York: Oxford University Press, 2016); Sara H. Konrath, Edward H. O'Brien e Courtney Hsing, "Changes in Dispositional Empathy in American College Students over Time: A Meta-Analysis", *Personality and Social Psychology Review* 15, n. 2 (2011): 180-98.

161 **Elas demonstram mais raciocínio reflexivo:** Mihaly Csikszentmihalyi e Kevin Rathunde, "The Psychology of Wisdom: An Evolutionary Interpretation", in *Wisdom: Its Nature, Origins, and Development*, ed. Robert J. Sternberg (Cambridge: Cambridge University Press, 1990); V. P. Clayton e J. E. Birren, "The Development of Wisdom Across the Life Span: A Reexamination of an Ancient Topic", in *Life-Span Development and Behavior*, ed. P. B. Baltes e O. G. Brim, Jr. (San Diego: Academic Press, 1980); Monika Ardelt, "Antecedents and Effects of Wisdom in Old Age: A Longitudinal Perspective on Aging Well", *Research on Aging* 22, n. 4 (2000): 360-94.

162 **"redução do egocentrismo":** Monika Ardelt, "Empirical Assessment of a Three-Dimensional Wisdom Scale", *Research on Aging* 25, n. 3 (2003): 275-324.

163 **"ter um horizonte mais amplo":** Phyllis Korkki, "The Science of Older and Wiser", *New York Times*, 12 de março de 2014.

164 **história do time de remo norte-americano:** Daniel J. Brown, entrevista a Susan Salter Reynolds, 2015.

165 **Líderes compassivos parecem ser mais fortes:** Shimul Melwani, Jennifer S. Mueller e Jennifer R. Overbeck, "Looking Down: The Influence of Contempt and Compassion on Emergent Leadership Categorizations", *Journal of Applied Psychology* 97, n. 6 (2012): 1171.

166 **melhora a retenção de funcionários:** Hershey H. Friedman e Miriam Gerstein, "Leading with Compassion: The Key to Changing the Organizational Culture and Achieving Success", *Psychosociological Issues in Human Resource Management* 5, n. 1 (2017); M. Gemma Cherry et al., "Emotional Intelligence in Medical Education: A Critical Review", *Medical Education* 48, n. 5 (2014): 468-78; Matthew J. Williams et al., "Examining the Factor Structures of the Five Facet Mindfulness Questionnaire and the Self-Compassion Scale", *Psychological Assessment* 26, n. 2 (2014): 407; Clara Strauss et al., "What Is Compassion and How Can We Measure It? A Review of Definitions and Measures", *Clinical Psychology Review* 47 (2016): 15-27.

167   **com uma redução em 27% das licenças médicas:** J. Williams, G. Mark e Willem Kuyken, "Mindfulness-Based Cognitive Therapy: A Promising New Approach to Preventing Depressive Relapse" *British Journal of Psychiatry* 200, n. 5 (2012): 359-60.

168   **"CEOs perspicazes, tolerantes, humanos":** Rajendra Sisodia, David Wolfe e Jagdish N. Sheth, *Firms of Endearment: How World-Class Companies Profit from Passion and Purpose* (Upper Saddle River, NJ: Wharton, 2007).

169   **"alcançam níveis consideravelmente mais altos":** Kim Cameron et al., "Effects of Positive Practices on Organizational Effectiveness", *Journal of Applied Behavioral Science* 47, n. 3 (2011): 266-308.

170   **"compaixão é boa para":** Emma Seppälä, *The Happiness Track: How to Apply the Science of Happiness to Accelerate Your Success* (New York: HarperCollins, 2017).

171   **"mas aí a coisa degringolou":** *This Emotional Life: My Transformation from High School Dropout to Surgeon* (documentary), PBS, foi ao ar em 4 de janeiro de 2011.

172   **Rick Ankiel:** sobre a história do lançador do St. Louis Cardinals e sua súbita perda de controle direcional, eu gostei especialmente do artigo escrito pelo falecido Charles Krauthammer, "The Return of the Natural", *Washington Post*, 17 de agosto de 2007, porque Krauthammer perdeu tragicamente sua própria destreza juvenil quando quebrou o pescoço em um acidente de mergulho, resultando em tetraplegia.

173   **Janet Schneider:** a história de Janet Evanovich vem de seu *website*, Evanovich.com; "Janet's Bio", Janet Evanovich, n.d., https://bit.ly/2Qnj9LE; e Debra Nussbaum, "In Person: Imagine Trenton. One Author Did", *New York Times*, 3 de novembro de 2002.

174   **Um adolescente de Taiwan fracassou:** "Family and Friends Praise Ang Lee's Quiet Dedication", *Taipei Times*, 7 de março de 2006.

175   **"resiliência é aquela qualidade inefável":** "All About Resilience", *Psychology Today*, n.d., http://bit.ly/2D6hY0M.

176   **"um processo contínuo de reagir":** Dr. Morton Shaevitz, *Cuida Health Blog*, 23 de janeiro de 2018, http://bit.ly/2xvyilD.

177   **"existe um conjunto de comportamentos que podem ser aprendidos naturalmente":** Adam Grant citado em Tara Parker-Pope, "How to Build Resilience in Midlife", *New York Times*, 25 de julho de 2017.

178 **estudantes que foram treinados para ignorar suas adversidades:** Joshua D. Margolis e Paul G. Stoltz, "How to Bounce Back from Adversity", *Harvard Business Review* 88, n. 1-2 (2010): 86-92.

179 **tendem a ser egocêntricos:** Henry Bodkin, "Teenagers Are Hard Wired to Be Selfish, Say Scientists", *Telegraph*, 6 de outubro de 2016, http://bit.ly/2CQVh08.

180 **"frágeis":** Carol Dweck, entrevista ao autor, agosto de 2016.

181 **Essa Tammie Jo cresceu em um rancho:** A incrível história da piloto da Southwest Airlines, capitã Tammie Jo Shults, foi amplamente reportada após a catastrófica falha nos motores e a despressurização do Voo 1380, que ia para a Filadélfia em 17 de abril de 2018. Como ponto de partida, recomendo o artigo de Eli Rosenberg, "She Landed a Southwest Plane After an Engine Exploded. She Wasn't Supposed to Be Flying That Day", *Washington Post*, 10 de maio de 2018.

182 **WNMU nem constava na lista:** "MidAmerica Nazarene University: Overview", *U.S. News & World Report*, http://bit.ly/2OpH0c4. Sua taxa de admissões é citada em "MidAmerica Nazarene University: Ranking Indicators", http://bit.ly/2CQV51e. Para ver o ranking da WSNM, visite "Western New Mexico University: Rankings", http://bit.ly/2OkRvgS.

183 **"zigurate":** Tom Wolfe, *The Right Stuff* (New York: Random House, 2005).

184 **"nervos de aço":** Samantha Schmidt, "'Nerves of Steel': She Calmly Landed the Southwest Flight, Just as You'd Expect of a Former Fighter Pilot", *Washington Post*, 18 de abril de 2018.

185 **"a felicidade se torna menos parecida":** Heidi Grant Halvorson, "How Happiness Changes with Age", *Atlantic*, 28 de maio de 2013.

186 **entusiasmo e euforia:** Cassie Mogilner, Sepandar D. Kamvar e Jennifer Aaker, "The Shifting Meaning of Happiness", *Social Psychological and Personality Science* 2, n. 4 (2011): 395-402.

187 **o desempenho ótimo rapidamente se degrada:** Robert Sanders, "Researchers Find Out Why Some Stress Is Good for You", *Berkeley News*, 16 de abril de 2013, http://bit.ly/2pkaBcm. Ver também Elizabeth D. Kirby et al., "Acute Stress Enhances Adult Rat Hippocampal Neurogenesis and Activation of Newborn Neurons Via Secreted Astrocytic FGF2", *eLife*, 16 de abril de 2013, http://bit.ly/2pi8NjT.

188 **e somos melhores ouvintes também:** Travis Bradberry, "How Successful People Stay Calm", *Forbes*, 6 de fevereiro de 2014, http://bit.ly/2x8X-WMK.

189 **sob condições estresse, as pessoas gravitam:** Brent Gleeson, *Taking Point: A Navy SEAL's 10 Fail-Safe Principles for Leading Through Change* (New York: Touchstone, 2018).

190 **Pelos padrões convencionais:** Bill Walsh, treinador, em várias entrevistas ao autor, 1992-94. Nós nos encontrávamos em seu escritório em Stanford para discutir sua coluna sobre administração inovadora para a *Forbes ASAP*. Durante uma reunião, ele me contou sobre a revelação do passe curto no futebol americano ser derivada de ter assistido a um time de basquete do ensino médio fazendo um treino de pressão na quadra toda.

191 **"entre os 30 e 35 anos":** Elkhonon Goldberg, *Creativity: The Human Brain in the Age of Innovation* (New York: Oxford University Press, 2018).

192 **quantificar e definir a sabedoria:** Vivian Clayton citada em Stephen S. Hall, "The Older-and-Wiser Hypothesis", *New York Times Magazine*, 6 de Maio de 2007; Phyllis Korkki, "The Science of Older and Wiser", *New York Times*, 12 de março de 2014.

193 **"um interesse na sabedoria":** Paul B. Baltes e Ursula M. Staudinger, "The Search for a Psychology of Wisdom", *Current Directions in Psychological Science* 2, n. 3 (1993): 75-81; Paul B. Baltes, Jacqui Smith, e Ursula M. Staudinger, "Wisdom and Successful Aging", in *Nebraska Symposium on Motivation*, ed. T. Sonderegger (Lincoln: University of Nebraska Press, 1992); Ursula M. Staudinger, Jacqui Smith e Paul B. Baltes, "Wisdom-Related Knowledge in a Life Review Task: Age Differences and the Role of Professional Specialization", *Psychology and Aging* 7, n. 2 (1992): 271; Hall, "Older-and-Wiser Hypothesis"; Korkki, "Science of Older and Wiser."

194 **"Grandes executivos sabem como":** Julie Sweet, entrevista ao autor, março de 2018.

195 **a sabedoria emerge através:** Monika Ardelt, "Wisdom and Life Satisfaction in Old Age", *Journals of Gerontology Series B: Psychological Sciences and Social Sciences* 52, n. 1 (1997): P15–P27; Ardelt, "Antecedents and Effects of Wisdom in Old Age"; Francesca G. E. Happé, Ellen Winner e Hiram Brownell, "The Getting of Wisdom: Theory of Mind in Old Age", *Developmental Psychology* 34, n. 2 (1998): 358; Ursula M. Staudinger, "Older and Wiser? Integrating Results on the Relationship Between Age and Wisdom-Related Performance", *International Journal of Behavioral Development* 23, no. 3 (1999): 641-64.

196 **"o que não diminui":** Ursula Staudinger citou em Anil Ananthaswamy, "The Wisdom of the Aging Brain", *Nautilus*, 12 de maio de 2016, http://bit.ly/2xrFlvy.

197 **"modelos cognitivos":** Goldberg, *Creativity*. Ver também Barbara Strauch, *The Secret Life of the Grown-Up Brain: The Surprising Talents of the Middle--Aged Mind* (New York: Penguin, 2010).

198 **"especialização social":** Thomas M. Hess e Corinne Auman, "Aging and Social Expertise: The Impact of Trait-Diagnostic Information on Impressions of Others", *Psychology and Aging* 16, n. 3 (2001): 497; Christina M. Leclerc e Thomas M. Hess, "Age Differences in the Bases for Social Judgments: Tests of a Social Expertise Perspective", *Experimental Aging Research* 33, n. 1 (2007): 95-120; Thomas M. Hess, Nicole L. Osowski e Christina M. Leclerc, "Age and Experience Influences on the Complexity of Social Inferences", *Psychology and Aging* 20, n. 3 (2005): 447; Thomas M. Hess, Daniel C. Rosenberg e Sandra J. Waters, "Motivation and Representational Processes in Adulthood: The Effects of Social Accountability and Information Relevance", *Psychology and Aging* 16, n. 4 (2001): 629.

199 **"é atordoante como":** Strauch, *The Secret Life of the Grown-Up Brain*. Ver também Trey Hedden e John D. E. Gabrieli, "Insights into the Ageing Mind: A View from Cognitive Neuroscience", *Nature Reviews Neuroscience* 5, n. 2 (2004): 87.

200 **"mais sensibilidade a diferenças sutis":** Michael Ramscar et al., "The Myth of Cognitive Decline: Non-Linear Dynamics of Lifelong Learning", *Topics in Cognitive Science* 6, n. 1 (2014): 5-42.

201 **um neurocircuito específico de sabedoria:** Ananthaswamy, "The Wisdom of the Aging Brain." Ver também Dilip V. Jeste e James C. Harris, "Wisdom - a Neuroscience Perspective," *JAMA* 304, n. 14 (2010): 1602-3; Colin A. Depp e Dilip V. Jeste, "Definitions and Predictors of Successful Aging: A Comprehensive Review of Larger Quantitative Studies", *American Journal of Geriatric Psychiatry* 14, n. 1 (2006): 6-20; Thomas W. Meeks e Dilip V. Jeste, "Neurobiology of Wisdom: A Literature Overview", *Archives of General Psychiatry* 66, n. 4 (2009): 355-65; Dilip V. Jeste et al., "Expert Consensus on Characteristics of Wisdom: A Delphi Method Study", *Gerontologist* 50, n. 5 (2010): 668-80; Dilip V. Jeste e Andrew J. Oswald, "Individual and Societal Wisdom: Explaining the Paradox of Human Aging and High Well-Being", *Psychiatry: Interpersonal and Biological Processes* 77, n. 4 (2014): 317-30.

202 **Redução de Assimetria Hemisférica:** Ananthaswamy, "The Wisdom of the Aging Brain." Ver também Roberto Cabeza, "Hemispheric

Asymmetry Reduction in Older Adults: The HAROLD Model", *Psychology and Aging* 17, n. 1 (2002): 85.

203 **em adultos mais jovens:** Simon W. Davis et al., "Frequency-Specific Neuromodulation of Local and Distant Connectivity in Aging and Episodic Memory Function", *Human Brain Mapping* 38, n. 12 (2017): 5987-6004; Patricia A. Reuter-Lorenz, Louise Stanczak e Andrea C. Miller, "Neural Recruitment and Cognitive Aging: Two Hemispheres Are Better Than One, Especially as You Age", *Psychological Science* 10, n. 6 (1999): 494-500; Patricia A. Reuter-Lorenz et al., "Age Differences in the Frontal Lateralization of Verbal and Spatial Working Memory Revealed by PET", *Journal of Cognitive Neuroscience* 12, n. 1 (2000): 174-87; Kenneth Hugdahl, "Lateralization of Cognitive Processes in the Brain", *Acta Psychologica* 105, n. 2-3 (2000): 211-35; Roberto Cabeza et al., "Task-Independent and Task-Specific Age Effects on Brain Activity During Working Memory, Visual Attention and Episodic Retrieval", *Cerebral Cortex* 14, n. 4 (2004): 364-75; Patricia A. Reuter-Lorenz, "New Visions of the Aging Mind and Brain", *Trends in Cognitive Sciences* 6, n. 9 (2002): 394-400.

204 **adultos mais velhos com o melhor desempenho:** Roberto Cabeza et al., "Aging Gracefully: Compensatory Brain Activity in High-Performing Older Adults", *Neuroimage* 17, n. 3 (2002): 1394-402.

205 **"integração cerebral":** Strauch, *The Secret Life of the Grown-Up Brain*. Ver também George Bartzokis et al., "Age-Related Changes in Frontal and Temporal Lobe Volumes in Men: A Magnetic Resonance Imaging Study", *Archives of General Psychiatry* 58, n. 5 (2001): 461-65.

206 **não tem nenhuma relação com a maturidade:** Ardelt, "Antecedents and Effects of Wisdom in Old Age."

CAPÍTULO 5: CRIE SUA PRÓPRIA CULTURA SADIA

207 **"eu fui criado em um sistema":** Erik Wahl, entrevista ao autor, 2016. Eu o conheci durante uma conferência da Vistage em 2014 e fiquei estarrecido com o poder emocional de sua performance no palco.

208 **Nossos pais desempenham um papel fundamental:** poucas pessoas são tão importantes quanto nossos pais para moldar nossas crenças, personalidades e aspirações – e, portanto, nossos futuros. Há uma quantidade quase infindável de pesquisa sobre esse assunto, mas comece com E. Mavis Hetherington, Martha Cox e Roger Cox, "Effects of Divorce on Parents and Children", in *Non-traditional Families: Parenting and Child Development,* ed. Michael E. Lamb (Hillsdale, NJ: Erlbaum, 1982); Joan Kaufman e Edward Zigler, "Do Abused Children Become Abusive Parents?", *American Journal of Orthopsychiatry* 57, n. 2 (1987): 186-92; ALSPAC Study

Team, "ALSPAC - the Avon Longitudinal Study of Parents and Children", *Paediatric and Perinatal Epidemiology* 15, n. 1 (2001): 74-87; Kathleen V. Hoover-Dempsey e Howard M. Sandler, "Parental Involvement in Children's Education: Why Does It Make a Difference?", *Teachers College Record* 97, n. 2 (1995): 310-31; Gillian Pugh, Erica De'Ath e Celia Smith, *Confident Parents, Confident Children: Policy and Practice in Parent Education and Support* (Washington, DC: National Children's Bureau, 1994); Concha Delgado-Gaitan, *Literacy for Empowerment: The Role of Parents in Children's Education* (London: Routledge, 1990); Sylvia Palmer e Larry Cochran, "Parents as Agents of Career Development", *Journal of Counseling Psychology* 35, n. 1 (1988): 71; Ashton D. Trice e Linda Knapp, "Relationship of Children's Career Aspirations to Parents' Occupations", *Journal of Genetic Psychology* 153, n. 3 (1992): 355-57; Richard A. Young e John D. Friesen, "The Intentions of Parents in Influencing the Career Development of Their Children", *Career Development Quarterly* 40, n. 3 (1992): 198-206; e Ramona Paloş e Loredana Drobot, "The Impact of Family Influence on the Career Choice of Adolescents", *Procedia - Social and Behavioral Sciences* 2, n. 2 (2010): 3407-11.

209 **"Para a minha família e meus amigos":** Robert Zemeckis, entrevista publicada pela Academy of Achievement: A Museum of Living History, 29 de junho de 1996.

210 **Elas influenciam nossas realizações:** Jill Antonishak, Erin L. Sutfin e N. Dickon Reppucci, "Community Influence on Adolescent Development", in *Handbook of Adolescent Behavioral Problems: Evidence-Based Approaches to Prevention and Treatment,* ed. Thomas P. Gullotta e Gerald R. Adams (Boston: Springer, 2005); Cristina L. Reitz-Krueger et al., "Community Influence on Adolescent Development", in *Handbook of Adolescent Behavioral Problems: Evidence-Based Approaches to Prevention and Treatment,* ed. Thomas P. Gullotta, Robert W. Plant e Melanie A. Evans (Boston: Springer, 2015); Margo Gardner e Laurence Steinberg, "Peer Influence on Risk Taking, Risk Preference, and Risky Decision Making in Adolescence and Adulthood: An Experimental Study", *Developmental Psychology* 41, n. 4 (2005): 625; Jeanne Brooks-Gunn et al., "Do Neighborhoods Influence Child and Adolescent Development?", *American Journal of Sociology* 99, n. 2 (1993): 353-95; Tamara F. Mangleburg, Patricia M. Doney e Terry Bristol, "Shopping with Friends and Teens' Susceptibility to Peer Influence", *Journal of Retailing* 80, no. 2 (2004): 101-16; Karl E. Bauman e Susan T. Ennett, "On the Importance of Peer Influence for Adolescent Drug Use: Commonly Neglected Considerations", *Addiction* 91, n. 2 (1996): 185-98; Jason Chein et al., "Peers Increase Adolescent Risk Taking by Enhancing Activity in the Brain's Reward Circuitry", *Developmental Science* 14, n. 2 (2011): F1-F10.

211 **pressão dos pares não termina em nossa adolescência:** Laurence Steinberg e Kathryn C. Monahan, "Age Differences in Resistance to Peer

Influence", *Developmental Psychology* 43, n. 6 (2007): 1531; Gardner e Steinberg, "Peer Influence on Risk Taking."

212 **"As pessoas falam sobre trabalho duro":** J. D. Vance, *Hillbilly Elegy: A Memoir of a Family and Culture in Crisis* (New York: HarperCollins, 2016).

213 **A pobreza na infância tem correlação:** é muito difícil focar em números precisos para os efeitos da pobreza sobre a saúde. Porém, no que diz respeito aos efeitos negativos imediatos e de longo prazo da pobreza sobre as crianças, a pesquisa é avassaladora. Ver Greg J. Duncan e Jeanne Brooks-Gunn, "Family Poverty, Welfare Reform, and Child Development", *Child Development* 71, n. 1 (2000): 188-96; Gary W. Evans, "The Environment of Childhood Poverty," *American Psychologist* 59, n. 2 (2004): 77; Rebecca M. Ryan, Rebecca C. Fauth e Jeanne Brooks-Gunn, "Childhood Poverty: Implications for School Readiness and Early Childhood Education", in *Handbook of Research on the Education of Young Children*, ed. Bernard Spodek e Olivia N. Saracho, 2nd ed. (Hillsdale, NJ: Erlbaum, 2007); Greg J. Duncan et al., "How Much Does Childhood Poverty Affect the Life Chances of Children?", *American Sociological Review* 63, n. 3 (1998): 406-23; Gary W. Evans e Pilyoung Kim, "Childhood Poverty and Health: Cumulative Risk Exposure and Stress Dysregulation", *Psychological Science* 18, no. 11 (2007): 953-57; Valentina Nikulina, Cathy Spatz Widom e Sally Czaja, "The Role of Childhood Neglect and Childhood Poverty in Predicting Mental Health, Academic Achievement and Crime in Adulthood", *American Journal of Community Psychology* 48, n. 3-4 (2011): 309-21; J. Lawrence Aber et al., "The Effects of Poverty on Child Health and Development", *Annual Review of Public Health* 18, n. 1 (1997): 463-83; Daniel T. Lichter, Michael J. Shanahan e Erica L. Gardner, "Helping Others? The Effects of Childhood Poverty and Family Instability on Prosocial Behavior", *Youth and Society* 34, n. 1 (2002): 89-119; Natalie Slopen et al., "Poverty, Food Insecurity, and the Behavior for Childhood Internalizing and Externalizing Disorders", *Journal of the American Academy of Child and Adolescent Psychiatry* 49, no. 5 (2010): 444-52; Clancy Blair e C. Cybele Raver, "Child Development in the Context of Adversity: Experiential Canalization of Brain and Behavior", *American Psychologist* 67, n. 4 (2012): 309; Martha J. Farah et al., "Childhood Poverty: Specific Associations with Neurocognitive Development", *Brain Research* 1110, n. 1 (2006): 166-74; e Katherine A. Magnuson e Elizabeth Votruba-Drzal, *Enduring Influences of Childhood Poverty* (Madison: University of Wisconsin, Institute for Research on Poverty, 2008).

214 **disigualdade financeira de riqueza entre ricos e pobres:** Rakesh Kochhar e Anthony Cilluffo, "How Wealth Inequality Has Changed in the U.S. Since the Great Recession, by Race, Ethnicity and Income", Pew Research Center, 1º de novembro de 2017, https://pewrsr.ch/2NXW6IS.

215 **"Pressão vinda dos pares pode causar":** Shilagh Mirgain citada em "Dealing with Peer Pressure When You're an Adult", *UW Health*, 21 de setembro de 2015, http://bit.ly/2OnPfpq.

216 **"o mais culturalmente elevado agrupamento de pessoas":** Samuel P. Huntington, "The Clash of Civilizations?", *Foreign Affairs* 72, n. 3 (Verão 1993): 22-49.

217 **A sociedade em que vivemos fornece:** Hazel R. Markus e Shinobu Kitayama, "Culture and the Self: Implications for Cognition, Emotion, and Motivation", *Psychological Review* 98, n. 2 (1991): 224; Robert M. Bond et al., "A 61-Million-Person Experiment in Social Influence and Political Mobilization", *Nature* 489, n. 7415 (2012): 295; Teun A. Van Dijk, *Society and Discourse: How Social Contexts Influence Text and Talk* (New York: Cambridge University Press, 2009); Cristina Bicchieri, *The Grammar of Society: The Nature and Dynamics of Social Norms* (New York: Cambridge University Press, 2005); Michael Marmot et al., *Fair Society, Healthy Lives: The Marmot Review* (London: Institute of Health Equality, 2010); Peter Aggleton e Richard Parker, *Culture, Society and Sexuality: A Reader* (London: Routledge, 2002).

218 **passamos quase 11 horas por dia:** John Koblin, "How Much Do We Love TV? Let Us Count the Ways", *New York Times*, 30 de junho de 2016.

219 **a mídia de massa:** a literatura existente sobre o poder e os efeitos da mídia sobre nós é esmagadora. Eis aqui uma pequena amostra: Craig A. Anderson et al., "The Influence of Media Violence on Youth", *Psychological Science in the Public Interest* 4, n. 3 (2003): 81-110; L. Rowell Huesmann, "Psychological Processes Promoting the Relation Between Exposure to Media Violence and Aggressive Behavior by the Viewer", *Journal of Social Issues* 42, n. 3 (1986): 125-39; Albert Bandura, "Social Cognitive Theory of Mass Communication", in *Media Effects: Advances in Theory and Research*, ed. Jennings Bryant e Mary Beth Oliver, 3rd ed. (New York: Routledge, 2009); Cynthia-Lou Coleman, "The Influence of Mass Media and Interpersonal Communication on Societal and Personal Risk Judgments", *Communication Research* 20, n. 4 (1993): 611-28; Kristen E. Van Vonderen e William Kinnally, "Media Effects on Body Image: Examining Media Exposure in the Broader Context of Internal and Other Social Factors", *American Communication Journal* 14, n. 2 (2012): 41-57; Rebecca Coleman, "The Becoming of Bodies: Girls, Media Effects, and Body Image", *Feminist Media Studies* 8, n. 2 (2008): 163-79; Shelly Grabe, L. Monique Ward e Janet Shibley Hyde, "The Role of the Media in Body Image Concerns Among Women: A Meta-Analysis of Experimental and Correlational Studies", *Psychological Bulletin* 134, n. 3 (2008): 460; Patti M. Valkenburg, Jochen Peter e Joseph B. Walther, "Media Effects: Theory and Research", *Annual Review of Psychology* 67 (2016): 315-38; Christopher P. Barlett, Christopher L. Vowels e Donald A.

Saucier, "Meta-Analyses of the Effects of Media Images on Men's Body-Image Concerns", *Journal of Social and Clinical Psychology* 27, n. 3 (2008): 279-310; Brad J. Bushman e L. Rowell Huesmann, "Short-Term and Long-Term Effects of Violent Media on Aggression in Children and Adults", *Archives of Pediatrics and Adolescent Medicine* 160, n. 4 (2006): 348-52; and Yuko Yamamiya et al., "Women's Exposure to Thin-and-Beautiful Media Images: Body Image Effects of Media-Ideal Internalization and Impact-Reduction Interventions", *Body Image* 2, n. 1 (2005): 74-80.

220 **O estudante típico de ensino médio nos Estados Unidos:** novamente, esses números são difíceis de precisar. A realidade é que quanto tempo assistimos à TV – ou quanto tempo usamos qualquer outra forma de mídia ou tecnologia – varia conforme adotamos novos hábitos e novos aparelhos. Basta dizer que, no que diz respeito à TV, nós assistimos muito.

221 **"reforçando valores preexistentes":** Joan E. Grusec e Paul David Hastings, eds., *Handbook of Socialization: Theory and Research* (New York: Guilford, 2014).

222 **"cultivo":** James Shanahan e Michael Morgan, *Television and Its Viewers: Cultivation Theory and Research* (New York: CambridgeUniversity Press, 1999); W. James Potter, "Cultivation Theory and Research: A Conceptual Critique", *Human Communication Research* 19, no 4 (1993): 564-601; W. James Potter, "A Critical Analysis of Cultivation Theory", *Journal of Communication* 64, n. 6 (2014): 1015-36; Michael Morgan, James Shanahan e Nancy Signorielli, "Growing Up with Television: Cultivation Processes", *Media Effects: Advances in Theory and Research* 3 (2009): 34-49.

223 **Normas sociais são as regras tácitas de uma sociedade:** Rachel I. McDonald e Christian S. Crandall, "Social Norms and Social Influence", *Current Opinion in Behavioral Sciences* 3 (2015): 147-51; Robert B. Cialdini, Carl A. Kallgren e Raymond R. Reno, "A Focus Theory of Normative Conduct: A Theoretical Refinement and Reevaluation of the Role of Norms in Human Behavior", in *Advances in Experimental Social Psychology*, ed. Mark P. Zanna, v. 24 (San Diego, CA: Academic Press, 1991); Carl A. Kallgren, Raymond R. Reno e Robert B. Cialdini, "A Focus Theory of Normative Conduct: When Norms Do and Do Not Affect Behavior", *Personality and Social Psychology Bulletin* 26, no. 8 (2000): 1002-12; Maria Knight Lapinski e Rajiv N. Rimal, "An Explication of Social Norms", *Communication Theory* 15, n. 2 (2005): 127-47; Ernst Fehr e Urs Fischbacher, "Social Norms and Human Cooperation", *Trends in Cognitive Sciences* 8, n. 4 (2004): 185-90; Robert B. Cialdini e Melanie R. Trost, "Social Influence: Social Norms, Conformity and Compliance", in *The Handbook of Social Psychology*, ed. D. T. Gilbert, S. T. Fiske e G. Lindzey, v. 2 (New York: McGraw-Hill, 1998).

224 **Imagine que lhe pediram:** Solomon E. Asch e H. Guetzkow, "Effects of Group Pressure upon the Modification and Distortion of Judgments", in *Groups, Leadership, and Men: Research in Human Relations*, ed. Harold Steere Guetzkow (Pittsburgh: Carnegie Press, 1951); Solomon E. Asch, "Group Forces in the Modification and Distortion of Judgments", *Social Psychology* 10 (1952): 450-501.

225 **Vários estudos subsequentes:** Rod Bond e Peter B. Smith, "Culture and Conformity: A Meta-Analysis of Studies Using Asch's (1952b, 1956) Line Judgment Task", *Psychological Bulletin* 119, n. 1 (1996): 111-37. Uma ressalva: muitos outros estudos subsequentes foram incapazes de reproduzir os resultados de Asch, ao ponto de alguns pesquisadores sugerirem que o "efeito Asch" era um produto do conformismo dos anos 1950.

226 **Maioria de nós não faz a menor ideia:** Jessica M. Nolan et al., "Normative Social Influence Is Underdetected", *Personality and Social Psychology Bulletin* 34, no. 7 (2008): 913-23; Wesley P. Schultz, Azar M. Khazian e Adam C. Zaleski, "Using Normative Social Influence to Promote Conservation Among Hotel Guests", *Social Influence* 3, n. 1 (2008): 4-23; Rishee K. Jain et al., "Can Social Influence Drive Energy Savings? Detecting the Impact of Social Influence on the Energy Consumption Behavior of Networked Users Exposed to Normative Eco-Feedback", *Energy and Buildings* 66 (2013): 119-27.

227 **"Considerando-se a ubiquidade e a força ":** Robert Cialdini citado em Nolan et al., "Normative Social Influence Is Underdetected".

228 **O pensamento normativo cria a crença:** Todd Rose, *The End of Average: How We Succeed in a World That Values Sameness* (New York: HarperCollins, 2015).

229 **"Chame de clã, chame de rede":** Jane Howard, *Margaret Mead: A Life* (New York: Ballantine Books, 1989).

230 **efeitos fisiológicos do desvio:** Gregory S. Berns et al., "Neurobiological Correlates of Social Conformity and Independence During Mental Rotation", *Biological Psychiatry* 58, n. 3 (2005): 245-53. Ver também Mirre Stallen, Ale Smidts, and Alan Sanfey, "Peer Influence: Neural Mechanisms Underlying In-Group Conformity", *Frontiers in Human Neuroscience* 7 (2013): 50; Mirre Stallen e Alan G. Sanfey, "The Neuroscience of Social Conformity: Implications for Fundamental and Applied Research", *Frontiers in Neuroscience* 9 (2015): 337; Juan F. Domínguez D, Sreyneth A. Taing e Pascal Molenberghs, "Why Do Some Find It Hard to Disagree? An fMRI Study", *Frontiers in Human Neuroscience* 9 (2016): 718.

Capítulo 6: Desista! Conselhos subversivos para quem desabrocha mais tarde

231 **Uma profusão de livros exalta os benefícios da determinação:** Charles Duhigg, *The Power of Habit: Why We Do What We Do in Life and Business* (New York: Random House, 2013); Jocko Willink e Leif Babin, *Discipline Equals Freedom* (New York: St. Martin's Press, 2017); Kelly McGonigal, *The Willpower Instinct: How Self-Control Works, Why It Matters, and What You Can Do to Get More of It* (New York: Penguin, 2011); William H. McRaven, *Make Your Bed: Little Things That Can Change Your Life... and Maybe the World* (New York: Grand Central Publishing, 2017); Jordan B. Peterson, *12 Rules for Life: An Antidote to Chaos* (Toronto: Random House Canada, 2018).

232 **"Mesmo antes dos 17 anos":** Daniel J. Brown, entrevista à colaboradora de *Antes Tarde do Que Nunca*, Susan Salter Reynolds, 2015.

233 **"exibiram claro interesse nos chocolates":** Hans Villarica, "The Chocolate-and-Radish Experiment That Birthed the Modern Conception of Willpower", *Atlantic*, 9 de abril de 2012. Ver também R. F. Baumeister et al., "Ego Depletion: Is the Active Self a Limited Resource?", *Journal of Personality and Social Psychology* 74, n. 5 (1998): 1252-65; R. F. Baumeister et al., "The Strength Model of Self-Control", *Current Directions in Psychological Science* 16 (2007): 351-55; M. Muraven e R. F. Baumeister, "Self-Regulation and Depletion of Limited Resources: Does Self-Control Resemble a Muscle?", *Psychological Bulletin* 126, n. 2 (2000): 247-59; D. Tice et al., "Restoring the Self: Positive Affect Helps Improve Self-Regulation Following Ego Depletion", *Journal of Experimental Social Psychology* 43, n. 3 (2007): 379-84.

234 **O cavaleiro (o ego) geralmente está no controle:** Sigmund Freud, *The Ego and the Id: Standard Edition*, ed. James Strachey (1923; New York: W. W. Norton, 1960).

235 **"Ao longo dessa carreira, treinei 31 atletas olímpicos,":** Kenny Moore, *Bowerman and the Men of Oregon: The Story of Oregon's Legendary Coach and Nike's Cofounder* (Emmaus, PA: Rodale, 2006).

236 **"Bowerman começou a incentivar":** Ibid.

237 **uma mulher que tinha acabado de ser promovida a sócia:** William Burnett e David John Evans, *Designing Your Life: How to Build a Well-Lived, Joyful Life* (New York: Knopf, 2016).

238 **desistir é, na verdade, algo saudável:** Carsten Wrosch et al., "Giving Up on Unattainable Goals: Benefits for Health?", *Personality and Social Psychology Bulletin* 33, n. 2 (2007): 251-65.

239 **Andy Grove e sua empresa, a Intel:** para a história de como a Intel decidiu desistir de sua linha original de negócios, os *chips* de memória, ver Andrew Grove, *Only the Paranoid Survive* (New York: Doubleday, 1996).

240 **"Eu perguntei ao Gordon [Moore], sabe":** Laura Sydell, "Digital Pioneer Andrew Grove Led Intel's Shift From Chips to Microprocessors", NPR, 22 de março de 2016, https://n.pr/2MvQCAm.

241 **Custo irrecuperável é o dinheiro:** Hal R. Arkes e Catherine Blumer, "The Psychology of Sunk Cost", in *Judgment and Decision Making: An Interdisciplinary Reader*, ed. Terry Connolly, Hal R. Arkes e Kenneth R. Hammond, 2nd ed. (New York: Cambridge University Press, 2000).

242 **A falácia do custo irrecuperável é:** Daniel Friedman et al., "Searching for the Sunk Cost Fallacy", *Experimental Economics* 10, n. 1 (2007): 79-104.

243 **é o custo de oportunidade:** John W. Payne, James R. Bettman e Mary Frances Luce, "When Time Is Money: Decision Behavior Under Opportunity-Cost Time Pressure", *Organizational Behavior and Human Decision Processes* 66, n. 2 (1996): 131-52; Robert Kurzban et al., "An Opportunity Cost Model of Subjective Effort and Task Performance", *Behavioral and Brain Sciences* 36, n. 6 (2013): 661-79.

244 **É o quanto estamos ligados à falácia do custo irrecuperável:** é interessante notar – e é bom para quem desabrocha mais tarde – que adultos mais velhos possivelmente são menos sujeitos à falácia do custo irrecuperável do que adultos mais jovens: "Adultos mais velhos têm menos probabilidade de se comprometer com a falácia do custo irrecuperável". JoNell Strough et al., "Are Older Adults Less Subject to the Sunk-Cost Fallacy Than Younger Adults?", *Psychological Science* 19, n. 7 (2008): 650-52.

245 **"Suponhamos que você tenha gastado":** Hal R. Arkes e Peter Ayton, "The Sunk Cost and Concorde Effects: Are Humans Less Rational Than Lower Animals?", *Psychological Bulletin* 125, n. 5 (1999): 591.

246 **"dissonância cognitiva":** Dan Ariely em Stephen J. Dubner, "The Upside of Quitting," *Freakonomics* (podcast), http://bit.ly/2x8fxoY. Ver também Dan Ariely, *Predictably Irrational* (New York: HarperCollins, 2008).

247 **"desistentes espertos":** Seth Godin, *The Dip: A Little Book That Teaches You When to Quit (and When to Stick)* (New York: Penguin, 2007).

248 **"Se eu tivesse que dar uma única explicação importante":** Steven Levitt in Stephen J. Dubner, "The Upside of Quitting," *Freakonomics* (podcast), http://bit.ly/2x8fxoY.

249 **"Eu desisti de praticamente tudo":** Levitt in ibid.

250 **"A primeira coisa é: você tem que":** Arkes in ibid.

CAPÍTULO 7: O SUPERPODER CHAMADO INSEGURANÇA

251 **Do ponto de vista evolucionário, a dúvida:** Ellen Hendriksen, "Why Everyone Is Insecure (and Why That's Okay)", *Scientific American*, 12 de abril de 2018, http://bit.ly/2D3sdmv.

252 **A dúvida a respeito de nós mesmos, portanto, significa:** Anthony D. Hermann, Geoffrey J. Leonardelli e Robert M. Arkin, "Self-Doubt and Self-Esteem: A Threat from Within", *Personality and Social Psychology Bulletin* 28, n. 3 (2002): 395-408.

253 **autoprejudicar:** Matthew D. Braslow et al., "Self-Doubt," *Social and Personality Psychology Compass* 6, n. 6 (2012): 470-82. Ver também Sean M. McCrea, Edward R. Hirt e Bridgett J. Milner, "She Works Hard for the Money: Valuing Effort Underlies Gender Differences in Behavioral Self-Handicapping", *Journal of Experimental Social Psychology* 44, n. 2 (2008): 292-311; Leah R. Spalding e Curtis D. Hardin, "Unconscious Unease and Self-Handicapping: Behavioral Consequences of Individual Differences in Implicit and Explicit Self-Esteem", *Psychological Science* 10, n. 6 (1999): 535-39.

254 **"melhoria do outro":** Ibid. Ver também James A. Shepperd e Robert M. Arkin, "Behavioral Other-Enhancement: Strategically Obscuring the Link Between Performance and Evaluation", *Journal of Personality and Social Psychology* 60, n. 1 (1991): 79.

255 **"ameaça do estereótipo":** Ibid. Ver também Ryan P. Brown e Robert A. Josephs, "A Burden of Proof: Stereotype Relevance and Gender Differences in Math Performance", *Journal of Personality and Social Psychology* 76, n. 2 (1999): 246.

256 **Estas não são as únicas abordagens psicológicas:** para enfrentar a insegurança, muitas pessoas também recorrem a estratégias como o excesso de realizações e o fenômeno do impostor. No entanto, as três estratégias mencionadas neste capítulo – autoprejuízo, melhoria do outro e ameaça do estereótipo – parecem ser as mais utilizadas entre os que desabrocham tardiamente. O excesso de realizações, em particular, parece ser uma estratégia dos que desabrocham cedo.

257 **os físicos mais inteligentes e realizados:** Joseph C. Hermanowicz"Scientists and Self-Doubt Across Strata of Academic Science", *Research in Higher Education* 46, n. 3 (2005): 309-26.

258 **"Quando você recebe uma série de duas ou três":** Ibid.

259 **"Eu digo para mim mesma: 'Eu não sei atuar":** Meryl Streep, entrevista a Oprah Winfrey, "Oprah Talks to Meryl Streep, Nicole Kidman and Julianne Moore," *O: The Oprah Magazine*, janeiro de 2003.

260 **"Eu escrevi 11 livros":** Maya Angelou citada em Carl Richards, "Learning to Deal with the Impostor Syndrome", *New York Times*, 26 de outubro de 2015.

261 **a insegurança beneficia o desempenho:** Tim Woodman et al., "Self-Confidence and Performance: A Little Self-Doubt Helps", *Psychology of Sport and Exercise* 11, n. 6 (2010): 467-70; Deborah L. Feltz e Jared M. Wood, "Can Self-Doubt Be Beneficial to Performance? Exploring the Concept of Preparatory Efficacy", *Open Sports Sciences Journal* 2 (2009): 65-70; Alison Ede, Philip J. Sullivan e Deborah L. Feltz, "Self-Doubt: Uncertainty as a Motivating Factor on Effort in an Exercise Endurance Task", *Psychology of Sport and Exercise* 28 (2017): 31-36.

262 **No campo da psicologia, Albert Bandura é um gigante:** Steven J. Haggbloom et al., "The 100 Most Eminent Psychologists of the 20th Century", *Review of General Psychology* 6, n. 2 (2002): 139. Ver também "Eminent Psychologists of the 20th Century", *Monitor on Psychology* 33, n. 7 (2002): 29.

263 **"os estudantes tiveram que assumir o controle":** M. G. Lindzey e W. M. Runyan, eds., *A History of Psychology in Autobiography*, v. 9 (American Psychological Association, 2007).

264 **"o conteúdo da maioria dos livros técnicos":** Ibid.

265 **"Certa manhã, eu estava à toa":** Ibid.

266 **Seu artigo de 1977:** Albert Bandura, "Self-Efficacy: Toward a Unifying Theory of Behavioral Change", *Psychological Review* 84, n. 2 (1977): 191.

267 **dúzias de estudos examinaram a importância da autoeficácia:** Albert Bandura, "Perceived Self-Efficacy in Cognitive Development and Functioning", *Educational Psychologist* 28, n. 2 (1993): 117-48; Albert Bandura, "Self-Efficacy Mechanism in Human Agency", *American Psychologist* 37, n. 2 (1982): 122; Barry J. Zimmerman, "Self-Efficacy: An Essential Motive to Learn", *Contemporary Educational Psychology* 25, n. 1 (2000): 82-91; Alexander D. Stajkovic e Fred Luthans, "Social Cognitive Theory and Self-Efficacy: Implications for Motivation Theory and Practice", *Motivation and Work Behavior* 126 (2003): 140; Dale H. Schunk, "Self-Efficacy and Academic Motivation", *Educational Psychologist* 26, n. 3-4 (1991): 207-31; Marilyn E. Gist e Terence R. Mitchell, "Self-Efficacy:

A Theoretical Analysis of Its Determinants and Malleability", *Academy of Management Review* 17, n. 2 (1992): 183-211; Frank Pajares, "Self-Efficacy Beliefs in Academic Settings", *Review of Educational Research* 66, n. 4 (1996): 543-78; Icek Ajzen, "Perceived Behavioral Control, Self-Efficacy, Locus of Control, and the Theory of Planned Behavior", *Journal of Applied Social Psychology* 32, n. 4 (2002): 665-83; Karen D. Multon, Steven D. Brown e Robert W. Lent, "Relation of Self-Efficacy Beliefs to Academic Outcomes: A Meta-Analytic Investigation," *Journal of Counseling Psychology* 38, n. 1 (1991): 30; Barry J. Zimmerman, Albert Bandura e Manuel Martinez-Pons, "Self-Motivation for Academic Attainment: The Role of Self-Efficacy Beliefs and Personal Goal Setting", *American Educational Research Journal* 29, n. 3 (1992): 663-76; Alexander D. Stajkovic e Fred Luthans, "Self-Efficacy and Work- Related Performance: A Meta-Analysis", *Psychological Bulletin* 124, n. 2 (1998): 240; Ralf Schwarzer, ed., *Self-Efficacy: Thought Control of Action* (New York: Routledge, 2014); Maureen R. Weiss, Diane M. Wiese e Kimberley A. Klint, "Head over Heels with Success: The Relationship Between Self-Efficacy and Performance in Competitive Youth Gymnastics", *Journal of Sport and Exercise Psychology* 11, n. 4 (1989): 444-51.

268 **privados das duas fontes primárias:** V. S. Ramachandran, *Encyclopedia of Human Behavior* (San Diego, CA: Academic Press, 1994), 4:71-81.

269 **chamam essa vozinha de diálogo interno:** James Hardy, "Speaking Clearly: A Critical Review of the Self-Talk Literature", *Psychology of Sport and Exercise* 7, n. 1 (2006): 81-97.

270 **Os jogadores usando diálogo interno motivacional melhoraram consideravelmente :** Antonis Hatzigeorgiadis et al., "Investigating the Functions of Self-Talk: The Effects of Motivational Self-Talk on Self-Efficacy and Performance in Young Tennis Players", *Sport Psychologist* 22, n. 4 (2008): 458-71; Antonis Hatzigeorgiadis, Yannis Theodorakis e Nikos Zourbanos, "Self-Talk in the Swimming Pool: The Effects of Self-Talk on Thought Content and Performance on Water-Polo Tasks", *Journal of Applied Sport Psychology* 16, n. 2 (2004): 138-50.

271 **O poder do diálogo interno tem sido demonstrado de forma conclusiva :** Shahzad Tahmasebi Boroujeni e Mehdi Shahbazi, "The Effect of Instructional and Motivational Self-Talk on Performance of Basketball's Motor Skill", *Procedia - Social and Behavioral Sciences* 15 (2011): 3113-17; Judy L. Van Raalte et al., "Cork! The Effects of Positive and Negative Self-Talk on Dart Throwing Performance", *Journal of Sport Behavior* 18, n. 1 (1995): 50; Jennifer Cumming et al., "Examining the Direction of Imagery and Self-Talk on Dart-Throwing Performance and Self-Efficacy", *Sport Psychologist* 20, n. 3 (2006): 257-74; Antonis Hatzigeorgiadis et al., "Self-Talk and Sports Performance: A Meta-Analysis", *Perspectives on Psychological Science* 6, n. 4 (2011): 348-56; Judy L. Van Raalte et al., "The Relationship Between Observable Self-Talk and Competitive Junior

Tennis Players' Match Performances", *Journal of Sport and Exercise Psychology* 16, n. 4 (1994): 400-15; Christopher P. Neck et al., "'I Think I Can; I Think I Can': A Self-Leadership Perspective Toward Enhancing Entrepreneur Thought Patterns, Self-Efficacy, and Performance", *Journal of Managerial Psychology* 14, n. 6 (1999): 477-501; Antonis Hatzigeorgiadis et al., "Investigating the Functions of Self-Talk: The Effects of Motivational Self-Talk on Self-Efficacy and Performance in Young Tennis Players", *Sport Psychologist* 22, n. 4 (2008): 458-71; Eleni Zetou et al., "The Effect of Self-Talk in Learning the Volleyball Service Skill and Self-Efficacy Improvement", *Journal of Sport and Human Exercise* 7, n. 4 (2012): 794-805; Chris P. Neck e Charles C. Manz, "Thought Self-Leadership: The Influence of Self-Talk and Mental Imagery on Performance", *Journal of Organizational Behavior* 13, n. 7 (1992): 681-99; Robert Weinberg, Robert Grove e Allen Jackson, "Strategies for Building Self-Efficacy in Tennis Players: A Comparative Analysis of Australian and American Coaches", *Sport Psychologist* 6, n. 1 (1992): 3-13; Daniel Gould et al., "An Exploratory Examination of Strategies Used by Elite Coaches to Enhance Self-Efficacy in Athletes", *Journal of Sport and Exercise Psychology* 11, n. 2 (1989): 128-40.

272 **Por que eu estou com tanto medo?** Elizabeth Bernstein, "'Self Talk': When Talking to Yourself, the Way You Do It Makes a Difference", *Wall Street Journal*, 5 de maio de 2014; Kristin Wong, "The Benefits of Talking to Yourself", *New York Times*, 8 de junho de 2017. Ver também Ethan Kross et al., "Self-Talk as a Regulatory Mechanism: How You Do It Matters", *Journal of Personality and Social Psychology* 106, n. 2 (2014): 304.

273 **"isso lhes permite dar a si mesmas um *feedback* objetivo e útil".":** Bernstein, "'Self Talk.'"

274 **"Estímulos persuasivos na autoeficácia percebida":** Bandura, "Self-Efficacy: Toward a Unifying Theory of Behavioral Change"; Bandura, "Self-Efficacy Mechanism in Human Agency".

275 **segundo Bandura:** Ramachandran, *Encyclopedia of Human Behavior*.

276 **"enquadramento":** Amy C. Edmondson, "Framing for Learning: Lessons in Successful Technology Implementation", *Califórnia Management Review* 45, n. 2 (2003): 34-54. Ver também Amos Tversky e Daniel Kahneman, "The Framing of Decisions and the Psychology of Choice", *Science* 211, n. 4481 (1981): 453-58.

277 **podemos usar enquadramentos cognitivos para moldar:** Robert M. Entman, "Framing: Toward Clarification of a Fractured Paradigm", *Journal of Communication* 43, n. 4 (1993): 51-58; Robert D. Benford e David A. Snow, "Framing Processes and Social Movements: An Overview and

Assessment", *Annual Review of Sociology* 26, n. 1 (2000): 611-39; George Lakoff, "Simple Framing", *Rockridge Institute* 14 (2006).

278 **podemos enquadrar a ansiedade como entusiasmo usando:** Alison Wood Brooks, "Get Excited: Reappraising Pre-Performance Anxiety as Excitement", *Journal of Experimental Psychology: General* 143, n. 3 (2014): 1144.

279 **podemos alterar nosso enquadramento:** Maxie C. Maultsby, Jr., *Rational Behavior Therapy* (Appleton, WI: Rational, 1990).

280 **duas teorias contrastantes:** Carol S. Dweck e Ellen L. Leggett, "A Social-Cognitive Approach to Motivation and Personality", *Psychological Review* 95, n. 2 (1988): 256.

281 **alterar o enquadramento de desafios é uma das chaves:** Amy C. Edmondson, *Teaming: How Organizations Learn, Innovate, and Compete in the Knowledge Economy* (Hoboken, NJ: John Wiley & Sons, 2012); Amy C. Edmondson, Richard M. Bohmer e Gary P. Pisano, "Disrupted Routines: Team Learning and New Technology Implementation in Hospitals", *Administrative Science Quarterly* 46, n. 4 (2001): 685-716; Chris Argyris e Donald A. Schön, "Organizational Learning: A Theory of Action Perspective," *Reis*, n. 77-78 (1997): 345-48.

282 **autocompaixão aumentada:** Laura K. Barnard e John F. Curry, "Self-Compassion: Conceptualizations, Correlates, and Interventions", *Review of General Psychology* 15, n. 4 (2011): 289.

283 **"Em geral, esses estudos sugerem":** Mark R. Leary et al., "Self-Compassion and Reactions to Unpleasant Self-Relevant Events: The Implications of Treating Oneself Kindly", *Journal of Personality and Social Psychology* 92, n. 5 (2007): 887.

284 **muito associada com a resiliência emocional:** Laura K. Barnard e John F. Curry, "Self-Compassion: Conceptualizations, Correlates, and Interventions", *Review of General Psychology* 15, n. 4 (2011): 289.

285 **correlação com medidas de bem-estar emocional:** Kristin D. Neff, Stephanie S. Rude e Kristin L. Kirkpatrick, "An Examination of Self-Compassion in Relation to Positive Psychological Functioning and Personality Traits", *Journal of Research in Personality* 41, n. 4 (2007): 908-16; Filip Raes, "The Effect of Self-Compassion on the Development of Depression Symptoms in a Non-Clinical Sample", *Mindfulness* 2, n. 1 (2011): 33-36.

286 **a autocompaixão aumenta a motivação:** Juliana G. Breines e Serena Chen, "Self-Compassion Increases Self-Improvement Motivation", *Personality and Social Psychology Bulletin* 38, n. 9 (2012): 1133-43; Jeannetta G. Williams, Shannon K. Stark e Erica E. Foster, "Start Today or the Very Last Day?

The Relationships Among Self-Compassion, Motivation, and Procrastination", *American Journal of Psychological Research* 4, n. 1 (2008).

287 **"Quando você está nas trincheiras":** Kristin Neff, "The Space Between Self-Esteem and Self-Compassion: Kristin Neff at TEDx Centennial--ParkWomen", *YouTube*, 6 de fevereiro de 2013, http://bit.ly/2xyNLRV.

288 **"Autocompaixão é tratar a si mesmo":** Kristin Wong, "Why Self-Compassion Beats Self-Confidence", *New York Times*, 28 de dezembro de 2017.

289 **Consultoras globais como a McKinsey & Company:** Robert I. Sutton, "Why Good Bosses Tune In to Their People", *McKinsey Quarterly*, Agosto de 2010, https://mck.co/2MONArc; Antonio Feser, Nicolai Nielsen e Michael Rennie, "What's Missing in Leadership Development?", *McKinsey Quarterly*, agosto de 2017, https://mck.co/2PPw08f; Bernadette Dillon e Juliet Bourke, "The Six Signature Traits of Inclusive Leadership: Thriving in a Diverse New World", DeLoitte Insights, 14 de abril de 2016, http://bit.ly/2OC9a3Y.

Capítulo 8: crescendo devagar? Replante-se em um jardim melhor

290 **"mentalidade do caranguejo":** Carliss D. Miller, "A Phenomenological Analysis of the Crabs in the Barrel Syndrome", *Academy of Management Proceedings* 2015, n. 1 (2015); Carliss D. Miller, "The Crabs in a Barrel Syndrome: Structural Influence on Competitive Behavior", *Academy of Management Proceedings* 2014, n. 1. (2014).

291 **"*Status* se tornou mais ou menos":** Tom Wolfe citado em David A. Price, "Where Tom Wolfe Got His Status Obsession", *Nieman Storyboard*, 5 de julho de 2016, http://bit.ly/2xbQdh6.

292 **"Você é extrovertido ou introvertido":** Todd Rose, *The End of Average: How We Succeed in a World That Values Sameness* (New York: HarperCollins, 2015).

293 **redução na mobilidade geográfica:** Richard Fry, "Americans Are Moving at Historically Low Rates, in Part Because Millennials Are Staying Put", Pew Research Center, 13 de fevereiro de 2017, https://pewrsr.ch/2DdAXX2.

294 **"Se eu poderia ter escrito um livro":** Kimberly Harrington, entrevista ao autor, 2018.

295 **menos ênfase na adequação da pessoa ao trabalho:** Daniel M. Cable e Timothy A. Judge, "Person-Organization Fit, Job Choice Decisions,

and Organizational Entry", *Organizational Behavior and Human Decision Processes* 67, n. 3 (1996): 294-311.

296 **algumas pessoas são naturalmente resistentes:** Susan Cain, *Quiet: The Power of Introverts in a World That Can't Stop Talking* (New York: Broadway Books, 2013).

297 **bebês "altamente reativos":** Jerome Kagan, *Galen's Prophecy: Temperament in Human Nature* (New York: Basic Books, 1998).

298 **mais probabilidade de sofrer de depressão:** David Dobbs, "The Science of Success", *Atlantic*, dezembro de 2009, http://bit.ly/2pc8tmS. Para conferir o trabalho de Belsky, ver Jay Belsky et al., "Vulnerability Genes or Plasticity Genes?", *Molecular Psychiatry* 14, n. 8 (2009): 746; Michael Pluess e Jay Belsky, "Differential Susceptibility to Rearing Experience: The Case of Childcare", *Journal of Child Psychology and Psychiatry* 50, n. 4 (2009): 396-404; Michael Pluess e Jay Belsky, "Differential Susceptibility to Parenting and Quality Child Care", *Developmental Psychology* 46, n. 2 (2010): 379; e Jay Belsky e Michael Pluess, "Beyond Diathesis Stress: Differential Susceptibility to Environmental Influences", *Psychological Bulletin* 135, n. 6 (2009): 885.

299 **Quentin Hardy, um ex-colega:** Hardy foi o chefe do escritório da Forbes Media em San Francisco no início dos anos 2000.

300 **"A obra real da Saddleback":** Rick Warren, entrevista ao autor, 2004.

301 **pessoas que conseguem se identificar mais:** Hal E. Hershfield et al., "Increasing Saving Behavior Through Age-Progressed Renderings of the Future Self", *Journal of Marketing Research* 48 (2011): S23-S37; Hal Ersner Hershfield et al., "Don't Stop Thinking About Tomorrow: Individual Differences in Future Self-Continuity Account for Saving", *Judgment and Decision Making* 4, n. 4 (2009): 280; Hal Ersner Hershfield, G. Elliott Wimmer e Brian Knutson, "Saving for the Future Self: Neural Measures of Future Self-Continuity Predict Temporal Discounting", *Social Cognitive and Affective Neuroscience* 4, n. 1 (2008): 85-92; Hal E. Hershfield, "Future Self-Continuity: How Conceptions of the Future Self Transform Intertemporal Choice", *Annals of the New York Academy of Sciences* 1235, n. 1 (2011): 30-43; Hal E. Hershfield, Taya R. Cohen e Leigh Thompson, "Short Horizons and Tempting Situations: Lack of Continuity to Our Future Selves Leads to Unethical Decision Making and Behavior", *Organizational Behavior and Human Decision Processes* 117, n. 2 (2012): 298-310; Jean-Louis Van Gelder et al., "Friends with My Future Self: Longitudinal Vividness Intervention Reduces Delinquency", *Criminology* 53, n. 2 (2015): 158-79.

302 **a realização de uma meta importante:** Peter M. Gollwitzer, "When Intentions Go Public: Does Social Reality Widen the Intention-Behavior Gap?", *Psychological Science* 20, n. 5 (2009): 612-18.

303 **um ex-fuzileiro naval:** "Frederick W. Smith," FedEx, n.d., http://bit.ly/2QsDfUH.

304 **As empresas de Richard Branson:** Branson e a Virgin são agradavelmente francos sobre os negócios da Virgin que fracassaram e foram abandonados. Jack Preston, "Six Memorable Virgin Fails", Virgin, 18 de Janeiro de 2016, http://bit.ly/2MsUH8H.

305 **Diane Greene, co-fundadora:** D. Connor, "Diane Greene, the Humble Executive," *Network World*, 26 de dezembro de 2005, http://bit.ly/2CSlMlX.

306 **Jeff Bezos, um dos chefes mais exigentes:** Denise Lee Yohn, "Company Culture Doesn't Need to Be 'Warm and Fuzzy' to Be Effective", *Quartz@Work*, 13 de março de 2018, http://bit.ly/2MsDJHs.

307 **compromisso com a meta é a chave:** Existem literalmente dezenas (se não centenas) de estudos sobre vários aspectos do comprometimento com a meta, indo desde o comprometimento individual até o coletivo, de seus efeitos sobre as realizações e as finanças. Aqui vai apenas uma pequena amostra: Edwin A. Locke, Gary P. Latham e Miriam Erez, "The Determinants of Goal Commitment", *Academy of Management Review* 13, n. 1 (1988): 23-39; John R. Hollenbeck e Howard J. Klein, "Goal Commitment and the Goal-Setting Process: Problems, Prospects, and Proposals for Future Research", *Journal of Applied Psychology* 72, n. 2 (1987): 212; Howard J. Klein et al., "Goal Commitment and the Goal-Setting Process: Conceptual Clarification and Empirical Synthesis", *Journal of Applied Psychology* 84, n. 6 (1999): 885; John R. Hollenbeck et al., "Investigation of the Construct Validity of a Self-Report Measure of Goal Commitment", *Journal of Applied Psychology* 74, n. 6 (1989): 951; Howard J. Klein e Jay S. Kim, "A Field Study of the Influence of Situational Constraints, Leader-Member Exchange, and Goal Commitment on Performance", *Academy of Management Journal* 41, n. 1 (1998): 88-95; Vincent K. Chong e Kar Ming Chong, "Budget Goal Commitment and Informational Effects of Budget Participation on Performance: A Structural Equation Modeling Approach", *Behavioral Research in Accounting* 14, n. 1 (2002): 65-86; Jerry C. Wofford, Vicki L. Goodwin e Steven Premack, "Meta-Analysis of the Antecedents of Personal Goal Level and of the Antecedents and Consequences of Goal Commitment", *Journal of Management* 18, n. 3 (1992): 595-615; Howard J. Klein e Paul W. Mulvey, "Two Investigations of the Relationships Among Group Goals, Goal Commitment, Cohesion, and Performance", *Organizational Behavior and Human Decision Processes* 61, n. 1 (1995): 44-53; Caroline Aubé e Vincent Rousseau, "Team Goal Commitment

and Team Effectiveness: The Role of Task Interdependence and Supportive Behaviors", *Group Dynamics: Theory, Research, and Practice* 9, n. 3 (2005): 189; e Gabriele Oettingen et al., "Mental Contrasting and Goal Commitment: The Mediating Role of Energization", *Personality and Social Psychology Bulletin* 35, n. 5 (2009): 608-22.

308 **"Temos que modificar nossas identidades":** Rebecca Webber, "Reinvent Yourself", *Psychology Today,* maio de 2014.

309 **"Mesmo aos 60 anos":** Ravenna Helson, "A Longitudinal Study of Creative Personality in Women", *Creativity Research Journal* 12, n. 2 (1999): 89-101.

Capítulo 9: Desabrochar tardio: o longo prazo

310 **Geraldine Weiss:** "How to Invest Like... Geraldine Weiss, the Queen of Blue Chip Dividends", *Telegraph,* 18 de setembro de 2017.

311 **histórias podem mudar o modo como pensamos:** Jonathan Gottschall, *The Storytelling Animal: How Stories Make Us Human* (Boston: Houghton Mifflin Harcourt, 2012); Jonathan Gottschall, "Why Fiction Is Good for You", *Boston Globe,* 29 de abril de 2012.

312 **Theodore Sarbin:** Theodore R. Sarbin, "The Narrative as Root Metaphor for Psychology", in T. R. Sarbin, ed., *Narrative Psychology: The Storied Nature of Human Conduct* (New York: Praeger, 1986); Theodore R. Sarbin, "The Narrative Quality of Action," *Theoretical and Philosophical Psychology* 10, n. 2 (1990): 49-65; Theodore R. Sarbin, "The Poetics of Identity," *Theory and Psychology* 7, n. 1 (1997): 67-82; Joseph De Rivera e Theodore R. Sarbin, eds., *Believed--In Imaginings: The Narrative Construction of Reality* (Washington, DC: American Psychological Association, 1998); Theodore R. Sarbin, "Embodiment and the Narrative Structure of Emotional Life", *Narrative Inquiry* 11, n. 1 (2001): 217-25.

313 **Jerome Bruner:** Jerome S. Bruner, *Acts of Meaning* (Cambridge, MA: Harvard University Press, 1990); Jerome S. Bruner, *Actual Minds, Possible Worlds* (Cambridge, MA: Harvard University Press, 2009).

314 **Dan McAdams:** Dan P. McAdams, *Power, Intimacy, and the Life Story: Personological Inquiries into Identity* (New York: Guilford Press, 1988); Dan P. McAdams e E. D. de St. Aubin, "A Theory of Generativity and Its Assessment Through Self-Report, Behavioral Acts, and Narrative Themes in Autobiography", *Journal of Personality and Social Psychology* 62, n. 6 (1992): 1003; Dan P. McAdams, *The Stories We Live By: Personal Myths and the Making of the Self* (New York: Guilford Press, 1993); Dan P. McAdams, "Personality, Modernity, and the Storied Self:

A Contemporary Framework for Studying Persons", *Psychological Inquiry* 7, n. 4 (1996): 295-321; Dan P. McAdams, "The Psychology of Life Stories," *Review of General Psychology* 5, n. 2 (2001): 100; Dan P. McAdams, "Personal Narratives and the Life Story," in *Handbook of Personality: Theory and Research*, ed. Oliver P. John, Richard W. Robins e Lawrence A. Pervin, 3rd ed. (New York: Guilford Press, 2008): 242–62; Dan P. McAdams, "The Psychological Self as Actor, Agent, and Author", *Perspectives on Psychological Science* 8, n. 3 (2013): 272-95.

315 **correlação com uma análise detalhada de uma história:** Sigmund Freud, *The Interpretation of Dreams: The Complete and Definitive Text*, trad. e ed. James Strachey (New York: Basic Books, 2010); Sigmund Freud, *The Standard Edition of the Complete Psychological Works of Sigmund Freud*, trad. e ed. James Strachey (London: Hogarth Press, 1953). Ver também Donald P. Spence, "Narrative Truth and Theoretical Truth", *Psychoanalytic Quarterly* 51, n. 1 (1982): 43-69.

316 **características como "agressivo":** Michael Murray, "Narrative Psychology and Narrative Analysis", in *Qualitative Research in Psychology: Expanding Perspectives in Methodology and Design*, ed. Paul M. Camic, Jean E. Rhodes e Lucy Yardley (Washington, DC: American Psychological Association, 2003).

317 **Paul Ricoeur, um filósofo francês:** Paul Ricoeur, "Life in Quest of Narrative", in *On Paul Ricoeur: Narrative and Interpretation* (London: Routledge, 1991). Ver também Michele L. Crossley, *Introducing Narrative Psychology: Self, Trauma, and the Construction of Meaning* (Philadelphia: Open University Press, 2000); e Michele L. Crossley, "Narrative Psychology, Trauma and the Study of Self/Identity", *Theory and Psychology* 10, n. 4 (2000): 527-46.

318 **Dezenas de estudos:** James W. Pennebaker e Janel D. Seagal, "Forming a Story: The Health Benefits of Narrative", *Journal of Clinical Psychology* 55, n. 10 (1999): 1243-54.

319 **uma história não precisa ser verdadeira:** Keith Oatley, *Such Stuff as Dreams: The Psychology of Fiction* (Hoboken, NJ: John Wiley & Sons, 2011); Raymond A. Mar e Keith Oatley, "The Function of Fiction Is the Abstraction and Simulation of Social Experience", *Perspectives on Psychological Science* 3, n. 3 (2008): 173-92; Keith Oatley, "A Taxonomy of the Emotions of Literary Response and a Theory of Identification in Fictional Narrative", *Poetics* 23, n. 1 (1994): 53-74; Keith Oatley, "Why Fiction May Be Twice as True as Fact: Fiction as Cognitive and Emotional Simulation", *Review of General Psychology* 3, n. 2 (1999): 101; Raymond A. Mar, "The Neuropsychology of Narrative: Story Comprehension, Story Production and Their Interrelation", *Neuropsychologia* 42, n. 10 (2004): 1414-34; Raymond A. Mar, "The Neural Bases of Social Cognition and Story Comprehension", *Annual Review of Psychology* 62 (2011): 103-34.

320 **"Você busca o seu destino":** Howard Suber, *The Power of Film* (Michael Wiese Productions, 2006).

321 **nosso nível de persistência não é algo fixo:** Angela L. Duckworth, *Grit: The Power of Passion and Perseverance* (New York: Scribner's, 2016); Angela L. Duckworth et al., "Grit: Perseverance and Passion for Long-Term Goals", *Journal of Personality and Social Psychology* 92, n. 6 (2007): 1087.

322 **Um motivo:** Ibid.

323 **"Nós nos mostramos à altura dos desafios":** Ibid.

324 **Pessoas com propósito são consideravelmente mais motivadas:** Ibid.

325 **"Eu estava finalmente pronta para":** D. Connor, "Diane Greene, the Humble Executive," *Network World*, 26 de dezembro de 2005, http://bit.ly/2NIAqk6.

326 **"O segredo da vida é se colocar":** Susan Cain, *Quiet: The Power of Introverts in a World That Can't Stop Talking* (New York: Broadway Books, 2013).

327 **"Quando criança, eu sempre demorei a desabrochar":** Kimberly Harrington, entrevista ao autor, 2018.

Epílogo

328 **O valor médio do pacote de remuneração no Facebook:** Rob Price, "The Median Salary at Facebook Is More than US$240,000 per Year", *Business Insider*, 17 de abril de 2018.

329 **pago pelo Google:** a estimativa é do autor, com base em um salário inicial de US$ 120.000 por ano, mais um bônus de US$ 30.000 e o primeiro ano em um período de quatro com opção de compra de ações.

Agradecimentos

A ideia para *Antes Tarde do Que Nunca*, fermentando em minha mente por décadas, finalmente ganhou vida em 2014 quando escrevi minha história de desabrochar lento de meus 12 até os 27 anos. Eu a escrevi em um final de semana prolongado, no feriado do Memorial Day, e ela chegou a mais ou menos seis mil palavras, ou cerca de 7% do livro que você tem em mãos. Como se vai de um começo tão irregular para um livro?

A resposta: com muita ajuda e incentivo. No topo da lista está Jeff Leeson, em quem penso como o editor-executivo e coautor deste livro. Eu já tinha trabalhado com Jeff antes em um livro de cultura corporativa chamado: *The Soft Edge*. Suas contribuições foram imensamente valiosas para ajudar a organizar um amontoado de pensamentos em uma narrativa estruturada e desenterrar pesquisas que sustentassem a tese de *The Soft Edge* sobre os motivos pelos quais algumas empresas são capazes de prosperar por décadas.

Em *Antes Tarde do Que Nunca*, Jeff esteve ainda mais envolvido e prestativo. Enquanto eu sou, por natureza, um pensador conceitual, colecionando histórias e anedotas, Jeff é um arquiteto. Ele tem uma noção disciplinada do que funciona e o que não funciona em um manuscrito, o que está muito frouxo ou muito tenso, o que conduz a narrativa e o que a descarrilha, e que pesquisa é necessária para emprestar autoridade a um argumento. Eu poderia ter levado *Antes Tarde do Que Nunca* para becos sem saída a torto e a direito, mas Jeff manteve as coisas seguindo na direção certa. Ele e sua esposa, Rachel, agora administram um serviço de consultoria editorial de alto nível em Minneapolis, chamado Benson-Collister. Se você precisa dos melhores serviços profissionais nessa área, procure por eles.

Todd Shuster, o superagente da Aevitas Creative, um mês depois de receber nossa proposta, conseguiu obter oito ofertas por *Antes Tarde do Que Nunca*. Esta foi uma amostra atordoante da estatura de Todd no mundo editorial. Seus colegas Chelsey Heller e Justin Brouckaert são igualmente incríveis.

Roger Scholl, editor do selo Crown Currency na Penguin Random House, forneceu a oferta vencedora, junto com um nível inacreditável de entusiasmo e conselhos táticos. Eu quero saudar toda a equipe Currency que se devotou ao sucesso de *Antes Tarde do Que Nunca*. Tina Constble, Ayelet Gruenspecht, Nicole McArdle, Megan Perritt, Campbell Wharton, Erin Little e Jayme Boucher. Mark Fortier, da Fortier Public Relations, é um superastro, assim como sua colega de equipe, Lauren Kuhn. Nancu Rosa e Lior Taylor foram inestimáveis no lançamento de *Antes Tarde do Que Nunca*, assim como Ken Gillett e sua excelente equipe na Target Marketing. Os escritores Michael S. Malone (meu coautor em um livro de 2015 chamado *Team Genius*), Susan Salter Reynolds e Nic Albert fizeram valiosas contribuições pelo caminho. Além disso, Elizabeth Gravitt forneceu pesquisas essenciais e apoio na checagem de fatos.

Eu gostaria de agradecer aos meus colegas da *Forbes Media*, onde estive empregado por 27 anos. Em particular a Steve Forbes, por seu interesse inicial e contínuo neste livro; ao CEO da Forbes, Mike Federle, ao CEO da Forbes na Ásia, Will Adamopoulos, Randall Lane, Moira Forbes, Mark Howard, Mike Perlis, Sherry Philips, Jessica Sibley, Tom Davis e Janett Haas. Além disso, quero agradecer a Shari Rosen e Julia Mart, da Interconnect-Events, JoAnn Jenkins, Jonathan Stevens, Ramsey Laine Alwin e Staci Alxander da AARP, Bob Daugherty e Ray Powers, da Forbes School of Business and Technology, Greg Tehven da Fargo TEDx, Tom Byers, da Universidade de Stanford, e aos amigos Mark e Donnamarie Mills e Bob e Deborah Shueren, por seu apoio desde o princípio, suas leituras atentas e seus conselhos inestimáveis. O mesmo pode ser dito dos velhos amigos dr. Bruce Perry e dr. Jeffrey Prater.

Keppler Speakers me representa desde 2016 e gostaria de agradecer à turma toda, inclusive Ronda Estridge, Gary McManis, John Truran, Jay Callahan, Jay Conklin, Chris Clifford, Nathan Thompson, Joel Gheesling, Jeff Gilley, Alison Goehring, Kelly Skibbie, Jared Schaubert, Theo Moll, Joel Murphy, Warren Jones, Patrick Snead, Randy Ehman e Jim e Debbie Keppler. Meu obrigado também a Tony D'Amelio, Mike Humphrey, David Lavin, Danny Stern, Mark French, Christine Farrell, Katrina Smith e outros agentes que ajudaram a construir minha carreira de palestrante.

Várias almas incautas permitiram que eu as entrevistasse para *Antes Tarde do Que Nunca*, entre elas: Leonard Sax, Jean Courtney, Scott Kelly, Carol Dweck, Stuart Smith, Vera Koo, Kimberly Harrington, Jerry Bowyer, Pontish

Yeramyan, Ken Fisher, Tess Reynolds, Daniel James Brown, Carol Cohen Fishman, dr. Richard Karl, Joe Rainey, Elkhonon Goldberg, Beth Kawasaki, Erik Wahl, Adrine Brown e dezenas de outros. Nem todos os entrevistados entraram no livro, por isso, agradeço em dobro a essas pessoas generosas.

Eu seria relapso se não mencionasse um punhado de livros que inspiraram *Antes Tarde do Que Nunca*, entre eles: *Quiet*, de Susan Cain; *The end of average*, de Todd Rose; *The end of work*, de John Tamny; *Ungifted*, de Scott Barry Kaufman; *Shoe dog*, de Phil Knight; *Grit*, de Angela Duckworth; *Boys adrift* e *Girls on the edge*, de Leonard Sax; *Mindset*, de Carol Dweck; *The obstacle is the way*, de Ryan Holiday; *Emerging adulthood*, de Jeffrey Arnett; *Originals*, de Adam Grant; *O Alquimista*, de Paulo Coelho; *Hillbilly Elegy*, de J. D. Vance; *Criatividade*, de Elkhonon Goldberg; *Drive*, de Dan Pink; e *The Big Test*, de Nicholas Lemann. Grandes obras, todos eles.

Minha esposa, Marji, uma bailarina que desabrochou mais tarde e pintora de aquarelas, é um poço profundo de conselhos editoriais convincentes e inspiração, junto com nossos filhos, Katie e Peter, e meus irmãos bem-sucedidos, Mary Karlgaard Burnton e Joe Karlgaard. Enquanto eu me arrastava por meus anos de desabrochar lento no ensino médio, minha mãe, Pat, era minha apoiadora mais devotada. E, finalmente, um agradecimento ao meu falecido pai, Dick, e minha falecida irmã, Liz, que não estão mais aqui para ler *Antes Tarde do Que Nunca*. Eu queria que vocês estivessem.

Índice Remissivo

Símbolos

20 Something Manifesto 41, 238
"30 Under 30" 14, 28, 29

A

AARP 43, 44, 239, 274
ABC Supply 17
A Book About Love 47, 240
abraçar 94, 95, 192, 198, 221, 225
ACT 30, 62, 63, 65, 66, 236
Adam Grant 65, 119, 250, 275
administração científica 67, 68, 69, 82, 133
Administração Científica 67
adolescência 9, 24, 27, 37, 38, 78, 84, 87, 88, 89, 92, 97, 139, 161, 194, 225, 244, 255
Adolphe Quetelet 145
adversidades 51, 119, 120, 251
a história de Ashley 84
Alan Rickman 50
Albert Bandura 177, 257, 263, 264
Albert Einstein 54, 102
Alcoólicos Anônimos 202
Alfred Binet 241
Alison Wood Brooks 185, 266

amadurecer 84, 89, 217, 229
Amateur Hour 197
Amazon 34, 47, 70, 71, 72, 100, 201, 205, 208, 242
Amazon Web Services 205
ameaça do estereótipo 172, 173, 262
Andrea Bocelli 49
Andrea Siefert 203
Andrew J. Martin 94, 245
Andy Grove 162, 261
Andy Jassy 205
Angela Duckworth 216, 218, 275
Ang Lee 119, 250
Annie Murphy Paul 64, 242
ano sabático 94, 95, 96, 245, 246
ansiedade 18, 19, 38, 39, 40, 42, 137, 154, 156, 183, 185, 186, 189, 199, 229, 233, 237, 266
Anthony James Green 30
Antonis Hatzigeorgiadis 181, 264, 265
Apple 42, 50, 71, 75, 87, 110, 243
aprendendo 17, 35, 164, 176, 181, 206
Arthur Lydiard 160
As histórias que contamos a nós mesmos 211
A Study of American Intelligence 57

atletas 27, 31, 76, 89, 158, 235, 260
atletismo juvenil 34
Aubrey Dustin 92, 245
autocompaixão 188, 189, 190, 191, 266
autoconfiança 23, 95, 176, 188
autocontrole 157, 158
autodescoberta 42, 92, 141, 163
autoeficácia 177, 178, 179, 180, 181, 183, 184, 185, 188, 191, 192, 263, 265
autoprejuízo 175, 262
autossabotagem 170
aversão ao risco 186

B

babies boomers 91
barreiras para 196
barreiras para o replantio 196
benefícios 28, 44, 46, 79, 94, 113, 114, 123, 128, 154, 160, 184, 260
benefícios do 184
Benjamin Graham 207
Benjamin Jones 102, 247
Bill Anderson 112
Bill Burnett 161
Bill Gates 53, 70, 110, 133, 240, 241
Bill Walsh 124, 175, 176, 192, 252
Bob Dylan 46
Brad Smith 112
Brent Gleeson 123, 252
Bruce Weinberg 102
Bryan Cranston 51
Bubble Ball 14
bullying 42

C

calma 99, 100, 121, 122, 123, 160
capacidade para 128, 183, 217
características de personalidade 195, 206
Carl Brigham 60, 61, 66, 241
Carl Jung 64
Carol Dweck 37, 51, 120, 237, 251, 274, 275
Carol Fishman Cohen 20, 233
carreira 9, 17, 18, 20, 21, 26, 40, 49, 58, 80, 86, 87, 93, 95, 96, 98, 100, 104, 105, 107, 109, 110, 111, 117, 123, 137, 141, 145, 149, 158, 159, 165, 168, 170, 175, 176, 178, 197, 198, 200, 201, 203, 215, 219, 226, 260, 274
Carson Wentz 16, 232
casamento 10, 40, 49, 76, 91, 145, 146, 149
Cassie Mogilner 122, 251
Catherine Blumer 164, 261
Chesley "Sully" Sullenberger 121
Christine Hassler 41, 238
Chuck Palahniuk 50
cirurgiões 105, 174
compaixão 113, 114, 115, 116, 127, 129, 131, 192, 250
competição 31, 33, 48, 63, 79, 194, 219, 220, 224, 225
comportamento pró-social 114, 129
confiança 20, 21, 41, 51, 71, 83, 95, 115, 135, 140, 171, 176, 177, 178, 179, 180, 181, 188, 190, 192, 202, 203, 210, 218, 226, 233

conformidade 67, 77, 78, 79, 131, 146, 148, 151
conhecimento e experiência 99, 127, 128
controladores de tráfego aéreo 98, 99, 100
Creativity 101
crianças 14, 15, 31, 34, 35, 36, 37, 39, 40, 55, 60, 62, 65, 68, 69, 73, 89, 90, 111, 125, 139, 140, 141, 164, 196, 199, 200, 203, 236, 237, 248, 256
criatividade 25, 46, 47, 51, 52, 101, 103, 104, 124, 128, 247
cultura algorítmica 133
curiosidade 98, 99, 111, 112, 113, 131, 170, 192, 217, 223, 224, 225, 229, 248
custo de oportunidade 164, 261

D

Dan Ariely 165, 261
Daniel Cable 198
Daniel Goleman 114
Daniel J. Brown 114, 127, 154, 155, 249, 260
Dan McAdams 270
darwinismo social 60, 67
das pessoas que desabrocham mais tarde 192
Dave Duffield 50
Dave Evans 161
David Dobbs 199, 205, 268
David Dodd 207
David Sedaris 50
definido 82, 141

Depressão 39, 41, 59, 66, 114, 155
desabrocham 13, 51, 69, 73, 82, 84, 102, 106, 111, 113, 114, 119, 120, 121, 124, 126, 131, 134, 141, 145, 153, 156, 165, 167, 168, 170, 171, 172, 173, 175, 178, 179, 180, 183, 184, 187, 189, 190, 191, 192, 195, 199, 200, 205, 206, 207, 210, 214, 215, 217, 224, 225, 226, 227, 228, 229, 233, 262
desabrocham cedo 102, 106, 111, 119, 120, 126, 131, 153, 172, 179, 180, 206, 224, 225, 262
desabrochar 12, 19, 49, 51, 52, 70, 81, 84, 86, 90, 93, 101, 105, 106, 111, 113, 121, 131, 132, 133, 134, 136, 137, 140, 142, 145, 148, 167, 170, 171, 172, 175, 177, 180, 184, 185, 186, 187, 188, 191, 193, 194, 195, 197, 198, 199, 200, 202, 204, 205, 209, 210, 214, 215, 216, 217, 219, 220, 221, 222, 224, 225, 226, 227, 228, 229, 230, 233, 236, 272, 273, 275
desabrochar mais tarde 145, 148, 226
desabrochar precoce 84, 90, 131, 133, 236
desabrochar tardio 12, 70, 93, 106, 111, 137, 145, 167, 170, 171, 184, 185, 186, 188, 194, 195, 205, 209, 210, 216, 217, 219, 222, 225, 228, 229, 230, 233
desabrochou tarde 11, 49, 159, 196, 219, 227, 233

desabrochou tardiamente 92, 175, 192, 221

desafios 23, 44, 92, 113, 114, 119, 127, 131, 132, 149, 153, 173, 175, 178, 181, 185, 187, 189, 192, 197, 201, 203, 215, 218, 222, 226, 239, 266, 272

descoberta 10, 23, 37, 50, 81, 91, 93, 96, 97, 103, 157, 158, 167, 224

desenvolvimento cerebral 89

desenvolvimento cognitivo 77, 88, 143, 244

desenvolvimento humano 7, 22, 70, 81, 83, 84, 96, 104, 106, 127, 149, 244

desenvolvimento neurológico 69, 131

Designing Your Life 260

desistência 154, 155, 156, 161, 163, 164, 165, 167, 168, 217

determinação 23, 154, 156, 157, 158, 160, 161, 162, 214, 217, 260

diálogo interno 180, 181, 183, 184, 185, 188, 189, 190, 191, 264

diálogo interno positivo 181

Diane Greene 101, 219, 220, 269, 272

Diane Hendricks 232

Dietrich Mateschitz 50

Dilip Jeste 129

discriminação 43, 44, 45, 240

diversidade 76, 77, 106, 243

diversidade cognitiva 77

dívida estudantil 23, 30, 81

Donald T. Campbell 63

Don Peppers 112, 248

E

Education and the Cult of Efficiency 69, 242

Edward Hay 64

Edward Lee Thorndike 58, 66, 68

elasticidade 211

Elizabeth Holmes 73, 75, 76, 220

Elizabeth Kirby 122

Elkhonon Goldberg 101, 124, 128, 245, 247, 252, 275

Ellen Bratlavsky 157

Emma Seppälä 116, 250

empatia 51, 81, 101, 113, 114, 129, 136, 189, 249

empreendedorismo 103, 104

empregos 11, 42, 44, 45, 76, 79, 80, 91, 92, 96, 116, 145, 197, 201, 208, 209

empresas de átomos 72, 73

enquadramento 184, 185, 186, 187, 188, 189, 190, 191, 192, 214, 265, 266

enquadramento negativo 185, 186

entretenimento 29, 134, 235

envelhecimento 98, 104, 127, 128, 129, 130

equanimidade 121, 122, 123, 128, 131, 192

Erik Erikson 248

escritores 46, 50, 115, 181, 212, 227, 274

esgotamento do ego 157, 158, 218

especialização social 128, 253

esportes juvenis 236

estereótipo 133, 172, 173, 262
estresse 119, 153, 160, 161, 162, 183, 189, 199, 252
Estudo Longitudinal de Seattle 98, 103
Estudo Terman dos Superdotados 241
Ethan Kross 182, 265
eugenia 56, 57, 62
Evan Spiegel 14, 28
exemplos de 49, 240
expectativas 19, 22, 48, 63, 69, 134, 136, 137, 138, 141, 142, 143, 145, 146, 149, 150, 155, 160, 163, 169, 179, 184, 222
experiência 32, 35, 36, 46, 51, 77, 81, 82, 99, 104, 114, 115, 122, 125, 127, 128, 129, 142, 143, 183, 190, 191, 196, 198, 201, 206, 211, 213, 217, 218, 220
experiências de domínio 179

F

Facebook 13, 14, 28, 40, 42, 71, 72, 169, 239, 272
faculdade 9, 10, 11, 15, 16, 17, 18, 19, 27, 30, 32, 35, 36, 37, 38, 39, 40, 41, 49, 50, 53, 62, 78, 83, 84, 85, 92, 93, 94, 96, 107, 108, 111, 117, 120, 123, 134, 137, 138, 141, 155, 156, 158, 161, 164, 168, 169, 196, 219, 227, 235, 240, 245
falácia do custo irrecuperável 164, 165, 261
fase adulta emergente 91, 92, 245

fatores contribuintes 45
FedEx 204, 269
feedback negativo 184, 189
felicidade 112, 116, 122, 153, 190, 251
florescer 9, 20, 21, 22, 23, 24, 27, 48, 113, 136, 137, 153, 172, 185, 191, 206, 233
Forbes 9, 12, 14, 28, 54, 73, 74, 75, 87, 110, 175, 176, 201, 231, 232, 235, 241, 242, 243, 252, 268, 274
força de vontade 153, 156, 157, 158, 160, 161, 166, 218, 221
fracasso 9, 23, 37, 38, 52, 62, 86, 118, 150, 165, 173, 190, 214, 215, 222
Frank Levy 80, 243
Frank McCourt 50, 243
Freakonomics 167, 168, 261
Frederick Winslow Taylor 67, 242
Fred Smith 204
Fritz Heider 213
F. Scott Fitzgerald 18
função executiva 21, 88, 89, 90, 108, 112, 244

G

garra 19, 35, 161, 162, 216, 217, 218, 224
Gary Burrell 50
Gc 99, 100, 101, 102
Genentech 112
General Electric 65
General Motors 17, 72, 73, 209
George Bartzokis 130, 254
Geração Silenciosa 40, 41

Geração X 40, 41, 248
Geraldine Weiss 208, 209, 210, 270
Gf 99, 100, 101, 102
Google 17, 26, 28, 42, 65, 70, 71, 72, 100, 101, 150, 201, 205, 208, 219, 234, 240, 241, 272
Google Cloud 101, 201, 205, 219
Gordon Moore 162
Grit: The Power of Passion and Perseverance 272
grupos de pares profissionais 202
Gunn High School 18

H

habilidades cognitivas 34, 84, 96, 97, 98, 99
Hal Arkes 164, 168
HAROLD 130, 254
Heidi Grant Halvorson 251
Henry Chauncey 60
Henry Ford 67
Hillbilly Elegy 78, 243, 256, 275
histórias 13, 17, 18, 21, 50, 52, 62, 108, 110, 118, 119, 121, 126, 139, 153, 163, 179, 195, 210, 211, 212, 213, 214, 215, 216, 232, 270, 273
histórias de sucesso 13, 62, 179, 210
Hitler 60
Howard Suber 215, 272
How We Decide 25, 47
Human Betterment Foundation 56

I

Ian Gibbons 74
igrejas 139, 203

Imagine 25
Indicador de Tipos de Myers-Briggs 64
indústria da tecnologia 28
influências culturais 134
influência social normativa 146, 148, 151
insegurança 7, 131, 169, 170, 171, 172, 173, 174, 175, 176, 177, 184, 187, 188, 190, 191, 192, 262, 263
Instagram 27, 42, 127
integração 130, 254
Intel 162, 163, 261
inteligência 34, 51, 55, 56, 57, 58, 59, 60, 61, 62, 68, 70, 77, 97, 99, 100, 101, 102, 112, 160, 192, 201, 247
Inteligência Artificial 79, 80
inteligência cristalizada 97, 99
inteligência emocional 51, 77
inteligência fluida 99, 100
introversão 195
intuir 212
Investment Quality Trends 209
iReLaunch 20
Irena Smith 15, 232
Isabel Briggs Myers 64

J

Jack Straw 95
Jack Welch 65
James Bryant Conant 59
James Murphy 49
Jane Howard 150, 259

Jane Lynch 51
Janet Evanovich 17, 50, 118, 232, 250
Janet Gerhard 112, 248
Janet Schneider 250
Jay Belsky 199, 268
J. D. Vance 78, 139, 243, 256, 275
Jean M. Twenge 39, 238
Jeannie Courtney 232, 244
Jeff Bezos 71, 242, 269
Jeffrey Arnett 91, 275
Jeff Weiner 113
Jennifer Aaker 122, 251
Jennifer Senior 47, 240
Jerome Bruner 270
Jerome Kagan 199, 268
Jerry Rubin 41
Jessica Tandy 50
Jim Cramer 208
J. K. Rowling 231
Joe Montana 124
Joe Rantz 115
jogar 54, 77, 90, 167, 181, 228
John Carreyrou 74, 242
John Franklin Bobbitt 68
John Gabrieli 129
John Goodenough 103
John McEnroe 51
John Torode 50
Jonah Lehrer 29, 46, 47, 220, 234, 240
Jon Hamm 51
Joseph Hermanowicz 173
Joshua Hartshorne 97
Judi Robinovitz 32, 236
Julie Sweet 127, 252

K

Kaplan Testing Services 61
Katharine Cook Briggs 64
Kauffman Foundation 103
Kelley Wright 209
Ken Fisher 12, 275
Kenny Moore 160, 260
Kimberly Harrington 197, 200, 221, 222, 267, 272, 274
Kimberly Kramer 13
Kim Cameron 116, 250
Kristin Neff 190, 267
K. Warner Schaie 246
Kyle DeNuccio 94, 95, 245

L

Larry Page 71
Laura Germine 97
Laurie McCann 43
Lawrence Summers 79
Lena Dunham 40
Leonard Sax 36, 237, 274, 275
Lewis Terman 56, 57, 58, 61, 62, 66, 241
LinkedIn 42, 43, 113, 249
livre arbítrio 145, 177, 180
Lucinda Williams 49

M

Magnus Carlsen 14
mais tarde na vida 13, 97, 148
Malala Yousafzai 13
Malcolm Gladwell 26, 35, 236
Malia Obama 246
Margo Martindale 51
Marianne Simmel 213
Marina Abramovic 50

Mark Leary 189
Mark Mills 96, 246
Mark Muraven 157
Mark Penn 72, 242
Martha Stewart 50
Mary Barra 232
maturidade neurológica 88
Maya Angelou 174, 175, 263
Megan McArdle 37, 237
meia-idade 43, 99, 100, 102, 128, 129, 130, 131, 246
melhoria do outro 172, 175, 262
mentalidade do caranguejo 194, 267
meritocracia 29, 81
Meryl Streep 174, 179, 263
metas 39, 89, 130, 156, 161, 171, 173, 178, 205, 219, 224, 225
Michael Hvisdos 112, 248
Michael Maddaus 116, 118
Michael Moynihan 46, 240
Microsoft 53, 54, 65, 71, 110, 133, 201, 240, 241
mídia 9, 18, 26, 27, 28, 42, 79, 142, 143, 144, 145, 200, 233, 257, 258
mídia de massa 143, 144, 145, 257
millenials 40
Mindset 37, 51, 275
Missões mórmons 95
mobilidade geográfica 267
modelagem social 179
Monika Ardelt 131, 249, 252
Morgan Freeman 50
Morton Shaevitz 119, 250
motivação 48, 92, 94, 112, 113, 161, 170, 180, 214, 222, 266

N

na mídia 79, 143, 144
National Geographic 4
National Public Radio 25, 47
negócios 11, 12, 29, 67, 68, 75, 87, 93, 101, 103, 109, 110, 115, 116, 126, 135, 137, 138, 156, 163, 202, 204, 207, 209, 225, 241, 261, 269
New York Times 25, 46, 87, 103, 115, 201, 222, 232, 236, 237, 238, 240, 242, 244, 245, 247, 249, 250, 252, 257, 263, 265, 267
Nicholas Lemann 55, 241, 275
Nicholas Negroponte 72
Nick Foles 16
no ambiente profissional 43
Noam Scheiber 43, 239
normas sociais 136, 146, 148, 149, 153, 160, 180
nos esportes 21, 31, 175
nos negócios 29, 75, 115, 163, 209, 225
NPR 46, 237, 240, 261

O

objetividade 65, 180, 188, 189
obsessão com o sucesso precoce 7, 76, 142, 234
o ideal Wunderkind 26
Oliver Sacks 47
Oprah Winfrey 22, 138, 233, 263

P

paciência 19, 24, 132, 154, 167, 209, 210, 218, 219, 220, 221, 224,

225
Palmer Luckey 13
Paschal Sheeran 203
Patricia Reuter-Lorenz 99
Paul Allen 53
Paul Baltes 127
Paul Dirac 102
Paul Ricoeur 213, 271
Paul Simon 12
pensamento normativo 149, 151, 259
pessoas mais velhas 43, 87, 129
pessoas que desabrocham mais tarde 51, 111, 126, 168, 191, 192, 226, 227
Peter Gollwitzer 203
Peter Thiel 71
Phil Knight 93, 245, 275
Phillip Ackerman 99, 247
pilotos 105, 121, 194
Platão 59
pobreza na infância 140, 256
precocidade 13
pré-escolas 15
pressão dos pares 139, 141, 255
pressão social 143
Primeira Guerra Mundial 56, 58
procrastinação 171
Projeto Manhattan 60
Projeto Sabedoria Berlim 127
propósito 154, 161, 172, 217, 218, 219, 272

Q

Quentin Hardy 201, 268
Quiet 234, 250, 268, 272, 275

R

raciocínio aleatório 101, 103, 247
Ravenna Helson 206, 270
Raymond Callahan 242
Raymond Chandler 18
realização precoce 14, 23, 27, 29, 31, 36, 37, 41, 52, 73, 76, 77, 81, 134, 172, 210, 225, 226
realizações precoces 14, 31, 111
redes sociais 42, 143, 144, 145, 186, 235
replantio 194, 195, 196, 200, 201, 202, 203, 205, 206
replantio adjacente 200
replantio e 195
República 59
resiliência 20, 66, 77, 119, 120, 131, 170, 189, 192, 250, 266
resolução 23, 157, 218
Richard Branson 163, 269
Rick Ankiel 117, 118, 250
Rick Owens 50
Rick Warren 203, 268
Riley Weston 13, 231
Robert Cialdini 148, 259
Robert Nay 13
Robert Noyce 162
Robert Withers 239
Rochelle Gibbons 74
Ronald Searle 110
Roy F. Baumeister 157
Rupert Murdoch 75

S

sabedoria 51, 81, 82, 104, 126, 127, 128, 129, 130, 131, 161, 252, 253

sabedoria como 127
Saddleback Community Church 203
Sally Curtain 39
Samuel Johnson 154
saúde 19, 36, 38, 39, 41, 45, 46, 66, 67, 83, 99, 113, 114, 116, 135, 139, 140, 141, 142, 161, 162, 169, 178, 202, 205, 208, 212, 214, 233, 256
Scott Barry Kaufman 22, 234, 242, 275
Scott Kelly 17, 21, 48, 232, 233, 274
Scott Mendel 47, 240
Security Analysis 207
sensibilidade a 129, 253
sensibilidade emocional 199
Sepandar Kamvar 122
Sergey Brin 71
serviço militar 78, 94, 118, 166, 204
Seth Godin 166, 261
Seth Matarasso 43
Sherry Willis 98
Shilagh Mirgain 141, 257
Shimul Melwani 115, 249
Shoe Dog 93, 245
Sigmund Freud 158, 177, 212, 260, 271
Snapchat 14, 42
Solomon Asch 147
Sports Illustrated 108, 109, 110, 125, 126
Steffie Hall 118
Steve Jobs 50, 75, 87, 103, 133
Steven Levitt 167, 168, 261
Steve Wozniak 71

sucesso 7, 9, 11, 13, 14, 15, 16, 17, 18, 19, 23, 24, 25, 26, 29, 32, 35, 42, 49, 51, 52, 53, 56, 57, 58, 59, 60, 62, 66, 70, 71, 74, 76, 77, 78, 81, 82, 92, 96, 98, 107, 111, 112, 114, 118, 119, 120, 131, 133, 134, 136, 140, 141, 142, 145, 149, 150, 153, 154, 156, 159, 160, 162, 163, 167, 169, 170, 171, 172, 173, 175, 178, 179, 180, 183, 187, 188, 189, 190, 191, 194, 198, 202, 209, 210, 211, 215, 217, 219, 220, 221, 224, 225, 226, 228, 229, 230, 234, 274
sucesso precoce 7, 9, 14, 15, 16, 17, 18, 24, 25, 32, 51, 74, 76, 81, 96, 111, 114, 120, 142, 163, 169, 173, 178, 220, 224, 228, 230, 234
sucesso precocemente 9, 11, 15
suicídio 10, 19, 38, 39, 237
Susan Boyle 50
Susan Cain 26, 199, 202, 205, 220, 234, 268, 272, 275

T

Tammie Jo Bonnell 120, 121
Tammie Jo Shults 251
taylorismo 67, 163
tecnologia 13, 28, 34, 42, 43, 50, 66, 68, 73, 74, 75, 76, 80, 84, 87, 103, 110, 163, 228, 235, 242, 244, 258
televisão 13, 26, 42, 143, 144
tenacidade 81, 153, 154, 156, 158, 160, 161, 162, 163

Teresa Ghilarducci 45
testagem 61, 63, 64, 90, 133
testagem de QI 133
Teste de Aptidão Escolar 29, 58
teste de inteligência de Binet 56
testes de personalidade 65, 66
testes de QI 57, 60, 61, 63, 81, 241
The Big Test 55, 241, 275
The Boys in the Boat 114
The Dip 261
The Elimination of Waste in Education 68
The End of Average 68, 195, 234, 242, 259, 267
The Measurement of Intelligence 57
The New Yorker 14, 46, 47, 48, 198, 231
Theodore Sarbin 270
Theodore Simon 55
The Principles of Scientific Management 242
Theranos 73, 74, 75, 76, 220, 242
The Right Stuff 121, 194, 251
The Wisdom Paradox 128
Thomas Hess 128
Thomas Jefferson 25, 59
Time 14, 29, 34, 231, 235, 236, 237, 238, 245, 249, 261
Timothy Judge 198
Toastmasters 202
Todd Rose 22, 68, 195, 234, 242, 259, 267, 275
Tom Brady 16
Tom Hanks 17
Tom Siebel 50, 101
Tom Wolfe 121, 194, 251, 267

Toni Morrison 50
trabalho e 45, 68, 95, 105, 139, 141, 178, 204
trajetória 49, 77, 89, 105, 106, 115, 131, 169, 229
Travis Bradberry 123, 252

U

Uber 72, 73
Upside 109, 110, 241, 261
Ursula Burns 232
Ursula Staudinger 127, 253

V

Vale do Silício 30, 42, 43, 71, 78, 87, 96, 109, 126, 162, 163, 201, 205, 219, 220
vantagens de quem desabrocha mais tarde 107, 129, 248
Vera Wang 50
Verena Michalski 203
vestibular 9, 14, 118
Vinod Khosla 42
Vistage International 202
Vivian Clayton 126, 252
Vivienne Westwood 50
VMware 204, 219, 220

W

Wall Street Journal 74, 75, 87, 242, 265
Warren Buffett 207, 209
William Lawrence Bragg 102
wunderkinds 26, 37, 52, 71

Edições Loyola
impressão acabamento
rua 1822 n° 341
04216-000 são paulo sp
T 55 11 3385 8500/8501 · 2063 4275
www.loyola.com.br